DIANA HARDY WILSON

Kalligraphie

Schriften
und Techniken

Eine Arbeit von Ieuan Rees

DIANA HARDY WILSON

Kalligraphie

Schriften
und Techniken

Aus dem Englischen übersetzt
von Frank Hering, Radeburg

Fachliche Beratung
von Rolf Gärtner, Dresden

ULMER

Die Deutsche Bibliothek – CIP-Einheitsaufnahme

Wilson, Diana Hardy:
Kalligraphie : Schriften und Techniken / Diana Hardy Wilson.
Aus dem Engl. übers. von Frank Hering. Fachliche Beratung
von Rolf Gärtner. – Stuttgart : Ulmer, 1996
ISBN 3-8001-7802-8

Die Originalausgabe erschien 1990 in Großbritannien unter dem Titel
Encyclopaedia of Cookery Techniques
© 1990 Quarto Publishing plc
Deutsche Ausgabe:
© 1996 Eugen Ulmer GmbH & Co.
Wollgrasweg 41, 70599 Stuttgart (Hohenheim)
Lektorat: Dr. Angelika Eckhard
Herstellung: Dieter Kleinschrot
Satz: Typomedia Satztechnik GmbH, Ostfildern
Printed by Leefung-Asco Printers Ltd., China

INHALT

EINFÜHRUNG

Die alte Kunst der Kalligraphie hielt den Prüfungen der Zeit stand und ist noch heute, trotz bedeutender Änderungen ihres Status im Laufe der Jahrhunderte, erfolgreich. Im 15. Jh. wurden in Europa Druckmethoden und mechanische Reproduktionsmethoden erfunden. Eine Weiterentwicklung dieser Methoden erfolgte bis in das 20. Jh. hinein, bis hin zum Computer und der Publikationserstellung am Schreibtisch. Diese bedeutenden Entwicklungen und ihre damit verbundenen Technologien trugen sehr zur Herausbildung der verschiedenen, jetzt verfügbaren Kommunikationsmethoden bei; die Kunst der Kalligraphie konnten sie trotzdem nicht verdrängen. Moderne Kalligraphen integrierten sogar einige der neuen Entwicklungen in ihre Arbeit. Das Arbeiten mit den Rohmaterialien der Schrift (den Buchstabenformen) scheint für viele Menschen, die sich mit einem künstlerischen Hobby befassen wollen, eine weit weniger entmutigende Aussicht zu bieten als konventionelles Zeichnen. Vielleicht ist dies im vertrauten Umgang mit von Hand geschriebenen Wörtern und der gedruckten Seite begründet. In Wirklichkeit ist jedoch nicht weniger Aufmerksamkeit für Details und ein gewisses Geschick für schöne Buchstabenformen erforderlich als es für das Zeichnen notwendig wäre. Es bedarf sowohl einer genauen Beobachtungsgabe aber auch Fleiß, um eine gute Arbeit herzustellen. Um gut zu zeichnen, entwickelt der

Künstler eine Arbeitssprache, die auf Linien und Formen beruht. Von einem Kalligraphen werden die gleichen Prinzipien angewendet. Die individuellen Buchstaben eines Stils oder einer Hand werden sorgfältig studiert und sich wiederholende Formen, Linien und spezielle Merkmale herausgearbeitet. So bildet sich allmählich eine vertraute Beziehung zu den Buchstaben heraus. Kalligraphie umfaßt aber mehr als das einfache Schreiben schöner Buchstaben. Die Buchstaben erfordern eine makellose Form und eine gute Anordnung. Die erfolgreiche Handhabung der Werkzeuge ist eine Voraussetzung für den Beginn. Außerdem sind kalligraphische Präsentationen von mehr abhängig als nur von technischer Sachkenntnis allein. Sie sind angereichert durch die Breite der individuellen kalligraphischen Erfahrung. Wie ein Künstler, so macht auch ein Kalligraph Feststellungen und teilt Auffassungen, wobei der Kalligraph den Vorteil hat, sowohl Wörter als auch Bilder verwenden zu können.

Eine zum Nachschlagen geeignete Sammlung von Entwürfen, Fotografien und persönlichen Bemerkungen wird zur Erfahrung eines Kalligraphen hinzugerechnet, wodurch sich natürlich das Verständnis für die Kunst erweitert. Versuchen Sie, neue Ideen zu entwickeln, erforschen Sie neue Möglichkeiten und experimentieren Sie. Um zu genießen und neue Bereiche zu erschließen, müssen die visuellen Künste in das Schaffen einbezogen werden. Erschrecken Sie nicht vor Konformismus und seien Sie nicht durch Traditionen gehemmt. Jeder Kalligraph kann seinen persönlichen Stil durch Erfahrung und Innovation entwickeln.

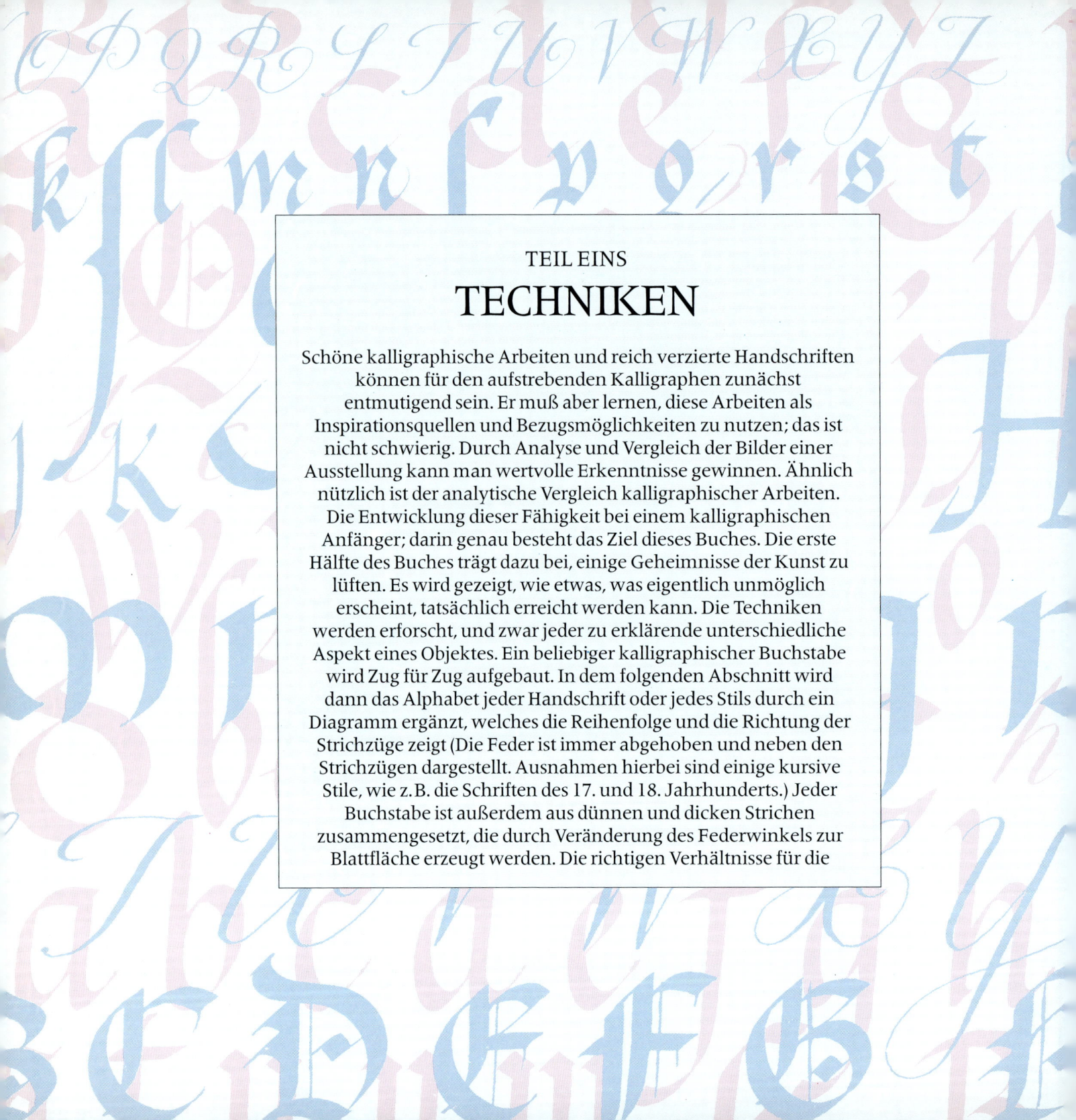

TEIL EINS

TECHNIKEN

Schöne kalligraphische Arbeiten und reich verzierte Handschriften
können für den aufstrebenden Kalligraphen zunächst
entmutigend sein. Er muß aber lernen, diese Arbeiten als
Inspirationsquellen und Bezugsmöglichkeiten zu nutzen; das ist
nicht schwierig. Durch Analyse und Vergleich der Bilder einer
Ausstellung kann man wertvolle Erkenntnisse gewinnen. Ähnlich
nützlich ist der analytische Vergleich kalligraphischer Arbeiten.
Die Entwicklung dieser Fähigkeit bei einem kalligraphischen
Anfänger; darin genau besteht das Ziel dieses Buches. Die erste
Hälfte des Buches trägt dazu bei, einige Geheimnisse der Kunst zu
lüften. Es wird gezeigt, wie etwas, was eigentlich unmöglich
erscheint, tatsächlich erreicht werden kann. Die Techniken
werden erforscht, und zwar jeder zu erklärende unterschiedliche
Aspekt eines Objektes. Ein beliebiger kalligraphischer Buchstabe
wird Zug für Zug aufgebaut. In dem folgenden Abschnitt wird
dann das Alphabet jeder Handschrift oder jedes Stils durch ein
Diagramm ergänzt, welches die Reihenfolge und die Richtung der
Strichzüge zeigt (Die Feder ist immer abgehoben und neben den
Strichzügen dargestellt. Ausnahmen hierbei sind einige kursive
Stile, wie z.B. die Schriften des 17. und 18. Jahrhunderts.) Jeder
Buchstabe ist außerdem aus dünnen und dicken Strichen
zusammengesetzt, die durch Veränderung des Federwinkels zur
Blattfläche erzeugt werden. Die richtigen Verhältnisse für die

verschiedenen Buchstaben (gemeint sind die Buchstabenhöhen) sind mit Bezug auf die Federspitze berechnet. Diese schrittweisen Illustrationen werden komplettiert mit Beispielen und einem System von Querverweisen, die den erkundbaren Bereich der Techniken zeigen. Wenn Sie Ihre eigene Kalligraphie kreieren, können Sie die Grundformen individuell abwandeln oder Kombinationen von Techniken anwenden.

Zeichenerklärung

Dort, wo ein Zeichen für die vorgeschlagene Federspitzenbreite, die Buchstabenhöhe und den Federwinkel eingeführt wird, gilt dieses für jedes Alphabet. Verwenden Sie die Abbildung auf dieser Seite nur als Anleitung. Ganz gleich, welche Federspitzengröße verwendet wird, die Bestimmung der Buchstabenhöhe erfolgt immer durch eine »Stufenleiter« der Federspitzenbreite.

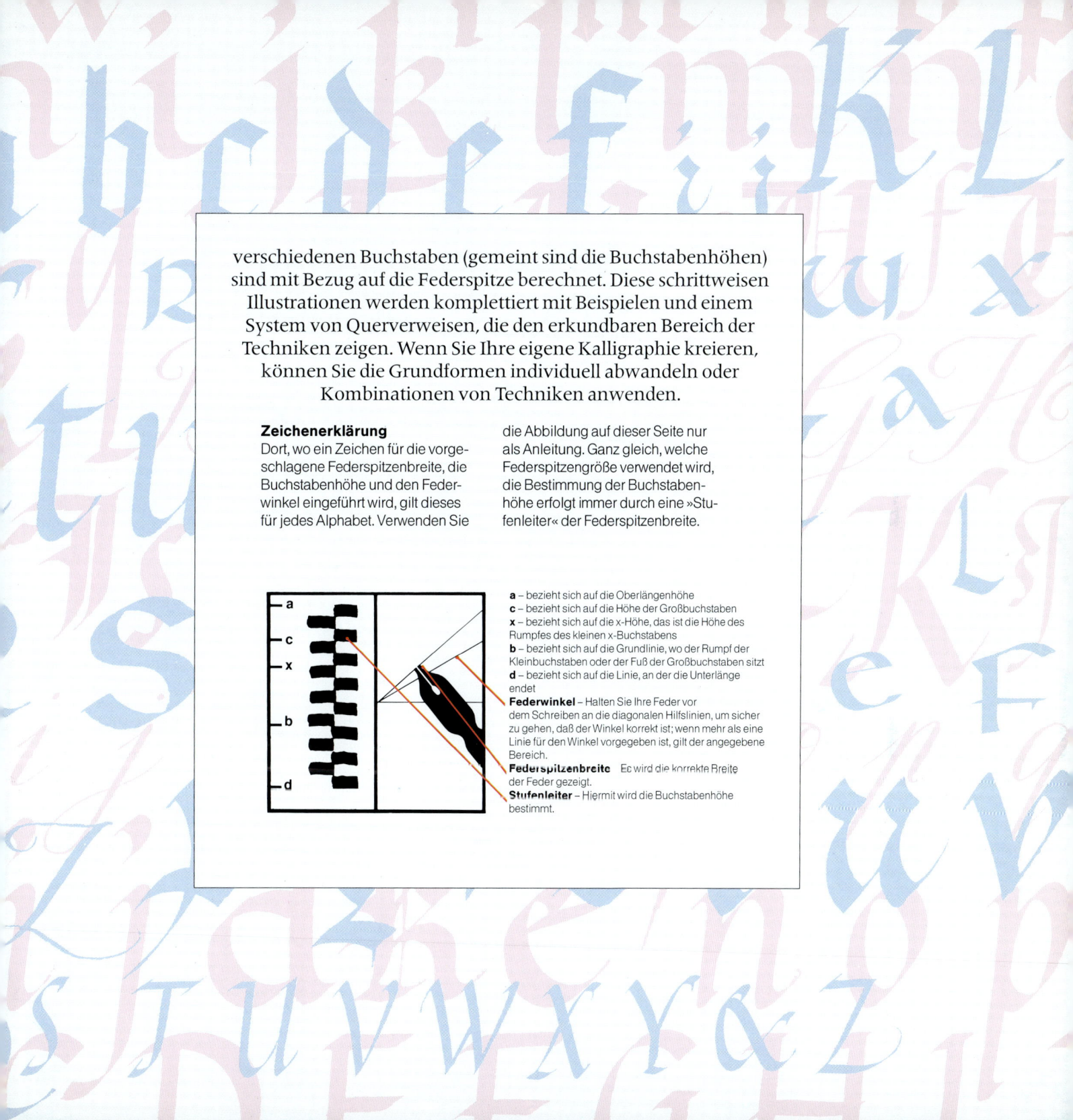

a – bezieht sich auf die Oberlängenhöhe
c – bezieht sich auf die Höhe der Großbuchstaben
x – bezieht sich auf die x-Höhe, das ist die Höhe des Rumpfes des kleinen x-Buchstabens
b – bezieht sich auf die Grundlinie, wo der Rumpf der Kleinbuchstaben oder der Fuß der Großbuchstaben sitzt
d – bezieht sich auf die Linie, an der die Unterlänge endet
Federwinkel – Halten Sie Ihre Feder vor dem Schreiben an die diagonalen Hilfslinien, um sicher zu gehen, daß der Winkel korrekt ist; wenn mehr als eine Linie für den Winkel vorgegeben ist, gilt der angegebene Bereich.
Federspitzenbreite – Es wird die korrekte Breite der Feder gezeigt.
Stufenleiter – Hiermit wird die Buchstabenhöhe bestimmt.

Grundlegendes

Für alle Kalligraphen ist es von großer Bedeutung, sich ideale Arbeitsbedingungen zu schaffen, um beste Arbeitsergebnisse zu erreichen. Ein bequemer Arbeitsplatz ermöglicht einen guten Überblick über die Arbeit. Ebenso wichtig sind ein ununterbrochener Tintenfluß und eine gute und entspannte Haltung. Versuchen Sie es, und halten Sie das ganze Körpergewicht durch das Rückgrat aufgerichtet, die Beine entspannt und beide Füße fest auf dem Fußboden aufgesetzt. Diese Haltung soll der Versuchung entgegenwirken, sich nach vorn zu neigen, einen Teil des Körpergewichtes auf den Armen ruhen zu lassen und somit die freie Beweglichkeit einzuschränken.

Es ist nicht unbedingt erforderlich, eine separat aufgestellte Zeichenanlage zu besitzen. Ein Zeichenbrett, das auf einer Tischplatte befestigt oder an der Tischkante festgemacht ist und dabei auf einem Holzblock oder Büchern ruht, kann ebenso gut sein. Diese Bretter haben den zusätzlichen Vorteil, daß sie abgehoben und abgesenkt werden können, bis eine günstige Neigung der Arbeitsfläche erreicht ist. Wenn keine dieser Möglichkeiten vorhanden ist, genügt auch ein auf dem Schoß ruhendes und am Tisch lehnendes Brett. Eine andere Möglichkeit wäre, so-

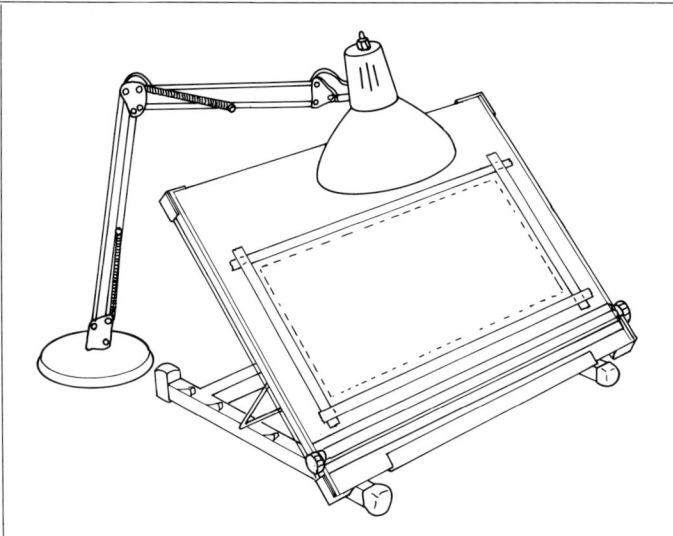

fern Sie eine flache Tischoberfläche nutzen, Ihr Körpergewicht auf dem linken Ellbogen ruhen zu lassen. Dadurch kann sich Ihr Schreibarm frei bewegen.

Ganz gleich, welche Arbeitsanordnung genutzt wird, es muß sich immer ein wenig polsterndes Material unter dem Papier befinden. Dieses Polster ist zusätzlich zur Flexibilität der Metallfeder erforderlich. Einige Bögen Löschpapier oder flach gebügeltes Zeitungspapier können hierbei verwendet werden, müssen aber größer sein als das Arbeitspapier. Bedecken Sie das polsternde Material vollständig mit einem sauberen Pa-

pierbogen und befestigen Sie es mit Klebeband am Brett oder an der Tischoberfläche.

Auf die Arbeitsfläche muß klares und gleichmäßig verteiltes Licht fallen.

Bei Arbeitsbeginn legen Sie ein sauberes Abdeckblatt unter die schreibende Hand. Dadurch wird das Eindringen von Fett oder Öl in die zu beschreibende Fläche verhindert. Richten Sie Ihre Aufmerksamkeit auf die Buchstabenformen, die Zwischenformen, die von den Abständen zwischen den Buchstaben gebildet werden und die Stärke der Strichzüge. Seien Sie sich der Gegenstrichformen bewußt. Achten Sie darauf, einen

Ein Zeichenbrett ist für die kalligraphische Tätigkeit nützlich; gutes Licht ist wesentlich. Das Brett muß groß genug sein, um für das Papier und einen ausreichenden Rand Platz zu bieten.

konstanten Federwinkel der schreibenden Hand beizubehalten, und kontrollieren Sie ihn regelmäßig. Versuchen Sie, die Bewegungsabläufe zügig zu schreiben, den der jeweiligen Schrift eigenen Rhythmus zu finden.

Federn und Federwinkel
Breitfedern, Spitzfedern oder Pinsel sind die wesentlichen Instrumente für die Kalligraphie. Der Federhalter sollte so gehalten werden, daß er in der gedachten Verlängerung über die rechte Schulter zeigt.

Der rechtwinklig geformte Schreibrand der Feder bildet einen Winkel zur waagerechten Schreiblinie, der als Federwinkel bezeichnet wird. Jede Handschrift hat ihren eigenen spezifischen Federwinkel, wodurch gesichert wird, daß die richtigen Proportionen und die Ausgewogenheit der dünnen und dicken Strichzüge gewahrt werden.

Diese einfachen Strichzüge bilden die Grundlage des Buchstabenaufbaus.

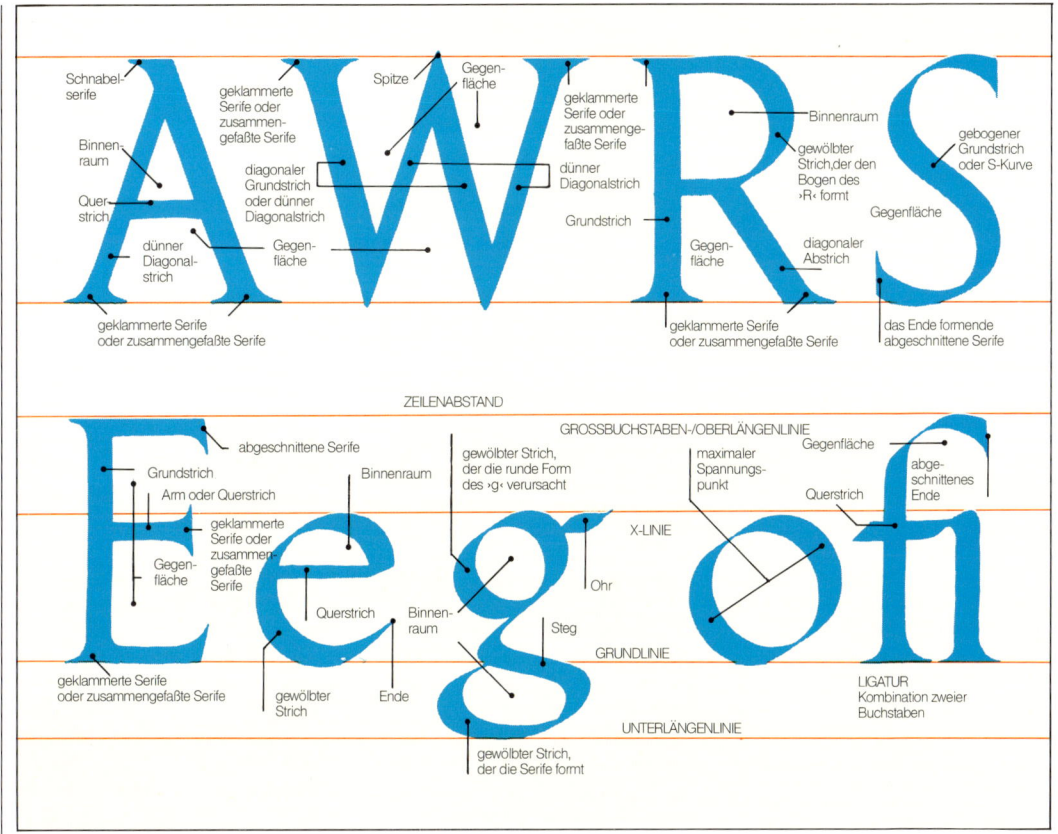

Schnabel-serife
geklammerte Serife oder zusammengefaßte Serife
Spitze
Gegen-fläche
geklammerte Serife oder zusammen-gefaßte Serife
Binnenraum
gewölbter Strich, der den Bogen des ›R‹ formt
gebogener Grundstrich oder S-Kurve
Binnen-raum
diagonaler Grundstrich oder dünner Diagonalstrich
dünner Diagonalstrich
Gegenfläche
Quer-strich
Grundstrich
diagonaler Abstrich
dünner Diagonal-strich
Gegen-fläche
Gegen-fläche
geklammerte Serife oder zusammengefaßte Serife
geklammerte Serife oder zusammengefaßte Serife
das Ende formende abgeschnittene Serife

ZEILENABSTAND

GROSSBUCHSTABEN-/OBERLÄNGENLINIE
abgeschnittene Serife
Binnenraum
gewölbter Strich, der die runde Form des ›g‹ verursacht
maximaler Spannungs-punkt
Gegenfläche
abge-schnittenes Ende
Grundstrich
Arm oder Querstrich
Querstrich
geklammerte Serife oder zusammen-gefaßte Serife
X-LINIE
Gegen-fläche
Querstrich
Ohr
Binnen-raum
Steg
GRUNDLINIE
geklammerte Serife oder zusammengefaßte Serife
gewölbter Strich
Ende
LIGATUR Kombination zweier Buchstaben
UNTERLÄNGENLINIE
gewölbter Strich, der die Serife formt

Buchstabenformen

Der Stil oder der Charakter der Schrift, die Sie schreiben, ist aus Buchstabenformen zusammengesetzt. Diese sind unterteilt in Großbuchstaben oder Versalien und Kleinbuchstaben oder Gemeine (ältere Bezeichnungen dafür sind Majuskel bzw. Minuskel). Alle Kalligraphen sollten sich um eine gute Lesbarkeit ihrer Schrift bemühen. Dazu empfiehlt es sich, Kleinbuchstaben in langen Texten oder Abschriften zu üben. Die Ober- und Unterlängen der Kleinbuchstaben und die spezifische Gestalt der ausgesprochenen Minuskelbuchstaben differenzieren das Schriftbild

und begünstigen eine bessere Lesbarkeit gegenüber einem Schriftbild aus Großbuchstaben.

Proportionen

Für die Buchstaben sind gute Proportionen notwendig. Diese können variieren zwischen etwas engen Buchstaben, den schmalen Buchstaben, und solchen, die im Verhältnis zu ihrer Höhe weit sind, den breiten Buchstaben. Die inneren Proportionen eines kalligraphischen Einzelteils sind vom Verhältnis der Federbreite zur Buchstabenhöhe abhängig. Folglich wird mit einer Kursivhandschrift, die mit sechs Federspitzenbrei-

ten in der Höhe geschrieben wurde, ein schlankerer feinerer Schriftzug erzeugt als bei einer mit fünf Federspitzenbreiten geschriebenen Schrift (bezogen auf gleiche Buchstaben). Außerdem würde der gleiche Buchstabe, der mit weniger als fünf Federspitzenbreiten in der Höhe geschrieben wird, mit dazu passenden inneren Proportionen fetter und kompakter sein.

Wenn wir uns geschriebene Buchstaben ansehen, empfinden wir ihre Abmessungen anders, d.h. die gesehenen Abmessungen entsprechen nicht den geometrischen, die wir ihnen zugrunde legen würden. Man spricht von optischen

Der Buchstabenaufbau

Es wird eine spezielle Terminologie verwendet, um die Bestandteile eines Buchstabens zu beschreiben. Hier werden die römischen Kapitalis (Majuskeln) und die humanistischen Minuskeln gezeigt.

Scheinwirkungen. Buchstaben mit größeren, gegenüberliegenden Rundformen – z.B. c, o, q und s – werden auf einer Schreiblinie proportional kleiner erscheinen. Den runden Strichzügen wird nahe der x-Höhe oder der Grundlinie etwas von der Höhe genommen. Für einige eckige Buchstaben ist die gleiche Verfahrensweise erforderlich.

Stufenleitern und Buchstabenhöhe

Bei jedem Stil werden zu Anfang die Buchstabenformen in einer spezifischen Höhe geschrieben. Die Höhe der Buchstaben wird durch eine vorgeschriebene Anzahl von Federspitzenbreiten bestimmt, wodurch die Einhaltung der handschriftlich hergestellten Proportionen gewährleistet wird.

Um eine Stufenleiter für Federspitzenbreite zu markieren, wird die Federspitze um 90° zur waagerechten Schreiblinie gedreht. Um bei einer Änderung des Buchstabenstils oder der Federspitzenbreite die Buchstabenhöhe berechnen zu können, muß eine neue Stufenleiter erstellt werden.

Linkshändige Kalligraphen

Für Linkshänder sind schräggeschnittene Federspitzen hilfreich. Der korrekte Federwinkel für jede Hand muß der gleiche bleiben. Der Winkel des Papiers ist bei Bedarf zu verändern.

Randleisten

Randleisten können im allgemeinen gestalterisch sehr gut integriert werden. Ein Textblock oder Zeilen mit Informationen auf einer Karte wirken viel attraktiver, wenn sie vollständig oder teilweise von Randleisten umgeben werden. Gedichtverse können durch eine einfache, mit einem Muster versehene Linie separat dargestellt werden. Randleisten können eine kalligraphische Arbeit ergänzen; sie sollen gegenüber dem Text nicht dominierend wirken, aber auch in ihrer Wirkung nicht zu schwach sein. Um die Wirkung der Randleisten zu verdeutlichen, nehmen Sie ein frei geschriebenes Stück Text oder Ornament und umgeben es einfach mit Geraden. Der Unterschied in der visuellen Wirkung ist sofort wahrnehmbar; der Effekt ist der gleiche wie beim Rahmen eines Bildes.

Es gibt vier grundlegende Komponenten des Randleistendesigns: Die Wiederholung waagerechter Zeichen oder das Ergänzen bzw. Hinzufügen von Zeichen, wodurch ein kontinuierlich fortlaufendes Muster erzeugt werden soll; eine Folge senkrechter Zeichen; eine Fusion waagerechter und senkrechter Elemente und eine Anordnung geschlossener Flächen. Wählen Sie einen eher knappen Stil, die einfachsten Lösungen sind waagerecht oder senkrecht verlaufende Punkte und geneigte Zeichen.

Randleisten sollten mit der Art der Arbeit in Beziehung gebracht werden können. Dabei ist zu bedenken, daß Randleisten unterbrochen werden dürfen, ihre Grenzen nicht parallel verlaufen müssen, und

außerdem eine unregelmäßige Fläche umgeben dürfen.

Die Ecken der Randleisten müssen sehr sorgfältig geplant werden. Eine klare Entscheidung zur Art der Verbindungsstelle ist notwendig.

Ideenquellen für Randleisten sind in der Natur reichlich vorhanden. So würde es nützlich sein, sich ein Repertoire von Randleisten anzulegen, z.B. nach dem Studium von Ziegel- und Backsteinwandbauten, von Ausschmückungen oder von schmiede- und gußeisernen Objekten. Derartige Gegenstände liefern eine Fülle von Linienführungen, Formen und Mustern, die alle in Randleistenentwürfe integriert werden können. Fertigen Sie Bleistiftskizzen. Legen Sie Pergamentpapier zum Durchzeichnen über Ihre Skizze und zeichnen Sie mit Feder und Tusche ausgewählte einfache, sich wiederholende Komponenten. Verwenden Sie dann das Ergebnis, um eine Originalrandleiste zu entwickeln.

Werkzeuge und Techniken

Verwenden Sie in Ihren Designs mehrere Techniken, z.B. mit einer breiten Feder erzeugte gestrichelte Linien mit dazwischenliegenden Punkten. Fast jedes Werkzeug ist für das Zeichnen von Randleisten geeignet – Pinsel, Feder, Filzstift oder Bleistift. Das Abstimmen von Randleisten mit Farbe erfordert einige Überlegungen, denn eine gut eingesetzte Farbe kann sehr wirkungsvoll sein.

Das Arbeiten auf rechtwinkligem Papier wird Ihre Sicherheit stärken. Dieses Papierformat sollte ein Grundgerüst für den Entwurf sein, wenn beim

Schreiben die breite Feder gedreht wird, um neue Anordnungen zu kreieren. Dies ist auch eine gute praktische Übung und ein »Aufwärmen«. Verwenden Sie einige Zeit dazu, das Design von Randleisten grob zu entwerfen. Besonders wichtig ist die kritische Entscheidung, ob der Text vollständig oder nur teilweise umschlossen wird. Ein unvollständiges Umschließen ist meist dann sinnvoll, wenn eine dekorative Überschrift zum Text gehört. Falls ein sicherer Linienzug eine Ihrer Stärken ist, sollte am Ende die Randleiste einige kleine Bilder enthalten, die in einer gewissen Beziehung zum Text stehen.

Die Kartusche

Kartuschen wurden aus einer alten Kunst entwickelt. Auf Papier- und Pergamentbeschriftungen ergänzten sie das Gesamtbild von Texten oder Symbolanordnungen. Die Ränder wurden in einer recht komplizierten Art geschnitten. Dadurch ergab sich eine dekorative gerollte Verzierung der Beschriftungen, meist in Schnörkelformen. Die Darstellungsweisen wurden weiterentwickelt zu Schildformen und schließlich zu Platten und Tafeln. Gewölbeartige und geschnitzte bzw. gemeißelte Formen schlossen die Beschriftungen ein, die allerdings manchmal in einer zweifelhaften Ausdrucksform mündeten.

Kalligraphen können sich auf alte Kartuschendesigns beziehen und haben damit eine reiche Quelle an Ideen für Visitenkarten, heraldische Arbeit, Zitate und viele andere kalligraphische Vorhaben.

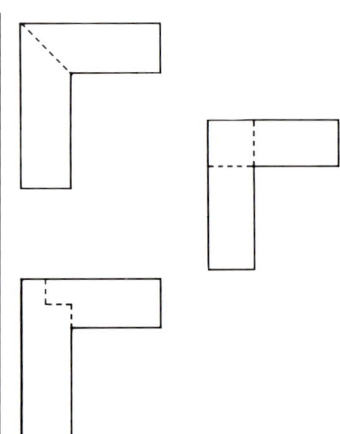

Verbindungsstellen für Randleisten
Die Struktur einer Randleiste als Rahmen erfordert einige Überlegung. Es existieren unterschiedliche Rahmenformen. Einen vollständig oder teilweise das Blatt umgebenden Randleistenentwurf beginnt man an einer Ecke.

Mit spitzem Pinsel gezeichnete Randleisten
1 Wenn Sie Randleisten entwerfen, sollten Sie mit verschiedenen Werkzeugen und Medien experimentieren. Indem sie z.B. einen spitzen Pinsel verändern, lassen sich bei der Malerei mit Aquarellfarben verschiedene Abstufungen der Bedeutung der Zeichen erzeugen. Wird der Pinsel leicht und ohne erkennbaren Druck gezogen, ergeben sich dünne Linien.

2 Wird leichter Druck angewendet und der Pinselstrich schnell gezogen, entsteht eine kontrastreiche fette Linie.

3 Feine Punkte lassen sich ergänzen, wenn nur die Pinselspitze zum Zeichnen genutzt wird. Die Beeinflussung der Punktgröße erfolgt durch den Druck auf den Pinsel, der bereits auf dem Papier ruht.

4 Diese Punkte wurden durch Aufsetzen des Pinsels auf das Papier erzeugt. Durch anschließendes leichtes Abwärtsziehen und Abheben der Pinselspitze vom Papier konnten sie vollendet werden.

Grundstriche in Randleisten

Die breite Feder kann verwendet werden, um einfache und angenehme Zeichen zu erzeugen. Diese Zeichen, entweder allein oder in Kombinationen verwendet, können wiederholt werden, so daß sie eine dekorative Randleiste ergeben. Durch Ändern des Federwinkels läßt sich die Verschiedenartigkeit und Interessantheit sogar innerhalb der gleichen Randleiste noch erhöhen. Die erste Zeile stellt durch einen einfachen Strich erzeugte Zeichen dar. Die weiteren Zeilen zeigen Randleisten, die aus einer Kombination von Strichen konstruiert wurden.

Mit Filzstiften gezeichnete Randleisten

1 Filzstifte mit meißelähnlicher abgestumpfter Schreibspitze eignen sich für die Anfangsarbeiten am Randleistenmuster. Sie sind schnell nutzbar und in vielen Farben verfügbar.

2 Durch Drehen einer breiten Feder um 90° zur waagerechten Schreiblinie lassen sich viereckige Punkte an der Spitze der farbigen Linie erzeugen.

3 Punkte werden am unteren Teil der farbigen Linie plaziert. Dann wird die gleiche Federspitze um etwa 10° zur Waagerechten gedreht, um einen dünnen gefälligen Strich zu ziehen.

4 Diese rot-grüne Randleiste könnte aber auch noch mehr Linien und zusätzliche Formen besitzen.

Schwarz-weiße Randleisten
1 Die Strichbreite ist abhängig von der Richtung, in die die Feder bewegt wird, und dem Beibehalten eines bestimmten Federwinkels. Im Beispiel erzeugt ein schwarzer Filzstift, der in einem Winkel von 45° zur Zeile gehalten wird, dicke abwärts gerichtete Striche.

4 Die dünnen und dicken Striche bilden ein einfaches Grundmuster. Das Hinzufügen kurzer Striche, um die weiße Fläche zu unterteilen, führt zu einem interessanteren und angenehmeren Ergebnis.

2 Das Wiederholen der Buchstaben mit ihren eleganten Proportionen sowie dicken und dünnen Strichen ermöglicht eine bessere Wahrnehmung der Formenanordnung als bei Einzelbuchstaben.

Mit breitem Pinsel gezeichnete Randleiste
1 Mit einem Flachpinsel kann eine Randleiste geschaffen werden, die aus einfachen, sich wiederholenden Formen zusammengesetzt ist.

2 Wird die Feder in dem gleichen Winkel gehalten und aufwärts bewegt, erzeugt sie dünne Striche.

Buchstabenrandleisten
1 Aus Buchstabenformen gebildete Randleisten können ebenso mit Erfolg angewendet werden, besonders dann, wenn die Buchstaben ausgewählt wurden, um das Stück, welches sie umgeben, zu repräsentieren oder mit ihm zu korrespondieren. Lassen sich keine augenfälligen Verbindungen darstellen, können Buchstaben verwendet werden, die sich von anderen abheben oder ausgleichend wirken.

3 Das Einbringen eines Farbpunktes ist eine einfache Möglichkeit, um ein Überraschungselement hinzuzufügen.

2 Dieses Beispiel beruht auf dem Aufbau einer Ziegelwand. Die gleiche Anordnung kann bei Verwendung einer breiten Feder erreicht werden.

3 Zwischen den Hauptlinien des Musters wurde ein kurzer, dicker Strich eingefügt, um die weiße Fläche zu unterbrechen, wobei die Linien zuerst am Fuß des Entwurfs gezogen wurden, danach in der oberen Hälfte.

4 Die fertige Arbeit veranschaulicht, wie die Einzelwirkung der Buchstaben in die Gesamtwirkung der Randleiste eingegangen ist. Sie besitzt ein Gleichgewicht von schwarz und weiß und erscheint als Reihe von Formen und Linien.

Beschriftung mit Pinseln

Pinsel gehören zum Werkzeug eines Kalligraphen, um die verschiedenen Methoden der Praxis und des Experimentierens realisieren zu können.

Der einfachste Weg, um die Möglichkeiten der Beschriftung mit Pinseln zu erlernen, besteht darin, in einem relativ großen Maßstab, großzügig und in einem ungezwungenen Stil zu arbeiten. Beim Arbeiten mit Pinseln existiert so etwas wie eine versteckte Arbeitsordnung. Diese wird vor allem dann sichtbar, wenn die Menge der Tusche oder Farbe am Pinsel abnimmt. Dann bildet sie ein Potential für interessante Kontraste im Text. Wenn beispielsweise die Tinte bei einem mittleren Buchstaben ausgeht, könnten Sie Merkmale für Betonungswechsel registrieren. Sollte dies jedoch zu einem Makel führen, so verzichten sie besser auf das Fortsetzen der Arbeit.

Sie können weiter experimentieren, indem Sie feuchte Farbstriche aneinander legen und die verschiedenen Farben sich vermischen lassen. Eine zuvor geplante Farbauswahl kann zu einigen spannenden und hochinteressanten Ergebnissen führen.

Breite, flache oder rechtwinklig aufgesetzte Pinsel bewirken eine fette Beschriftung. Die Veränderung des Pinselwinkels, besonders während des Ziehens eines waagerechten Striches ruft weiteres Interesse hervor.

Wenn Sie mit Pinseln arbeiten, werden Sie bald feststellen: Es ist nicht so einfach, die erfolgreiche Lösung in Rohform in exakt gleicher Form in die zu fertigende Arbeit zu übernehmen. Das sollte jedoch als ein reizvoller Vorteil der Be-

schriftung mit Pinseln gesehen werden, nicht als abschreckende Tatsache. Um ein wirklich überzeugendes Ergebnis beim Schreiben mit dem Pinsel zu erhalten, ist aufgrund der freien Bewegung des Pinsels eine gute Kenntnis der Buchstabenformen unbedingte Voraussetzung.

Nur durch Probieren können Sie wirklich herausfinden, welcher Pinsel für das jeweilige Vorhaben am besten geeignet ist. Die Traditionen der östlichen Kalligraphie beruhen auf der Verwendung von Pinseln. Deshalb sollten zu Ihrer Auswahl auch chinesische Bambuspinsel gehören. Die Haare dieser Pinsel sind am Pinselende ganz speziell befestigt und erzeugen völlig andere Formen als die von Flachpinseln für Aquarellfarben. Ihre Schreibversuche mit Hilfe spitzer Pinsel könnten zu einem Ergebnis führen, das dem orientalischen Pinselschreibstil ähnelt.

Das Schreiben mit Pinseln kann mit Erfolg in dem großen Bereich solcher Entwürfe eingesetzt werden, die starke visuelle Effekte mit einem gewissen Hauch zur Ungezwungenheit hervorrufen sollen. Eine Beschriftung mittels Pinsel kann sehr wirkungsvoll sein, beispielsweise eine pinselgezeichnete Überschrift über einem mit einer breiten Feder geschriebenen formalen Text. In dieser Art und Weise erschienen z.B. die Beschriftungen mit Pinseln hauptsächlich in Designs der Werbung, insbesondere in den USA der dreißiger und vierziger Jahre dieses Jahrhunderts.

Die bearbeiteten Buchstaben

1 Das Arbeiten mit großen Flachpinseln ermöglicht viel Freiheit in der individuellen Ausdrucksweise. Der erste Buchstabe fungiert als Anker, an dem die übrigen Buchstaben hängen können oder um den sie gruppiert sind.

2 Die Buchstaben werden in der herkömmlichen Art und Weise konstruiert, indem die entsprechenden Striche aneinandergereiht werden. Der Pinsel wird entsprechend dem ausgewählten Stil gehalten, entweder im geeigneten Winkel oder um für ein Teilstück den erforderlichen Druck auf den Strich ausüben zu können.

3 Gefällige Arrangements können, oft unbeabsichtigt, beim Üben der Beschriftung mit einem Pinsel erreicht werden. Ein ausgedehnter Strich eines geschwungenen Buchstabens ist mit einem Pinsel leicht zu schaffen.

4 Legen Sie einen sauberen Bogen Papier unter Ihre Schreibhand, dadurch bleibt die Schreibfläche sauber und fettfrei.

Sehr zufriedenstellende Ergebnisse werden häufig dann erzielt, wenn eingeplant wird, daß der Entwurf auch vergrößert werden kann. Die ursprüngliche Idee sollte dabei kein Hindernis sein.

5 Die Einführung einer zweiten Farbe und eine unterschiedliche Buchstabengröße sorgen für zwei unmittelbare Kontraste. Feine, mit einem dünnen, spitzen Pinsel ausgeführte Striche fördern den Bedeutungskontrast zu den mit einem flachen Pinsel gezeichneten breiten Strichen.

Die Untersuchung einzelner Buchstabenformen
1 Einzelne Buchstabenformen werden mit einem großen Flachpinsel geübt. Das ist gleichzeitig eine sehr gute Methode, um einiges über die Buchstabengestaltung zu erfahren.

3 Die Verwendung eines Pinsels vermittelt eine Flexibilität des physischen Erlebens, die mit anderen Instrumenten nicht möglich ist. Die Nachgiebigkeit und die Leichtigkeit der Berührung der Pinselhaare auf dem Papier ermöglichen viel mehr Bewegungsfreiheit über die gesamte Fläche.

5 Mit der gesamten Pinselspitze ist ein gleichbleibender Winkel beizubehalten. Dadurch können dünne und dicke Striche geformt werden.

6 Die fertiggestellte Komposition verdeutlicht die Kontraste der Farben, der Buchstabengrößen und des Stils.

2 Die Reihenfolge der Striche, die die Buchstaben bilden, ist die gleiche wie bei der Verwendung einer Feder.

4 Es besteht die Möglichkeit, auf die Grenzen der Leitlinien zu verzichten. Das ist eine Chance, um mit ausgewogenen Buchstaben auf der Seite zu experimentieren.

6 Selbst wenn einige der Buchstaben nicht richtig gelingen, geben Sie das Üben nicht auf. Die Absicht sollte einfach sein, das Manipulieren des Pinsels zu üben. Arbeiten wie diese werden am besten in entspannter Form durchgeführt.

Die Verwendung eines spitzen Pinsels

1 Ein spitzer Pinsel in der Art, wie er für die chinesische Kalligraphie verwendet wird, ist sehr gut geeignet, um das Zeichnen großzügig konstruierter Buchstaben zu üben, da er viel mehr Farbe aufnehmen kann.

2 Chinesische Pinsel sind außerdem sehr vielseitig verwendbar: Schmale Striche können mit der Spitze und breite Striche mit dem gesamten Pinselkörper erzeugt werden.

▷ SUZANNE GUEST

Das Arbeiten mit dem Flachpinsel ermöglicht eine perfektere Darstellung der Striche, als wenn sie mit einer rechtwinklig endenden Feder gezeichnet würden. Der Pinsel bietet eine größere Bewegungsfreiheit und die Möglichkeit, mit Farbe zu experimentieren. Aquarellfarbe kann übermalt sein, wie in dieser Arbeit ersichtlich. Hierbei wurde ihre transparente Beschaffenheit ausgenutzt. Der Bildgrund erhielt eine Farbtönung. Zum Schmücken einiger Buchstabenformen wurden Farbstifte verwendet.

Kalligramm

Ein Kalligramm ist ein Bild oder Design, welches ausschließlich aus Arrangements von Wörtern oder Wortzeilen geschaffen wurde, um damit ein Bild zu formen. Normalerweise beziehen sich die Wörter direkt auf das Bild.

Oftmals liegt einem Kalligramm ein einfaches Objekt zugrunde, welches mit geschriebener Textsubstanz ausgefüllt wird. Das Prinzip ist leicht erkennbar, z.B. in Designs von Weihnachtskarten. Dabei hat der Kalligraph Wörter zum Thema Weihnachten in eine bekannte und leicht erkennbare Form gebracht – einen traditionellen Weihnachtsbaum, eine Glocke oder einen Ziergegenstand.

Für die Kreation von Kalligrammen gibt es keine festen und schnellen Regeln. Sie erfordern allerdings eine gute Planung. Ein Kalligramm sollte außerdem als ein Produkt gesehen werden, das ein wenig Unterhaltung vermittelt. Als Schöpfung des Kalligraphen kann es in einem großen Anwendungsbereich eingesetzt werden, beispielsweise für Visitenkarten, Briefpapier, Prospekte u. ä. Ein gutes Kalligramm erreichen Sie nur durch geduldiges Ausprobieren auf Grobentwürfen von Ideen und Vorstellungen. Nach dem Auswählen eines Themas entwerfen Sie durch Zeichnen der Umrisse eine erkennbare Formendarstellung. Verwenden Sie eine gute Bezugsvorlage, um die richtige Form zu erhalten.

Bei einer ausgeprägten und leicht identifizierbaren Form kann ein sehr lockerer Stil der Beschriftung angewendet werden. So könnte z.B. eine Blattkontur ganz einfach geformt werden, indem sich das Wort »Blatt«, in einer großzügigen Handschrift geschrieben, ständig wiederholt.

Sollen die Wörter gelesen werden, benötigen Sie mehr Zeit, um über das Design nachzudenken. Das Einpassen eines ausgewählten Textes in eine festgelegte Form kann sich in diesem Fall als äußerst schwierig erweisen. Mögliche Lösungen könnten das Verwenden unterschiedlicher Beschriftungsstile und Wertigkeiten innerhalb der Inschrift sein. Veränderungen der Textsubstanz erhöhen das Interesse. Sie werden durch Wechseln der Feder und der Beschriftungsgröße erreicht.

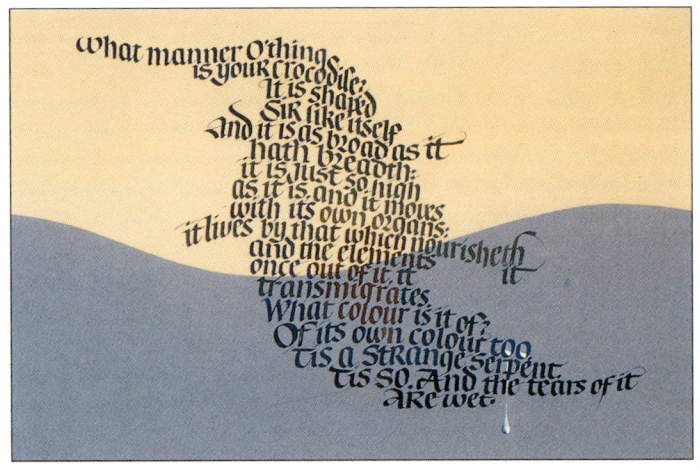

▲ KENNEDY SMITH
Dieses Kalligramm wurde unter Nutzung von Wörtern aus Shakespeares »Antonius und Cleopatra« gestaltet.

▼ HARRY MEADOWS
Dieses Bild wurde mit Aquarellfarbe auf Pergament gezeichnet und besitzt eine glänzende Verzierung aus poliertem Gold.

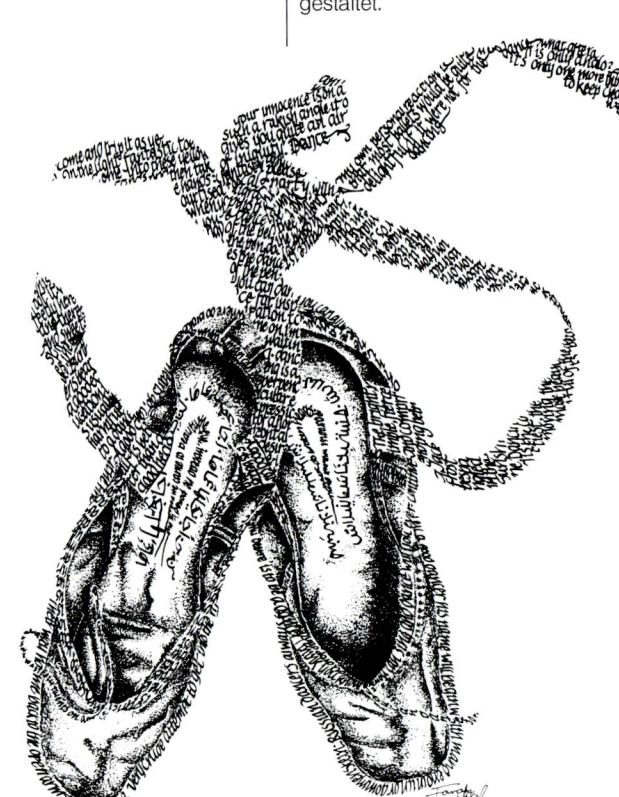

◀ FARAH GOKAL
Diese Arbeit eines jungen Studenten zeigt eine große Vorstellungskraft. Die Kalligrammtechnik wurde mit einfachen zeichnerischen Verfahren kombiniert, um die Qualität der konturenfüllenden Textsubstanz zu erreichen. Die Buchstaben ändern ihre Größe und haben effekterzeugende Ausdehnungen.

Karolingische Schrift

Die karolingischen Minuskel waren das Ergebnis eines organisierten Versuchs im 8. Jh., den Gebrauch der Handschriften in Westeuropa zu vereinheitlichen. Dabei sollten auch die klassische römische Kapitalis und die kursiven Schriften mit einbezogen werden. Im Jahre 789 n.Chr. wurde auf Geheiß von Karl dem Großen (ca. 742 bis 814) ein Erlaß bekanntgegeben. Darin wurde bestimmt, daß diese standardisierte Handschrift für alle existierenden literarischen Arbeiten, Rechts- und Amtsdokumente sowie den kirchlichen Schriftverkehr anzuwenden ist.

Die karolingische Schrift erwies sich als eine sehr erfolgreiche Buchschrift, wobei einige Modifikationen hinsichtlich Schnelligkeit und Wirtschaftlichkeit vorgenommen wurden.

Das karolingische Alphabet ist weithin als das erste richtige Kleinbuchstabenalphabet bekannt. Die Buchstaben dieser Handschrift sind durch ihre langen Ober- und Unterlängen leicht zu erkennen. Diese akzentuieren die Kleinheit und Rundlichkeit der Buchstabenkörper.

Um diese gut komponierte Schrift zu schreiben, verwenden Sie eine mittelgroße Feder und einen Federwinkel von 35° bis 40°. Der Buchstabenkörper ist nur drei Federbreiten hoch, wogegen die Höhe der Ober- und Unterlängen sechs Federbreiten betragen kann.

Die leicht kantenartig betonten Serifen der Oberlängen werden mit zwei Strichzügen erzeugt. Die erste Serife ist ein hakenförmig nach unten gerichteter Strichzug, der die Länge bildet. Die zweite Serife setzt am Beginn des senkrechten Hauptstrichzuges an. Gute Abstände zwischen den Zeilen wirken sich vorteilhaft auf die Arbeit aus. Die minimale Tiefe beträgt sechs Federbreiten.

Weil es für die karolingische Schrift keine spezifischen Großbuchstaben gab, wurden am Anfang senkrecht geschriebene römische Kapitalis verwendet. Derzeit stehen zur Hervorhebung eine Vielzahl an Großbuchstaben zur Verfügung, z.B. RÖMISCHE KAPITALIS, UNZIALBUCHSTABEN oder VERSALALPHABETE, die sich sehr gut mit karolingischen Formen kombinieren lassen.

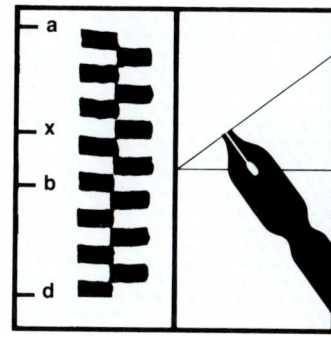

▷ Zeitgenössische Wiedergabe der modifizierten Handschrift einer karolingischen Minuskel aus dem 10. Jh. Als Großbuchstaben wurden die römischen Kapitalis und/oder Unzialbuchstaben verwendet.

1 Die keulenartigen Verdickungen der Serifen werden mit einer rechtwinklig geschnittenen Stahlfeder erzeugt. Der Federwinkel soll dabei 35° betragen. Die aus einem einfachen Strichzug bestehende Serife wird geformt, indem die Feder in einem kleinen länglichen Bogen nach links gezogen wird. Danach erfolgt die Ausformung des senkrechten Hauptstrichzuges.

2 Der Buchstabe wird mit einem einfachen, scharf nach rechts gezogenen Strichzug komplettiert.

Ere unto —
My pen drew nigh;
Leviathan told,
And the honey-fly:
And still would remain
My wit to try —
My worn reeds broken,
The dark tarn dry,
All words forgotten —
Thou, Lord, and I.

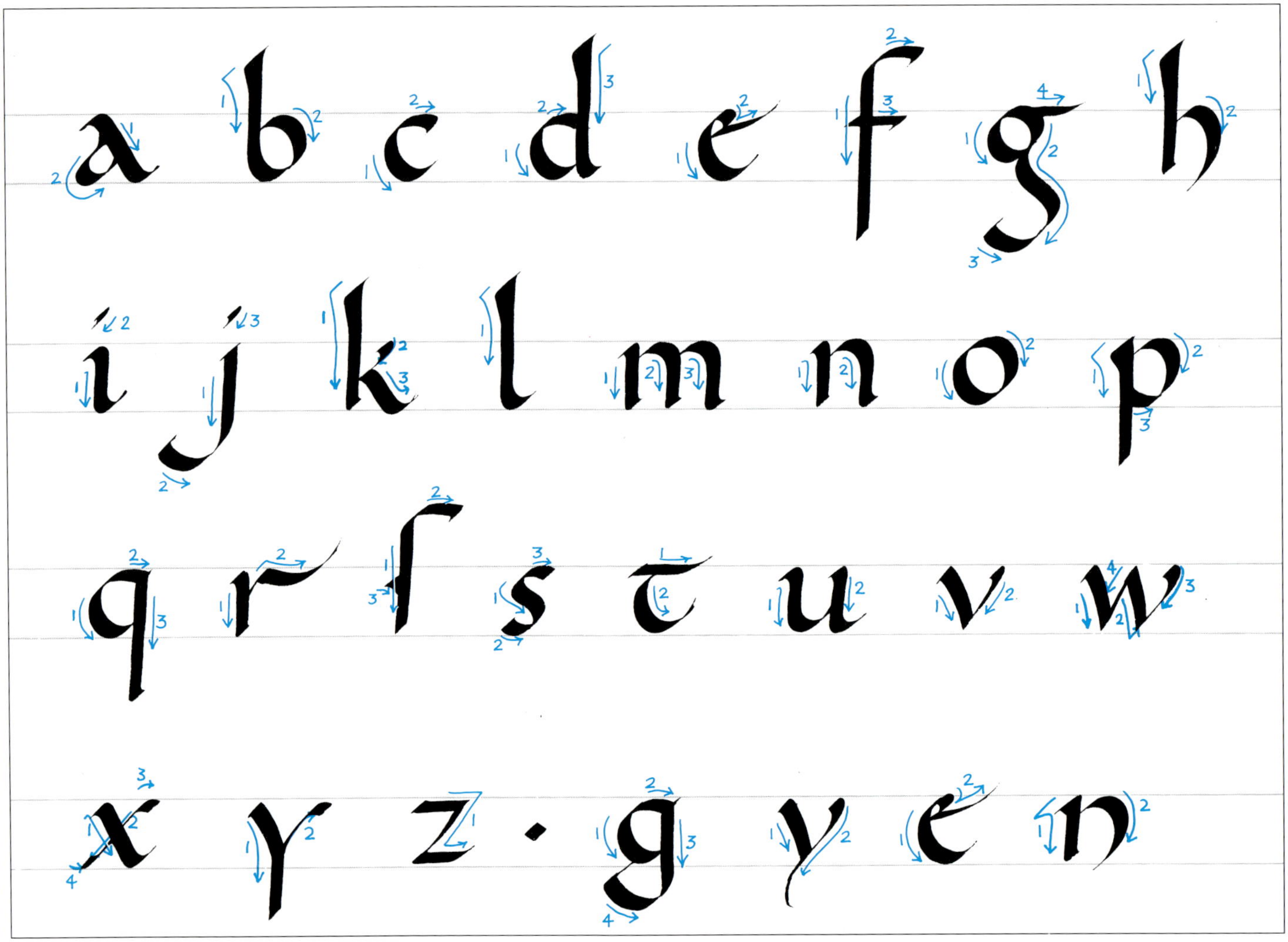

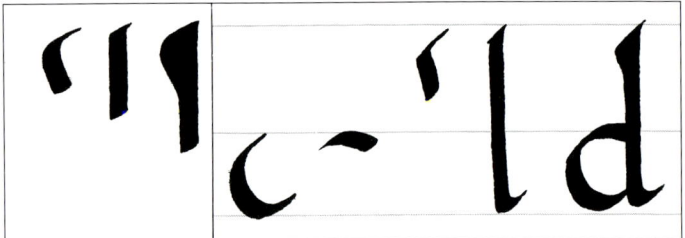

Das karolingische Alphabet

Die karolingische Schrift bietet ein Schriftbild aus Kleinbuchstaben, das nicht von Großbuchstaben begleitet wird. Die ungeteilte Aufmerksamkeit des Betrachters muß den Buchstabenformen gewidmet werden mit ihren kennzeichnenden kleinen gerundeten Körpern und der dazu proportional langen Oberlänge. Diese Handschrift verlangt ausreichende Abstände zwischen den Zeilen. Die Oberlängen mit ihren charakteristischen Serifen dür-

fen die Unterlängen der vorhergehenden Schreibzeile nicht beeinflussen. Üben Sie die zwei Strichzüge, die die Serife bilden.

In diesem Alphabet ist das sogenannte lange S, die originale Form des S, enthalten. Obwohl diese Form heute als ungewöhnlich angesehen wird, wirkt sie in einigen Buchstabenkombinationen (wie z.B. beim ST) besser als die leichter erkennbare moderne S-Form.

Der erste Strich der charakteristisch gestauchten Serife ist ein nach unten gerichteter Haken. Der nächste, senkrechte Strich führt aus dem er-

sten heraus, vorbei am Ende des Hakens und weiter nach unten. Stellen Sie die Kreisform des Kleinbuchstabens d zuerst dar.

Farbqualität

Das Einbringen von Farben in eine kalligraphische Arbeit erhöht sofort ihre Substanz und gibt ihr eine andere Dimension. In früheren Jahrhunderten wurde die Verwendung von Farbe in erster Linie durch die Verfügbarkeit der Materialien diktiert und erst in zweiter Linie durch die Erfordernisse der Arbeit. Klare, unkomplizierte Farbverzierungen wurden anfangs angewendet, um die Aufmerksamkeit auf spezifische Informationen zu lenken. Außerdem sollte die Farbe der dominierenden Schwärze des Textes gegenwirken.

Farbe aus roten Erdpigmenten wurde gemeinhin für Handschriften verwendet, aber nicht von den Schreibenden selbst, sondern von den Rubrikatoren, den Experten für die Anwendung der roten Pigmente. Dabei dürften vorwiegend der Titel, ein hervorhebenswertes Stichwort, ein zu betonender Anfangsbuchstabe in der Handschrift, eine Randbemerkung oder sogar ein ganzer Abschnitt mit roter Farbe gekennzeichnet gewesen sein.

Der Bereich der Farbanwendungen ist seit der Zeit der herrlichen Verzierung von Handschriften unverändert groß geblieben. Farbe kann für ein vollständig illustriertes Einzelelement angewendet werden, so für einen einzelnen Großbuchstaben am Textbeginn oder für einen bestimmten Buchstaben an jeder Stelle der Arbeit.

Für kalligraphische Zwecke wird im Handel ein sehr breites Spektrum an Farben angeboten. Für qualifizierte Arbeiten finden am häufigsten farbige Tinten und Aquarell-

farben Anwendung. Für die Auswahl des richtigen Mediums, auf dem die Arbeit angefertigt werden soll, sind einige Betrachtungen erforderlich. Das Medium muß für die Anwendung des geplanten Schreibinstrumentes geeignet sein. Das Schreibinstrument soll scharfe Kanten und haarfeine Serifen oder Verzierungen ermöglichen. Außerdem sollten Sie auch an die Dauerhaftigkeit der Arbeit denken. Tinten mit einer inhärenten Transparenz neigen zum Ausbleichen. Bei lichtundurchlässigen Designerfarben oder Wasserdeckfarben ist dies weniger zu befürchten. Wenn Sie Aquarellfarben verwenden, ist ein Papier erforderlich, das die zusätzliche Feuchtigkeit absorbieren kann.

Die Tinten

Für einfarbige Arbeiten kann eine Kalligraphietinte guter Qualität verwendet werden.

Verwendung eines großen Pinsels
1 Die Bewegungsfreiheit, die der Pinsel gewährt, und die damit verbundene Suche nach einer interessanten Komposition und einem günstigen Arrangement der Farben, werden sich nutzbringend auf die Entwicklung persönlicher Konzepte auswirken. Bei zukünftigen Arbeiten können Sie auf diese Erfahrungen zurückgreifen.

2 Das Auftragen einer zweiten Farbe über der ersten, die noch feucht ist, kann zu ganz besonderen Ergebnissen führen.

3 Zuweilen führt diese Feucht-in-feucht-Technik auch zu einem verworrenen Durcheinander. Doch das Vergnügen, welches die Sache bereitet, und die Entdeckungen, die durch diese Experimente möglich werden, sind am Anfang mehr Wert als ein unbedingt perfektes Ergebnis.

4 Durch die im Laufe der Zeit gesammelte Erfahrung wird es Ihnen möglich werden, einzuschätzen, wieviel Zeit für Anwendungen von Farbe erforderlich und zulässig ist. Dann ist auch ein kontrollierteres Ergebnis zu erzielen.

Diese Tinten wurden eigens für diesen Zweck entwickelt, sie sind wasserfest, gut zum Schreiben geeignet und liefern eine kräftige Deckung der kalligraphischen Strichzüge.

Zeichentinten sind in vielen brillanten und transparenten Farben verfügbar. Sie erfordern kein Mischen, obwohl sie mit jeder anderen Tintenfarbe gemischt werden können. Sie sind sofort zur Verwendung bereit, gut geeignet, Strichzüge zu probieren und farbige Flächen grob zu entwerfen. Dies ist sowohl im Text als auch an Verzierungen möglich und das, obwohl die endgültige Arbeit eventuell auf einem ganz anderen Schriftträger angefertigt wird.

Konzentrierte Aquarellfarben oder andere Farbstoffe sind Materialien, die eine sehr ausdrucksstarke Anwendung ermöglichen. Diese Materialien können direkt aus dem Behältnis verwendet oder auch mit Wasser verdünnt werden.

Die Farben
Aquarellfarbe ist das am häufigsten von Kalligraphen verwendete Material. Die persönliche Vorliebe entscheidet, ob die Farbe aus einem Napf, von einem festen Riegel oder aus einer Tube genommen wird. Einige Farben müssen mit Wasser gemischt werden, um eine brauchbare Konsistenz zu erhalten. Mischen Sie diese Farben ein wenig untereinander, so können Sie sich eine umfangreiche Farbpalette einrichten.

Aquarellfarben sorgen für einen brillanten Effekt. Das Prinzip der Arbeit mit Aquarellfarben besteht darin, daß das Licht von der bemalten Fläche – üblicherweise weißes Papier – kommt. Farbschichten können getrennt aufgetragen werden, überlappend oder eine auf der anderen aufbauend. Diese Arbeit muß sehr sorgfältig und mit frischer Farbe ausgeführt werden, um den Effekt der Pigmente voll ausnutzen zu können.

Gouachefarben ergeben eine feste Farbschicht, die mit durchsichtigen Aquarellfarben nicht zu erreichen ist. Die lichtundurchlässige Farbe befindet sich auf dem zu bemalenden Blatt. Das Licht wird von der bereits bemalten Fläche reflektiert, so daß weißes oder koloriertes Papier verwendet werden kann, ohne befürchten zu müssen, daß Farbschattierungen verloren gehen. Wasser wird verwendet, um Gouachefarbe zu verdünnen und zu mischen. Es verringert die Farbbrillanz nur wenig. Die Farbe läßt sich als eine dünne Schicht auftragen. Sie kann auch durch Feucht-in-feucht-Malen stärker aufgelegt werden.

Das Auftragen der Farben
Wenn Sie mit einem bestimmten System von Farben arbeiten, sollten Sie immer mehr Farbe als für die jeweilige Aufgabe erforderlich ist, mischen.

Fertigen Sie viele Grobentwürfe an und testen Sie das zu bemalende Blatt auf seine Absorptionsfähigkeit. Halten Sie immer eine Probe Ihres ausgewählten Papiers bzw. der Pappe oder des Kartons bereit, worauf Sie die Farbe hinsichtlich ihrer Konsistenz und des Farbzusammenspiels prüfen können. Mischen Sie die Farben gut. Kontrollieren Sie, ob der erforderliche Farbton erreicht ist und rühren Sie kon-

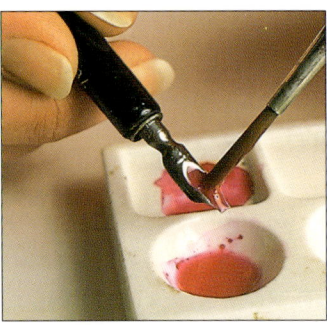

Die Vorbereitung der Farb- und Federverwendung
Die Farbe wird auf einer Farbpalette vorbereitet. Wasser wird vorsichtig mit einem Pinsel oder einer Pipette hinzugegeben, aber so, daß die Farbe nicht zu dünn wird. Es ist immer ratsam, die Konsistenz und das Farbzusammenspiel auf einem Stück Papier zu testen.

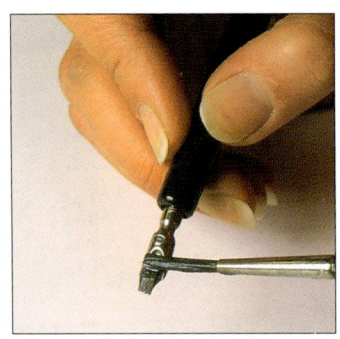

Die Verwendung einer Feder
1 Erweiterungen haarfeiner Linien an Buchstaben sind oft leichter mit Farbe als mit Tinte auszuführen, weil Farbe längere Zeit zum Trocknen benötigt. Somit steht genügend Restflüssigkeit zur Verfügung, die mit der Ecke der Feder weitergezogen werden kann. Füllen Sie die Feder sorgfältig mit einem Pinsel. Kontrollieren Sie danach, daß sich nicht zuviel Farbe auf der Feder befindet. Erst dann kann mit der Arbeit begonnen werden.

2 Wenn Sie eine feine, exakte Beschriftung mit Farbe ausführen, ist die Feder häufig zu säubern. Dies geschieht am besten zwischen zwei zu schreibenden Buchstaben. Durch das Säubern soll ein Verstopfen der Feder vermieden und die klare Kante an der Feder gewährleistet werden. So kann der erforderliche Beschriftungsstil uneingeschränkt fortgesetzt werden.

3 Wird mit Farbe gearbeitet, ist für die gleichmäßige Verteilung des Farbtons zu sorgen, sofern nicht bewußt eine Unregelmäßigkeit genutzt werden soll. Die Ausführung der haarfeinen Erweiterungen erfolgt durch Heben der Feder und gleichzeitiges Ziehen der feuchten Farbe mit einer Federecke. Dieses kann mit Farbe leichter als mit anderen Medien erreicht werden, weil Farbe eine längere Trockendauer hat. Ein Flüssigkeitsvorrat, der in eine Erweiterung gezogen wurde, verbleibt am Beginn oder Ende des Strichzuges noch für einige Zeit.

tinuierlich weiter um, damit die Farben sich nicht wieder trennen.

Zur Verbesserung der Farbkonsistenz gibt es zwei wirksame Mittel, das erste ist Gummiarabikum und wird von den meisten Designern als Zusatzstoff verwendet. Es unterstützt die Handhabung bzw. den Fluß der Farbe und erhöht am Ende etwas den Glanz. Das andere Mittel ist Ochsengallensaft. Beide Mittel verbessern das Haftvermögen der Farbe. Wenn Sie Gummiarabikum oder Ochsengallensaft verwenden, sollten Sie diese der Farbmischung sehr vorsichtig mit einem Zahnstocher oder Streichholz und jeweils nur einen Tropfen auf einmal hinzufügen.

Bei Verwendung einer Feder wird die Farbe mit einem Pinsel auf die Federspitze gebracht.

Das Arbeiten mit Farbe erfordert vor allem häufiges Säubern der Feder oder des Pinsels. Dieses sollte gewohnheitsmäßig selbst dann getan werden, wenn das Werkzeug eine Reinigung scheinbar noch nicht nötig hat.

Wenn das Farbmedium mit Wasser gemischt wurde, neigt die Flüssigkeit dazu, sich am Ende des Strichzuges zu sammeln. Das könnte Absicht sein und wäre als Vorteil für die Arbeit nutzbar. Wenn dies nicht erforderlich und unerwünscht ist, müssen Sie den Winkel zwischen Schreibgerät und Arbeitsfläche gegenüber der Waagerechten verringern.

Eine gewisse Untertreibung und bewußte Begrenzung der Farbmenge kann zu tollen Effekten in der beendeten Arbeit führen.

Das Präparieren eines kolorierten Untergrundes

1 Kalligraphie wird zumeist auf weißem oder cremefarbigem Papier ausgeführt. Ein kolorierter Untergrund kann einer Arbeit oft eine zusätzliche Dimension verleihen. Um eine zarte Farbtönung zu erzeugen, verwenden Sie schwach verdünnte Wasserfarbe. Die Farbe wird mit einem breiten Flachpinsel auf angefeuchtetes Papier aufgetragen. Eine Farbtönung läßt sich am besten auf schwerem oder saugfähigem Papier realisieren. Mischen Sie auf jeden Fall eine ausreichende Farbmenge an. Dann wird die Tönung schnell aufgetragen, um die Bildung von Streifen und Schattierungen zu vermeiden.

▶ JOHN SMITH
Das dunkel gefärbte Papier verleiht dieser Arbeit eine zusätzliche Dimension und Tiefe. Für die Schrift wurde Gouachefarbe verwendet, die eine hervorragende Deckkraft ermöglicht. Die Schrift ist gut auf dem gefärbten Untergrund angeordnet. Die kontrastierenden Farben, die für die Wörter von P.B. Shelley verwendet wurden, harmonieren gut miteinander. Besonders wirksam ist das Arrangement der gebrochenen Zeilen. Die in Gruppen angeordneten Zeilen mit den überlappenden Farben bringen zusätzlich Bewegung in die Arbeit.

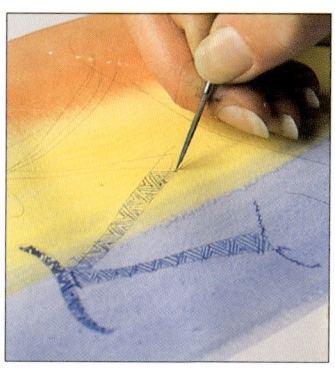

2 Wenn Sie unterschiedliche Trocknungszeiten zwischen dem Auftragen angrenzender Farben zulassen, führt dies zum Ineinanderlaufen einiger Farben. In gut geplanten und bei komplizierteren Arbeiten kann ein interessanter Hintergrund entstehen. Dieser Hintergrund läßt sich z.B. zum Andeuten visueller Effekte nutzen.

3 Verschaffen Sie sich Gewißheit, daß die Farbe völlig trocken ist, erst dann kann auf dem Blatt geschrieben werden.

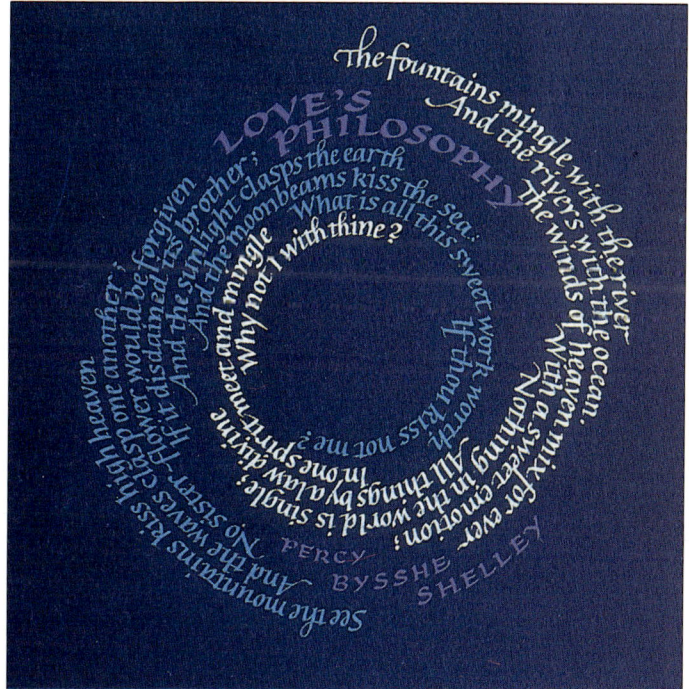

Komposition

Kalligraphisches Design ist ein Design sehr spezifischer Natur. Es betrifft überwiegend oder völlig das visuelle Arrangement von Wörtern. Zahlreiche Entscheidungen tragen zur Herstellung eines harmonisch gestalteten Werkes bei.

Von großem Nutzen ist es, eine persönliche Kontrolliste von Designelementen zu entwickeln. Dazu sind viele Überlegungen notwendig, die beträchtliche Auswirkungen auf die fertige Arbeit als Ganzes haben können. Einige Lösungen ergeben sich auch automatisch während der Arbeit. Wird die Arbeit für einen Kunden angefertigt, ist es möglich, daß viele Bestandteile des Designs zuvor bereits spezifiziert wurden.

Lesen Sie zunächst den Text oder das Manuskript. Sie müssen ein gewisses Maß an Vertrautheit und Verständnis finden. Außerdem sollten Sie bereits beim Lesen ein Gefühl für die Wörter entwickeln. Stellen Sie schon beim Durchlesen Fragen: Worum handelt es sich? Wer wird es lesen? Was ist bedeutsam? Aus welcher Entfernung wird es betrachtet und gelesen?

Einige Antworten ergeben sich beim Lesen sofort, einschließlich des Zweckes und der Bedingungen, unter denen der Text gelesen werden wird. Zu Beginn haben Sie sicher erste Ideen zur Verzierung. Diese werden im weiteren Verlauf klarer, ganz gleich, ob der Text für eine DEKORATIVE VERZIERUNG geeignet ist, eine RANDLEISTE haben soll oder andere betonende oder kennzeichnende Elemente, um spezifische und bedeutende Informationen hervorzuheben. In diesem Stadium sind solche Gedanken lediglich Vermutung. Sie können sich noch ändern, doch sie sind es wert, notiert zu werden.

Zunächst ist die Aufmerksamkeit auf die Beschriftung selbst zu richten; die Höhe, die Bedeutungsdimension und der Stil müssen bestimmt werden. Außerdem muß festlegen, ob nur einige oder alle Buchstaben in Farbe ausgeführt werden. Dabei ergibt sich eine Antwort auf Ihre früheren Fragen, denn Sie werden bereits einige Schriftarten gedanklich eliminiert haben. Die verbleibenden Schriften können unter Berücksichtigung des Aussageziels der einzelnen Wörter verwendet werden.

Es ist sehr wichtig, sich für den richtigen Stil der Arbeit zu entscheiden. Er soll der Funktion der kalligraphischen Arbeit angemessen sein. So wären z.B. eine komplizierte gotische Handschrift oder übertrieben verzierte Buchstaben für eine öffentliche Mitteilung, bei der die unmittelbare Lesbarkeit eine Grundvoraussetzung ist, völlig ungeeignet.

Erinnern Sie sich daran, daß durch Ändern der Bedeutungsdimension, der Höhe und der Farbe der Schrift Betonungen gesetzt werden können. Eine in fetten Großbuchstaben geschriebene farbige Überschrift wird z.B. einen guten Kontrast zu einem in kleineren Groß- und Kleinbuchstaben gestalteten Text ergeben, der in der gleichen Handschrift in schwarz ausgeführt ist. So könnte ein besserer Entwurf entstehen als wenn zwei verschiedene Buchstabenstile kombiniert werden. Einige Änderungen bezüglich der Höhe und der Bedeutungsdimension schaffen ebenfalls eine gewisse Struktur und bringen Bewegung in den Text.

Die Größe der beendeten Gesamtarbeit wird wahrscheinlich festliegen. Ist dies nicht der Fall, müssen Sie Ihr Augenmerk auf Format und Dimension der Arbeit richten. Zuerst ist zu entscheiden, ob ein Hochformat, Querformat oder quadratisches Format verwendet werden soll.

Die Auswahl von besonderem Papier bzw. von Pappe sollte unter Berücksichtigung des zu schreibenden Textes erfolgen. Ist dies nicht möglich, wenden Sie die Grundregeln für eine derartige Auswahl an. Berücksichtigen Sie die Farbqualität, die Bedeutungsdimension und die Oberflächenbehandlung.

1 Die endgültige Präsentation einer kalligraphischen Arbeit kann sich darauf auswirken, wie gut sie vom Betrachter aufgenommen wird. Als erstes ist deshalb über die Gesamtform der zu bearbeitenden Fläche zu entscheiden. In diesem Hochformat verlaufen die langen Seiten senkrecht. Die Arbeit kann so geplant werden, daß innerhalb dieses Formates eine bestimmte Fläche eingenommen wird, die sich aber nicht in der Mitte befinden muß.

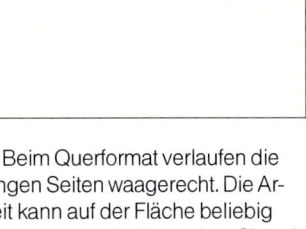

2 Beim Querformat verlaufen die langen Seiten waagerecht. Die Arbeit kann auf der Fläche beliebig angeordnet sein. Versuchen Sie, mit verschiedenen Anordnungen zu experimentieren, sowohl mit symmetrischen als auch mit asymmetrischen.

3 Die dritte Form ist das quadratische Format. Die Arbeit kann hier mit dem Ziel angeordnet werden, innerhalb dieser geometrisch regelmäßigen Figur einen dramatischen Effekt zu erreichen.

Schriften des 17./18. Jh.

Im 16. Jh. wurde die Qualität des gewalzten Kupferbleches, das bei Graveuren Anwendung fand, stark verbessert. Während vorher der Holzschnitt als Reproduktionstechnik von Schrift und Bild diente, waren die Graveure in der Lage, mit ihren Graviersticheln eine Oberfläche zu beschriften, die vergleichbar war mit Papier oder Pergament, das den Schreibern als Arbeitsgrundlage diente. Inspiriert durch die neugewonnene Freiheit, die die Graveure zum Ausdruck brachten, – vielleicht auch etwas neidisch geworden – gaben die Schreiber ihre breiten, rechtwinklig geschnittenen Federkiele auf. Nunmehr nutzten sie flexible, spitze Federn. Eine zierliche Kursivschrift entstand. Sie konnte schnell geschrieben werden, wobei das Abheben der Feder vom Papier nur noch bei Interpunktion und Wort- und Zeilenunterbrechungen notwendig war. Das Ergebnis war eine elegante Handschrift, die sich über die gesamte Seite erstreckte.

Eine spitze flexible Feder reagiert auf den vom Schreiber ausgeübten Druck. Ein Hauptmerkmal dieser Schrift ist die geringfügige Verbreiterung der abwärtsführenden Strichzüge. Diese wird durch eine leichte Druckausübung auf die Feder im Moment der Ausführung des Strichzuges erreicht. Auf diese Weise wird erzwungen, daß ein wenig zusätzliche Tinte durch die jetzt schwach voneinander getrennten Hälften der Federspitze fließt. Auf ähnliche Weise wird fast der gesamte Druck auf den aufwärtsgerichteten Strichzug zurückgenommen. Dadurch läßt sich eine außerordentlich dünne Linie zwischen den Buchstaben realisieren.

Andere leicht identifizierbare Merkmale dieser Handschrift sind die hin und wieder verschlungenen Ober- und Unterlängen und die bei einer Neigung von 54° geschriebenen gefälligen, fließenden Formen. Es ist äußerst schwierig, schöne Schriften des 17. und 18. Jh. ohne passende Ausrüstung zu schreiben; eine Feder mit gekrümmter oder abgewinkelter Spitze ist für diese Aufgabe unbedingt erforderlich.

Die Verbesserungen in den Graviertechniken fallen zeitlich mit der verbesserten Schreib- und Lesefähigkeit zusammen. Dieses erhöhte Schreib- und Leseniveau entwickelte sich nach dem Aufkommen beweglicher Lettern. Immer mehr Menschen wollten Schönschreiben lernen. Als Reaktion auf dieses Interesse entwarfen Schreiber Schönschreibhefte, die als Anleitung genutzt werden konnten. Das Drucken der Hefte erfolgte mit gravierten Metallplatten, die von Graveuren angefertigt wurden.

Diese Schreibschrift eignet sich besonders für Verzierungen in schwungvollen Ausführungen. Betrachten Sie die zahlreichen Kursivschriften, wie sie in den alten Meisterhandschriften zu finden sind. Sie werden wunderschöne Dokumente des Schönschreibens entdecken, die sich deshalb als beinahe unlesbar erweisen, weil die herrlich gestalteten Buchstaben unter geradezu auswuchernden Verzierungen verschwinden.

1 Dieser Buchstabe wird mit einer dünnen spitzen Feder geschrieben. Er beginnt mit einem dünnen Aufstrich ohne Druck, der im Übergang zum Abstrich eine Spitze bildet. Das Schreiben des Abstrichs erfolgt unter Druck. Nach Erreichen der Grundlinie verbleibt der Aufstrich etwa auf $2/3$ seiner Länge im Abstrich und bildet einen »Deckzug«.

2 Danach geht der Aufstrich in einen Bogen über und wieder in einen Abstrich, bei dem der Druck etwas erhöht wird.

3 Es wiederholen sich die Formbildung und der Ablauf der Strichführung. Der dünne, druckarm geführte Aufstrich geht jedoch oben in einen Bogen über, wird zum druckstarken Abstrich und mündet unten in einen kürzeren, zarten bogenförmigen Aufstrich. Diese Linie wird normalerweise verlängert und als erster Strichzug des nächsten Buchstabens verwendet.

Das Alphabet der lateinischen Schrift

In dieser eleganten Handschrift im Stile englischer Schreibschriften des 18. Jahrhunderts sind vier Grundstriche dominierend. Der erste Strichzug ist eine Haarlinie, mit der die meisten Buchstaben beginnen. Eine weitere Haarlinie dient dazu, Buchstaben zu verbinden. Außerdem gibt es Strichzüge mit rechtwinkligen Enden. Der letzte hier betrachtete Strichzug beginnt und endet als Haarlinie. Dieser Strich wird in seinem mittleren Teil stärker, weil dort mehr Druck auf die Feder ausgeübt wird, um den Tintenfluß zu verstärken.

Die Buchstaben können mit einer abgewinkelten bzw. gekrümmten Feder oder bei einiger Übung mit einer dünnen geraden Feder geschrieben werden. Die Neigung der Schrift beträgt 54°. Dünne und fließende Linien sind anzustreben. Die verschlungenen oder schwungvollen Ober- und Unterlängen haben im allgemeinen eine größere Länge als diejenigen, die ohne Verzierung enden.

Verzierte Buchstaben

In den frühen Jahrhunderten nach Christus wurde die Papyrusrolle durch den Kodex verdrängt. Die Texte wurden laut gelesen. Möglichkeiten der Textgliederung entwickelten sich erst allmählich. Zunächst waren es nur einzelne Zeichen, die der Kennzeichnung dienten. Später wurde der Status dieser Handschriften bedeutender. So erfolgte das Einfügen sanft kolorierter Buchstaben, um Überschriften, neue Kapitel und Textwechsel anzuzeigen. Mit zunehmendem Bedürfnis nach Textgliederung war auch das Interesse am Erscheinen von reichlicher ausgeschmückten Anfangsbuchstaben und hinzugefügten Verzierungen verbunden. Einige Zeit lang waren die Schreiber gleichzeitig Künstler.

Diese Arbeitsmethode des individuellen Schreibens, Illustrierens und Verzierens von Hand setzte sich bis zum Aufkommen des Druckens im 15. Jh. unverändert fort. Bald danach begannen die Drucker jedoch, hölzerne Druckstöcke zur mechanischen Reproduktion, Verzierung und Illustration in ihren Büchern zu verwenden.

Heute betreibt der Kalligraph die Kunst des Buchstabenverzierens oft in der gleichen Weise wie es bereits die Mönche im Mittelalter taten.

Für die Verzierung von Anfangsbuchstaben lassen sich drei Hauptmethoden aufzeigen. Jede Methode gebraucht eines oder mehrere der folgenden Designelemente: Punkt, Linie, Form und Farbe. Die erste Methode besteht darin, die Elemente einfach in die Buchstabenform hineinzusetzen. Bei der zweiten Methode wird eine Verzierung ergänzt. Die dritte Methode umfaßt die Formung des eigentlichen Buchstabens durch die Verzierung. Viele der in früherer Zeit verzierten Buchstaben waren so stark ausgeschmückt, daß die Grundform von den Verzierungen überlappt und nicht mehr erkennbar war. Bei anderen verzierten Buchstabenformen, wo sowohl der Buchstabe als auch die ihn umgebende Fläche dekorativ bearbeitet wurden, entstand ein die gesamte Seite dominierendes Ergebnis.

Wird ein verzierter Buchstabe einer Arbeit hinzugefügt, müssen Sie eine Beziehung zwischen dem Text und dem Anfangsbuchstaben herstellen. Manchmal ist das möglich, indem eine Randleiste aufgebaut wird. Die Randleiste muß ein Element des gleichen Verzierungsstils wie beim ausgeschmückten Buchstaben enthalten. In einigen Extremfällen bilden der vollständige Anfangsbuchstabe und die ihn begleitende Verzierung eine Einfassung am linken Rand. Gelegentlich setzt sich das Muster im oberen und unteren Textbereich fort.

Die verzierten Elemente sollen auf das Wesen des Textes unterstützend wirken, seine Bedeutung und seine Absicht erläutern. Die grundlegendsten Verzierungen können aus Punkten, einfachen Mustern oder kolorierten Formen gestaltet werden. Wenn Sie bei Ihrer Aufgabe keine spezielle Vorstellung haben, denken Sie an Dinge, die sich dehnen, drehen und ineinander verschlingen und eine Bewegung andeuten können. Viele Pflanzen- und Tierformen gehören zu den vorgeschlagenen Kate-

Buchstaben können vollständig aus Mustern oder Formen konstruiert werden. Für die ausgereifte Arbeit empfiehlt es sich, die Buchstabenform leicht mit einem Bleistift vorzuziehen. In Abhängigkeit vom Wesen des Entwurfs wird die Arbeit mit Hilfe des Bleistiftes fortgesetzt. Danach ist Tinte oder Farbe anzuwenden.

gorien. Verwenden Sie gutes Material für die Abbildung, auf das Sie sich auch beziehen können, selbst wenn eine gewisse Beeinträchtigung der Endform des Buchstabens auftritt.

Die Buchstabenform selbst liefert einige Anhaltspunkte für geeignete Verzierungsvarianten. Der eigentliche Buchstabe wiederum könnte geplante Verzierungen in ihrer Ausbreitung beeinflussen oder sogar beeinträchtigen – z.B. durch Verlängerung des senkrechten Strichzuges oder Vergrößerung der Binnenräume und Gegenformen. Wobei Gegenformen geeignete Flächen bieten, um Verzierungen unterzubringen.

Fertigen Sie viele Rohentwürfe, die dem Stil und der Größe der endgültigen Fassung möglichst nahe kommen. Zeitsparend ist es, eine vergrößerte Fotokopie des oder der zu verzierenden Buchstaben zu verwenden und Pergamentpapier zum Durchzeichnen über den in Arbeit befindlichen Rohentwurf zu legen.

Es gibt viele Situationen bei denen ein verzierter Großbuchstabe heutzutage noch verwendet wird und auch sehr wirksam und sinnvoll verwendet werden kann. Urkunden, Gedenkliteratur, Heraldik, Schreiben zu feierlichen Anlässen, bürgerliche und königliche Dokumente – alles dies sind Anwendungsgebiete für kalligraphisches Wirken. Und es gibt weiterhin noch viele, mehr persönliche Anwendungsmöglichkeiten, beispielsweise Zitate, Gedichte und spezielle Glückwunschschreiben.

▲ Buchstaben können durch schmückende Elemente, die sich im Hintergrund befinden, verziert sein. Zusätzliche Verzierung der Buchstaben ist in kontrastierendem Stil möglich. Im oberen Beispiel gibt es gewundene und runde Formen am Buchstaben L, der Hintergrund wurde kariert gestaltet.

▶ Hier wird ein typischer Anfangsbuchstabe des Evangeliars von Lindisfarne dargestellt. Das Evangelium nach Matthäus beginnt mit Buchstaben, die mit Zoomorphismen, Verflechtungen und Spiralformen ausgefüllt sind. In zwei Reihen angeordnete rote Punkte umranden die großen Buchstaben.

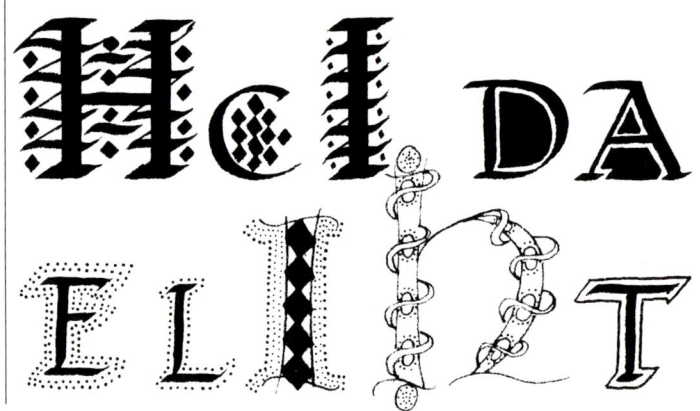

◀ Für das Ergänzen eines Buchstabens mit Verzierungen gibt es keine feststehenden Regeln; es existieren viele Möglichkeiten, um schöpferisch zu sein. So sind zuerst die grundlegenden Komponenten wie Punkte, Linien, Formen und Farben anzuwenden. Mit der Wahl einfacher Lösungen ist zu beginnen, dann wird erweitert, entwickelt und verschiedene Ideen werden kombiniert.

Doppelspitze

Die einfache Methode, zwei identische Instrumente miteinander zu befestigen, führt zu einem »kalligraphischen Erlebnis« und bietet die Möglichkeit, den Buchstabenaufbau besser zu verstehen.

Nehmen Sie zwei Bleistifte der Stärken HB oder B und binden Sie diese mit Gummiband oder Klebeband, etwa 40 mm von jedem Ende entfernt, aneinander. Ein Doppelbleistift ist sehr gut geeignet, um Strichzüge zu üben und mit neuen Ideen zu experimentieren.

Obwohl die zwei Spitzen einen breiteren Strichzug als die meisten Federn bewirken, sind für die Buchstabendarstellung die gleichen Regeln anzuwenden. Ganz gleich, welche Breite der Doppelbleistift besitzt, beginnen Sie beim Arbeiten immer mit den richtigen Proportionen der Buchstaben. Zu berücksichtigen sind beim eigenen Stil allerdings der Federwinkel und die Höhe in Federspitzenbreiten. Der Abstand zwischen den zwei Spitzen kann verändert werden. Dazu ist etwas vom Holz entlang der nebeneinanderliegenden Bleistiftlängen sorgfältig abzuhobeln oder abzufeilen. Vermutlich ist es sogar einfacher, mit Bleistiften zu arbeiten, die auf ihrer ganzen Länge flach aneinander liegen.

Die doppelten Bleistiftspitzen ermöglichen breite Umrisse der Buchstaben, die dann einfach mit Farbe ausgefüllt werden können. Sie eignen sich gut als Vorlage zum Üben von Verzierungen. Die Freiheit, die sich durch die Verwendung eines Doppelbleistiftes bietet, besteht darin, daß ein Doppelbleistift in eine beliebige Richtung geschoben und gezogen werden kann. Dies ist auch eine gute Gelegenheit, um neue Randleisten und Motive zu entwerfen.

Das Zwei-Spitzen-Prinzip kann auch auf andere Werkzeuge angewendet werden. Testen Sie es mit Pastellkreide oder Faserstiften, oder kombinieren Sie zwei unterschiedliche Bleistiftspitzen, wie z.B. die Stärken B und 6B, zwei Bunt- oder Wachsmalstifte.

Das Verwenden von Doppelbleistiften

1 Das Arbeiten mit zwei miteinander verbundenen Bleistiften vermittelt einen Einblick in die Gestaltung der Buchstaben.

2 Eine vollständig, mit Doppelbleistift geschriebene Arbeit kann darüber Auskunft geben, wie die Buchstaben aufgebaut sind und wo Fehler auftraten. Es ist leicht, die Bedeutung der einzelnen Strichzüge und die Richtigkeit ihrer Verteilung abzulesen.

Das Verwenden von Doppelwachsstiften

1 Experimentieren Sie mit möglichst vielen Instrumentenkombinationen. Zwei Wachsstifte gleiten gut über das Papier und können einen strukturierten Buchstabenstrich erzeugen.

2 Die kraftvollen Umrisse der mit Doppelspitzen geschaffenen Buchstaben ermöglichen es, Verzierungen anzuwenden und damit zu experimentieren. Einfache Lösungen des Schattierens und Ausfüllens können den Vorrang vor phantasievolleren Methoden haben.

3 Die hellgrünen Wachsstifte wurden für das Ausfüllen der Strichzüge verwendet, um so einen Effekt von Schattenbuchstaben zu schaffen.

Vergrößerte Versalien

Einige Zeit vor der Entwicklung stark verzierter Handschriften zog man einfache Anfangsbuchstaben aus dem Textkörper auf den Rand heraus. Diese Anfangsbuchstaben wurden häufig gegenüber den Buchstaben im Textkörper etwas vergrößert. Die vergrößerten Anfangsbuchstaben sollten Änderungen im Text anzeigen, wie z.B. Strophen, oder die Aufmerksamkeit des Lesers auf etwas Bemerkenswertes lenken. Zuerst erfolgte die Herstellung dieser Buchstaben mit der gleichen Farbe oder Tinte wie der übrige Text; später wurden andere Farben, wie Rot, Grün und Gelb, eingeführt.

Die konkreten Positionen dieser Einzelbuchstaben in Bezug auf den Text variieren zwar, doch bieten sie alle dem modernen Kalligraphen ausführbare Lösungen. In einigen frühen Schriften war es möglich, die vergrößerten Buchstaben in die Zeilenzwischenräume des Textkörpers einzupassen, ohne den Verlauf der Zeilen zu unterbrechen. In anderen Fällen wurden diese Buchstaben zur Hälfte im Textkörper und zur Hälfte außerhalb untergebracht, wodurch sich manchmal eine Störung des Zeilenverlaufs über drei oder vier Zeilen ergab. Einige Buchstaben haben als Basis die erste Textzeile gemeinsam, von der sie entweder nach oben oder nach unten aufgebaut werden.

Weitere Variationen ergeben sich aufgrund der konkreten Buchstabenformen. Buchstaben mit einem senkrechten Strichzug auf der rechten Seite zeigen sofort, wo und wie die angrenzenden Zeilen beginnen. Herausragende runde Formen und diagonale Strichzüge an Buchstaben führen zur Bildung von Binnenräumen und Gegenflächen. Diese Flächen wirken am besten, wenn die Textzeilen in die Gegenfläche hineinverlegt werden. Im Gegensatz zu den verzierten Buchstaben sind die hervorgehobenen Großbuchstaben, bis auf die Vergrößerung des Buchstabens, wenig oder gar nicht verändert.

Die bei der Erstellung von Handschriften zuerst angewendete Methode bestand darin, den Anfangsbuchstaben auf dem Rand neben dem Text zu plazieren. Dieser Buchstabe ist vergrößert an der x-Höhe der 1. Textzeile ausgerichtet.

Ein vergrößerter Buchstabe am Anfang einer Arbeit zieht, besonders wenn keine weiteren Illustrationen vorhanden sind, die Aufmerksamkeit auf den betreffenden Textabschnitt. Dieser Buchstabe ist an der Grundlinie einer Textzeile ausgerichtet. Er stellt den linksbündigen Abschluß an der Textkante her.

Hier wird ein vergrößerter Anfangsbuchstabe mit einer großen und offenen Gegenfläche verbunden. In diesem Fall ist es ein schräger Strichzug. Der Buchstabe kann entweder von Text umsponnen sein, oder der Text ist am Rand der Buchstabenform ausgerichtet.

Dieser vergrößerte Buchstabe wurde in den Text hineingesetzt. In dieser Position unterbricht er mehrere Zeilen des Textes. Der neue Beginn der Zeilen wird durch den vergrößerten Anfangsbuchstaben bestimmt und erfolgt einheitlich untereinander.

Buchstaben können vergrößert und außerhalb der Textfläche auf dem Rand plaziert sein. Diese Möglichkeit ist bei Namensregistern oder Gedichten sehr wirkungsvoll.

Diese Anfangsbuchstaben sind vergrößert und in den Text hineingesetzt. Der neue Textkörper beginnt nach den Anfangsbuchstaben einheitlich untereinander.

Dekorative Verzierung

Dekorative Verzierung – die zierende Ausschmückung eines oder mehrerer Buchstaben – erfordert einiges Üben, bevor sie erfolgreich angewendet werden kann. Es gibt unzählige Beispiele, auf die Sie sich beziehen können. In Büchern und in Museen werden Handschriften oder Graveurarbeiten in Glas oder Metall aufbewahrt. Suchen Sie nach häufig auftretenden Elementen. Entwickeln Sie eine persönliche Arbeitssprache für dekorative Verzierungen und fertigen Sie Skizzen an. Wenn möglich, sollte Pergamentpapier zum Durchzeichnen über die dekorative Verzierung gelegt und die flüssig verlaufenden Linien abgezeichnet werden. Entdecken Sie die Form, die durch dekorative Verzierung gebildet wird, die Fläche, die sie einnimmt, die Art und Weise, wie dicke Linien dünne kreuzen, und wie Diagonalen parallel verlaufen.

Der augenfälligste Kontext für das dekorative Verzieren wird eine Erweiterung des formalen Schreibens sein. Doch es geht nicht nur um die Stellung auf der Fläche, es gibt viele Möglichkeiten, aber verfahren Sie behutsam. Während des Lernens, wann und wo dekorative Verzierung anzuwenden ist, werden Sie zu der Erkenntnis gelangen, daß die wesentlichen Buchstaben gut geformt sein müssen.

Studieren Sie den Text sowie die Vorgaben Ihres Auftraggebers gründlich. Sie werden schnell erkennen, ob die Arbeit eine sehr exklusive oder kunstvolle dekorative Verzierung besitzen soll. Vorausgesetzt, sie soll überhaupt einen solchen extravaganten Wert haben, denn es gibt Anlässe,

wo eine maßvoll angewandte dekorative Verzierung völlig ausreichend ist.

Es wird mit einfachen Lösungen begonnen. Denken Sie immer daran, daß die Strichzüge der Verzierungen als eine natürliche Erweiterung der Buchstaben wahrgenommen werden müssen und nicht als ein Anbau. Sie sollten flüssig verlaufen, natürlich sein und in das gesamte Design integriert werden können. Die Strichzüge sollten nicht gegen die Buchstaben des Textes stoßen oder deren Erkennbarkeit vermindern. Planen Sie dekorative Verzierungen gut mit Hilfe vieler Rohentwürfe.

Beim Arbeiten ist auf eine entspannte Armbewegung zu achten. Eine feine spitze Feder ist gut geeignet. Experimentieren Sie, indem Sie dünne Striche aufwärts ziehen und die abwärts führenden Striche mit mehr Druck ausführen. Druckanwendung bei aufwärtsführenden Strichzügen hat verheerende Folgen – die Feder hakt in das Papier und die Tinte spritzt auf die Arbeit.

Eine vollendete kunstvolle dekorative Verzierung kann wunderbar aussehen, erfordert aber viel Beobachtung und Praxis. Wenn Sie Vertrauen in Ihre Fähigkeiten gewinnen, wird die dekorative Verzierung eine ganz folgerichtige Erweiterung vieler Ihrer kalligraphischen Arbeiten werden. Schriftmalerei, Schildermalerei, Gedenkinschriften, städtische Dokumente, Urkunden, Briefköpfe und Einzelbrief-Logos sowie gefühlvolle persönliche Botschaften, sie alle sind ein Potential für dekorative Verzierungen.

Die Verwendung eines spitzen Pinsels
1 Erfolgreiche dekorative Verzierung erfordert Übung, damit die Strichzüge in einer lockeren, flüssigen und natürlichen Art und Weise vollendet werden können. Ein eleganter Schwung sollte mit der Arbeit harmonieren und nicht »gestellt« erscheinen. Für diesen Zweck eignet sich ein spitzer Pinsel besonders gut.

2 Der Pinsel wird mit großer Agilität bewegt, um ausdrucksvolle Bögen und Linien zu schaffen. Durch Veränderung des Druckes auf den Pinsel werden Linien erzeugt, die sich in einem kontinuierlichen Strichzug von dick nach dünn verändern.

3 Bei Übungen zur Verbesserung schwungvoller Strichzüge können sich Teilstücke ergeben, die für sich genommen interessant sind. Hier werden einem Entwurf rote Punkte mit der Spitze des Pinsels hinzugefügt. So wird das Gefühl vermittelt, daß diese Verzierung damit abgeschlossen ist.

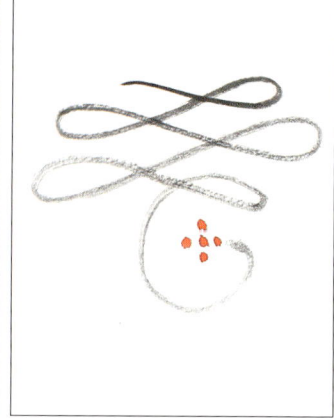

4 Üben Sie, indem Sie traditionelle Formen der dekorativen Verzierung und einfache Zeichen entwerfen. Erst danach kann versucht werden, die Linien als Erweiterungen der Buchstaben zu nutzen.

Die Verwendung eines Flachpinsels

1 Ein kleiner Flachpinsel ahmt die dünnen und dicken Linien einer breiten Feder nach; verursacht aber kaum Widerstand.

2 Hier wird ein großer Flachpinsel verwendet, um der Figur rote Punkte hinzuzufügen. Diese Punkte sollen das Gefühl eines Abschlusses der Verzierung vermitteln.

▶ JEAN LARCHER
Das Bild zeigt eine sehr lebhafte dekorative Verzierung, die durch Nutzung des Beschriftungsstils der Schriften des 17. und 18. Jh. entstand. Das Endprodukt wurde im Siebdruckverfahren, einfarbig und in negativer Darstellung hergestellt. Die Druckvorlagenvorbereitung erfolgte in Schwarz auf Karton nach der Ritzmethode.

3 Übungen wie diese zeigen, wie dicke und dünne Strichzüge ausgeführt werden. Dabei wird ein Flachpinsel verwendet. Diese Übungen werden Ihnen bei der Entwicklung Ihrer Ideen für die Komposition nützlich sein.

Die Verwendung von Doppelspitzen

1 Werden Doppelspitzen für schwungvolle Kompositionen genutzt, so ist dies eine Gelegenheit, um auch Buchstaben in die Übungen einzubringen. Die Doppelspitzen werden wie eine rechtwinklig geschnittene Feder behandelt, lassen sich allerdings mit größerer Freizügigkeit in der Bewegung über die Blattfläche führen.

2 Doppelbleistifte ermöglichen einen energischen Strichzug, der als Erweiterung für den Buchstaben gedacht ist. Der schwungvolle Linienzug wurde an das kursive H angefügt und soll einem sich entfaltenden Band ähneln.

▼ IEUAN REES
Ein energischer aber dennoch beherrschter schwungvoller Strichzug erhöht die Interessantheit der Arbeit und wirkt insgesamt ausgleichend.

Basishandschrift

Der britische Schreiber und Designer Edward Johnston (1872 bis 1944) war aufgrund seines Wirkens für die Renaissance des handschriftlichen Schreibens und der Kalligraphie sehr anerkannt. Im Verlaufe seiner ausgedehnten Studien früher Handschriften entwickelte Johnston die einfach zu schreibende »Rundbogenhandschrift« (round hand). Sie wurde mit einer breiten Feder geschrieben. Die Schrift ist bekannt als Basishandschrift.

Der beste Anhaltspunkt für die grundlegende Buchstabenform ist das O, das wirklich rund geformt ist, wie in dem Alphabet der frühen römischen Kapitalis. Die Buchstabenformen sind senkrecht mit Serifen ausgeführt. Eine in einem gleichbleibenden Winkel von 30° gehaltene breite Feder erzeugt die dicken und dünnen Strichzüge. Es ist eine grundlegende Handschrift mit nur wenigen einfachen und verfeinerten dekorativen Verzierungen, insbesondere Haarlinien, die an die Serifen angefügt werden.

Bei Buchstaben mit einer solchen runden Form muß auf die untereinander bestehenden Abstände geachtet werden. Um die dabei auftretenden Probleme zu lösen, können geringfügige Änderungen der Buchstabenformen vorgenommen werden.

Die Serifen der Oberlängen werden im Idealfall in einer Folge von drei Strichzügen gestaltet. Der dritte Strich ist der eigentliche Senkrechtstrich des Buchstabens. Die Reihenfolge des ersten und zweiten Strichs der Serife kann nach eigenem Ermessen gewählt werden. Ein Strich ist dünn und schräg. Er wird durch Halten der Feder im vorgeschriebenen Winkel erzeugt. Der zweite Strich ist hakenförmig, wird nach rechts gezogen und dann weg von der Zeilenlinie.

Eine einfachere Serife kann gezeichnet werden, indem der Strichzug hakenförmig von links kommend vollendet wird. Die Serife trifft dabei auf den Anfangspunkt des gerade nach unten verlaufenden Strichs. Die Buchstaben werden am Fuß des Senkrechtstrichzuges mit einem nach rechts führenden Häkchen beendet. Bei Großbuchstaben scheinen offenbar nur angedeutete Rundungen üblich zu sein.

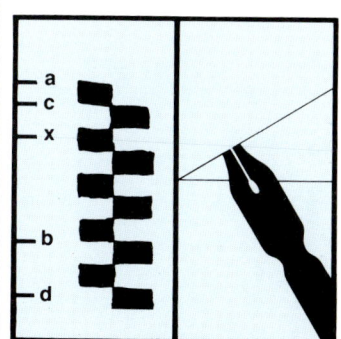

1 Die Buchstaben dieser Handschrift sind ziemlich breit und offen. Setzen Sie die Feder mit dem vorgeschriebenen Federwinkel von 30° auf das Blatt. Dieses ist der dünnste Teil eines Strichzuges. Ziehen Sie die erste Rundung der Kugelform des Buchstabens. Der zweite Strichzug vollendet die obere Hälfte.

2 Der dritte Strichzug ergibt die lange Unterlänge, die am unteren rechten Teil der Kugelform beginnt. Der Strich wird leicht nach links gezogen, bevor er sanft in einem Bogen nach rechts verläuft. Der Linienzug setzt sich weiter nach unten fort und wird nach einer leichten, nach links führenden Wölbung gestoppt. Außerdem endet er an der dünnsten Stelle dieses Buchstabenteils.

3 Der abschließende Strichzug ist eine Erweiterung und beginnt am oberen Teil des Buchstabens. Dieser Strich wird mit der Feder bei geringfügig kleinerem Winkel ausgeführt. Ziehen Sie die fähnchenförmige Serife nach rechts, dadurch wird das Ende des Buchstabens etwas betont.

4 Die fertiggestellte Buchstabenform.

◁ Diese Darstellung der Strichzüge zeigt den Aufbau eines Buchstabens. Die Serife am unteren Ende des ersten diagonalen Strichzuges verleiht dem Buchstaben einen soliden Fuß.

Das Alphabet der Basishandschrift

Der Federwinkel für die Basishandschrift beträgt 30° bis 40° und die Buchstabenhöhe vier Federspitzenbreiten. Die Kleinbuchstaben basieren auf dem kreisförmigen o. Dieses Alphabet erfordert eine beträchtliche Fläche zwischen den Zeilen, damit sich die Ober- und Unterlängen nicht ineinander verfangen. Die doppelte x-Höhe der Buchstaben kann als Richtlinie für den minimalen Zeilenabstand dienen. Behalten Sie die wohlgerundete Form der Buchstaben und den relativ kleinen Federwinkel bei. Diese Merkmale

sichern den Buchstaben ihr unverwechselbares Aussehen.

Gültig auch für viele andere Handschriften ist folgende Regel: Um das Schreiben eines neuen Alphabetes zu erlernen, ist es günstig, Buchstaben mit ähnlichen Strichzugfolgen in Gruppen einzuteilen. Folglich müssen bei dieser Handschrift Rundungen enthaltende Buchstaben eng mit dem o verbunden sein. Dazu gehören die Buchstaben b, c, d, g, p und q. Eine zweite Gruppe, die einen Teil des o in ihrer Gestaltung enthält, umfaßt die Buchstaben a, h, l, m, n, r, t und u.

Vergoldung

Es gibt im Prinzip zwei Techniken der Anwendung von Goldverzierungen für kalligraphisches Design. Die eine ist die Flachvergoldungsmethode (Blattgoldmethode) und die andere das ERHABENE VERGOLDUNGSVERFAHREN. Tatsächlich gründet sich die Kunst der Illumination auf die Anwendung eines mit einer metallischen Oberfläche versehenen Mediums. Ein derartiges Medium ist in der Lage, Umgebungslicht zu reflektieren. Der Begriff Illumination bezieht sich aber auch auf die Einführung von Farbe, um so die Aufmerksamkeit auf bestimmte Textstellen zu lenken.

Viele der schönsten Handschriften der vergangenen zwei Jahrtausende waren reich mit Gold geschmückt. Es gibt sogar Anhaltspunkte zu der Annahme, daß Rom im 2. Jh. n.Chr. durch griechische Beispiele beeinflußt wurde. Das Anfertigen herrlicher kunstvoller Handschriften erfolgte nur für die wohlhabenden Bürger. Die extrem hohen Materialkosten, besonders für Gold und Pergament, verwehrten den meisten Menschen die Anwendung und Nutzung dieser Dinge. Um peinlich sauberes Pergament zu erhalten, präparieren die Schreiber die Häute von Kalb, Ziege oder Lamm entsprechend. Wenn es notwendig war, wurden diese Häute mit der Farbe eingefärbt, die gleichzeitig als Hintergrund für die handschriftliche Arbeit dienen sollte. Manchmal wurde die ganze Hautfläche vergoldet.

Die vielen alten Rezepte zur Vorbereitung der Arbeit mit Gold lesen sich wie ein Anleitungsbuch der Alchimie. Der

1 Eine der am leichtesten zu realisierenden Techniken des Goldaufbringens auf ein Objekt ist die moderne Flachvergoldungsmethode. Zeichnen Sie mit einem Bleistift eine sehr schwache Umrißlinie des Buchstabens, auf den das Gold angewendet werden soll.

2 Ammoniak-Gummiharz ist die traditionelle Verbindung, die als Grundierleim verwendet wird. Polyvinylacetat (PVAC), ein Kunststoffkleber, ist ebenfalls gut geeignet, wobei seine Wirksamkeit weniger dauerhaft ist. Mischen Sie den Leim mit etwas Gouachefarbe und wenn notwendig auch mit ein wenig Wasser. Diese Farbmischung macht den Buchstaben auf der Seite klarer sichtbar. Bemalen Sie die Umrisse und das Innere des Buchstabens.

3 Warten Sie, bis der Buchstabe vollständig getrocknet ist. In Abhängigkeit von den Arbeitsbedingungen kann die Trocknungszeit 30 Minuten bis eine Stunde betragen.

4 Schneiden Sie sorgfältig ein Stück Blattgold aus. Es soll groß genug sein, um den Buchstaben vollständig zu überdecken. Hauchen Sie den Buchstaben an, um eine beklebbare, haftende Oberfläche vorzubereiten. Drücken Sie das Gold mit dem Daumen fest, wobei insgesamt sehr behutsam zu arbeiten ist. Sollte es erforderlich sein, kann eine zweite Schicht Blattgold in ähnlicher Weise aufgebracht werden.

5 Das überflüssige Blattgold wird mit einem weichen chinesischen langborstigen Pinsel abgebürstet. Polieren Sie den Buchstaben mit großer Sorgfalt unter Verwendung eines aus Achat oder Hämatit bestehenden Polierinstrumentes.

6 Bei Verwendung von Polyvinylacetat ist die erreichbare Endqualität nicht ganz so gut wie bei Anwendung des erhabenen Vergoldungsverfahrens. Die Flachvergoldungsmethode stellt jedoch die einfachere Methode der Goldanwendung dar, wobei auch hier ansprechende Ergebnisse erzielt werden können.

einzige Unterschied besteht darin, daß die Schreiber bereits das Edelmetall besaßen. Andere Metalle, wie z.B. Silber, Messing und Kupfer, wurden ebenfalls verwendet. War keines dieser Metalle verfügbar, konnte ein Schreiber auch die Vergoldung imitieren, indem er Zinn und Safrangelb verwendete.

Bei der Anwendung von Gold ist große Sorgfalt erforderlich, denn es bleibt nach wie vor ein teurer Rohstoff. Blattgold oder Bögen von Goldfolien (Transfergold) eignen sich hervorragend zur Verzierung einer Seite mit hervorgehobenen Anfangsbuchstaben. Dabei soll das Gold entweder ein Ornament ausfüllen oder ein Umfeld bzw. einen Hintergrund schaffen. Das Blattgold oder die Goldfolie muß auf einem klebenden Untergrund aufgebracht werden.

Das weniger glänzende pulverisierte Gold ist entweder lose oder in gepreßter Form erhältlich. Wenn es mit destilliertem Wasser zu einer verarbeitbaren Konsistenz gemischt wird, kann ein akzeptables Ergebnis erreicht werden. Gummiarabikum als Bindemittel verbessert sein Haftvermögen auf dem Blatt. Pulverisiertes Gold kann mit einem Federkiel, einer Feder oder einem Pinsel aufgebracht werden und ist ein direkteres und weniger kompliziertes Vergoldungsmaterial als Blattgold. Beide Goldsorten können, wenn sie völlig trocken sind, poliert werden.

Preisgünstige Alternativen zu echtem Gold sind natürlich minderwertig in der Qualität, besonders in Bezug auf die Vollendung der Oberfläche. Es gibt verschiedene Metallic-Gouachefarben, -Tinten und -Faserstifte. Diese sind alle hervorragend für die Anwendung in Rohentwürfen geeignet, unter bestimmten Umständen auch für Endversionen kalligraphischer Arbeiten.

Das Vorbereiten der Vergoldung

Es gibt zwei Materialien, die als Grundierleim zur Vorbereitung der Seitenflächen für die Vergoldung geeignet sind, eines davon ist Polyvinylacetat (PVAC), ein Kunststoffkleber. Er besteht aus einer Suspension des Harzes in Wasser, unter Zugabe von Weichmachern und Stabilisatoren, die ein Abscheiden des Harzes verhindern. Wird PVAC auf einer Fläche aufgebracht, verdunstet das Wasser und die Harzpartikel verschmelzen zu einer gleichmäßigen Schicht.

Der zweite Grundierleim, Ammoniak-Gummiharz, erfordert vor der Anwendung einige Vorbereitung. In fester Form vorliegend, muß dieser Leim zu feinen Körnchen zerkleinert werden und eine Nacht in destilliertem Wasser weichen. Als nächstes wird der Ammoniak-Gummiharz gerührt und durch ein feinmaschiges Gewebe aus indischer Baumwolle oder Nylon filtriert. Der filtrierten Mischung wird mäßige Hitze zugeführt, dabei ist sie erneut zu filtrieren. Der Filtrationsvorgang ist mehrmals zu wiederholen. Die sich ergebende Flüssigkeit muß eine solche Konsistenz haben, daß sie für die Anwendung mit einer Feder geeignet ist. Wird der Ammoniak-Gummiharz nicht vollständig verbraucht, kann er in einem luftdicht abgeschlossenen Behältnis aufbewahrt werden.

Beide Grundierleime sind vor ihrer Anwendung mit einer kleinen Menge Gouachefarbe so einzufärben, daß der eingefärbte Leim auf der Seite gut zu sehen ist. Dann ist zu kontrollieren, daß die Oberfläche der Arbeit auch wirklich eben ist. Der Grundierleim darf sich nicht am Ende eines Buchstabenzweiges oder einer Verzierung sammeln. Grundierleim kann mit Hilfe einer Feder oder eines Pinsels aufgetragen werden.

Hier ist eine sehr ausgefallene und aufwendige Anwendung der Vergoldung auf einer Seite der Aureus-Handschriftensammlung dargestellt. Hinsichtlich der Goldverzierung wurde eine sehr gute Ausgewogenheit erreicht. Es wechseln jeweils zeilenweise die vergoldeten Buchstaben und der goldene Hintergrund der Zeilen. Traditionelle Elemente der Verzierung schmücken die Seite.

Gebrochene Schriften

Im Verlauf des zwölften bis sechzehnten Jahrhunderts, der Epoche der Gotik, wurden zahlreiche Schriftstile entwickelt. Diese Entwicklungen beim Schreiben spiegeln die Änderungen des Architekturstils wider. Spitzbögen ersetzten die gerundeten Bögen der Romanik, Rippengewölbe und aufstrebende Bögen traten in das Erscheinungsbild.

Es entstand eine Vielzahl gebrochener Handschriften, die jedoch alle gemeinsame Elemente haben, wie eine dichte schwarze Form, eckige Buchstaben, starre Senkrechte und häufig im Verhältnis zur Höhe kurze Ober- und Unterlängen. Die Betonung der Eckigkeit in der Schrift hat zur Folge, daß sie für heutige Leser beinahe unleserlich ist. Die vielen Änderungen, sowohl formale als auch nicht formale, sind den Menschen zuzuschreiben, die die Formen ihren eigenen Erfordernissen anpaßten. Oft geschahen kleine Änderungen des Schriftbildes einfach deshalb, weil es für die Geschwindigkeit und die Sparsamkeit des Schreibens notwendig war. Der Wechsel von schmalen und breiten, eckigen und runden Formen ergab ein rhythmisch besser gegliedertes und somit besser lesbares Schriftbild – die Rotunda.

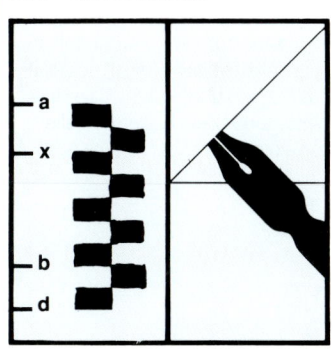

Eine gebrochene Handschrift kann mit einer breiten Feder geschrieben werden, die in einem Winkel von 45° gehalten wird. Die Buchstabenhöhe beträgt in der Regel fünf Federspitzenbreiten. Mit einer Höhe von sechs Federspitzenbreiten ist ein schlankerer Buchstabe mit deutlicherer Erkennbarkeit erzielbar.

Eine gelungene, saubere und strukturierte Arbeit entsteht, wenn die weißen Flächen im Inneren und zwischen den Buchstaben das gleiche Maß aufweisen wie die senkrechten Strichzüge.

Ursprünglich gab es unter den Formen der gebrochenen Schriften keine speziellen Großbuchstaben, sondern es wurde ein verzierter Buchstabe hervorgehoben. Dies funktionierte erstaunlich gut. Die heutzutage verwendeten Großbuchstaben gebrochener Schriften sind unverkennbar offen und im Vergleich zu den Kleinbuchstaben gleichmäßig gerundet. Die Höhe beträgt sieben Federspitzenbreiten. Großbuchstaben gebrochener Schriften wirken am besten als Einzelbuchstaben, nur selten wurden sie mit Erfolg für ein vollständiges Wort verwendet.

An die Kleinbuchstaben wird eine kantig endende Serife gezeichnet, die oben auf dem Strichzug sitzt. Bei den Großbuchstaben ist die gleiche kantig endende Serife zu sehen, normalerweise aber mehr an der linken Außenkante des senkrechten Strichzuges.

Gotische Buchschrift

Der Buchstabenstil ist durch energische, senkrecht verlaufende Strichzüge, die insgesamt einen Senkrechteffekt erzeugen, gekennzeichnet. Die

1 Der erste Strichzug dieses Buchstabens der gotischen Textur erfolgt mit einer Feder, die eine feine Linie diagonal nach links zieht. Der Federwinkel beträgt 35°. Unmittelbar danach wird die Feder nach unten gezogen, dabei eine starke senkrechte Linie ausführend. Vor dem Erreichen der Grundlinie wird gestoppt und ein kräftiger Diagonalstrich nach rechts unten bis zur Grundlinie ausgeführt.

3 Der abschließende Strichzug beginnt mit einer Haarlinie, die am Ende des auf der Grundlinie ruhenden Diagonalstrichs beginnt. Er führt nach links unten. Um die Unterlänge zu komplettieren, wird eine Wellenlinie nach rechts gezogen, wo sie auf die andere Hälfte der Unterlänge trifft.

2 Die Feder kehrt zum oberen Teil des Buchstabens zurück und verbleibt in dem Federwinkel, mit dem bereits der erste Strichzug vollendet wurde. Der nächste Federstrich führt, nach rechts gezogen, über die Stelle hinaus, an der die nächste senkrechte Linie beginnen wird. Der senkrechte Strichzug, der weiterführend die Unterlänge bilden soll, biegt vor dem Erreichen der Grundlinie nach rechts außen ab. Etwa zwei Federspitzenbreiten unterhalb der Grundlinie wird der Strichzug nach links zurück gezogen. Am Ende des dünnsten Teils dieses abwärts führenden Strichzuges wird die Feder gestoppt.

▼ Dieses herrliche gotische S ist leichter zu schreiben, als es auf den ersten Blick erscheint. Durch Zerlegen in seine Bestandteile wird der Aufbau entschlüsselt. Dabei wird deutlich, daß es aus einfachen Strichzügen besteht. Die Linien verlaufen fast alle in der gleichen Richtung, wie es auch die graphische Darstellung zeigt.

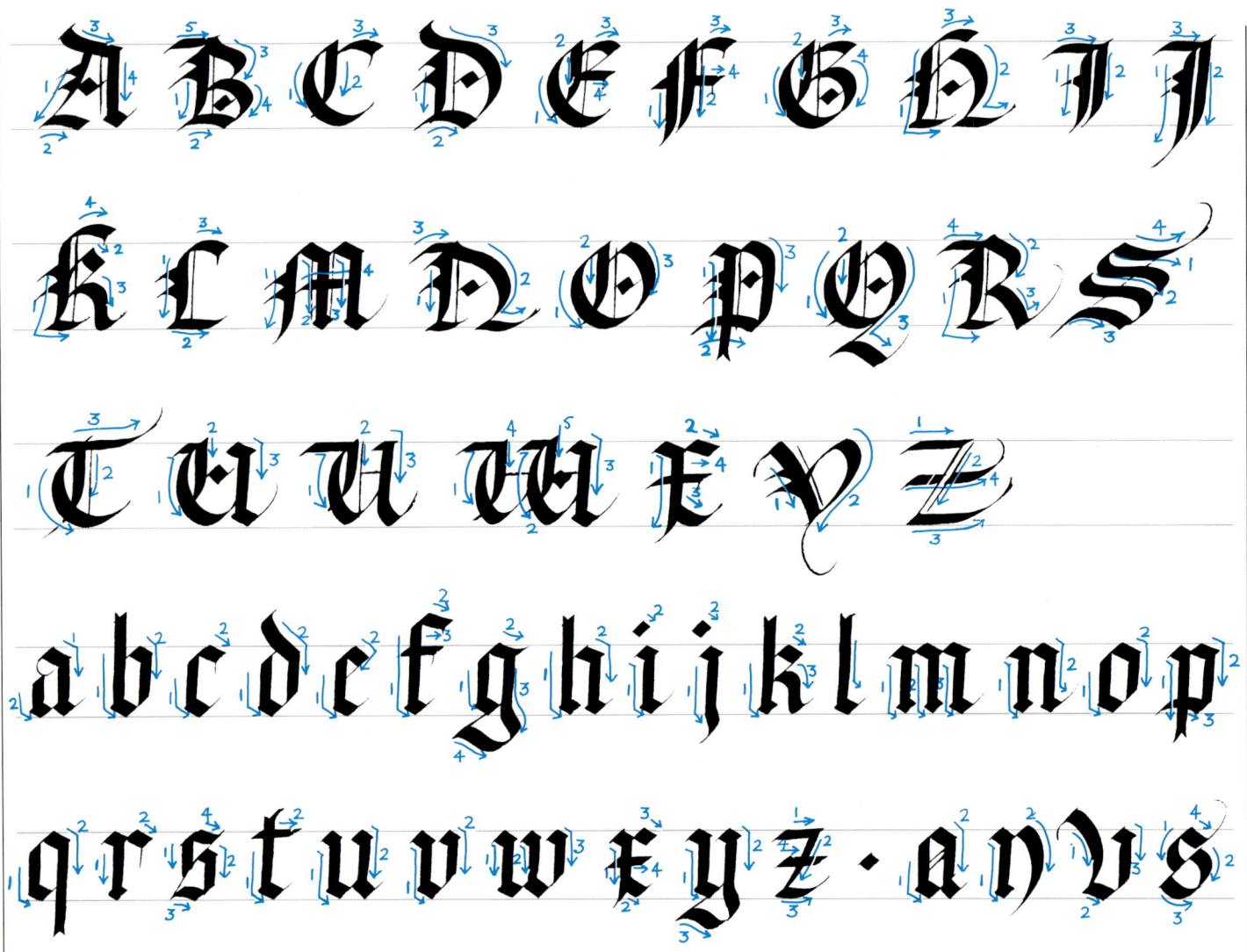

Augen können in den waagerechten Linien Ruhe finden,
die die oberen und unteren Bereiche der Buchstaben auflok-
kern.

Beim Schreiben dieser
Handschrift wird eine breite
Feder in einem Winkel von
30° bis 40° zur Schreiblinie gehalten. Die Bedeutungsdimension der Buchstaben kann verändert werden, indem die
Höhe zwischen drei und fünf

Federspitzenbreiten ausgewählt wird. Die Binnenräume
und Gegenflächen, die senkrechten Strichzüge und die
Flächen zwischen den Buchstaben sind normalerweise
von gleicher Breite.

Buchstaben der gotischen
Buchschrift sind äußerst wirt-
schaftlich verwendbar, das bedeutet, es lassen sich mehr
Buchstaben pro Zeile und
mehr Wörter pro Seite unter-

bringen, die Zwischenräume
können von Zeile zu Zeile verkleinert und die Ober- und Unterlängen auf ein Minimum
gekürzt werden. Damit läßt
sich ein sehr dichter Textblock
schaffen. Dieses ist der Fall in
der Version der gotischen
Schrift, die als Textura bekannt
ist (siehe folgende Seiten).

Die sieben Federspitzen hohen Großbuchstaben eignen
sich nicht, um in ganzen Wör-

**Das gotische Textur-
Alphabet**

Die sieben Spitzenbreiten hohen
Großbuchstaben haben eine runde
Form, die mit der Eckigkeit der fünf
Federspitzen breiten Kleinbuchstaben gut kontrastiert. Das unver-
wechselbar eckige O ist ein guter
Anhaltspunkt für die Kleinbuchstaben. Die kurzen Ober- und Unterlängen lassen kleinere Zeilenabstände zu.

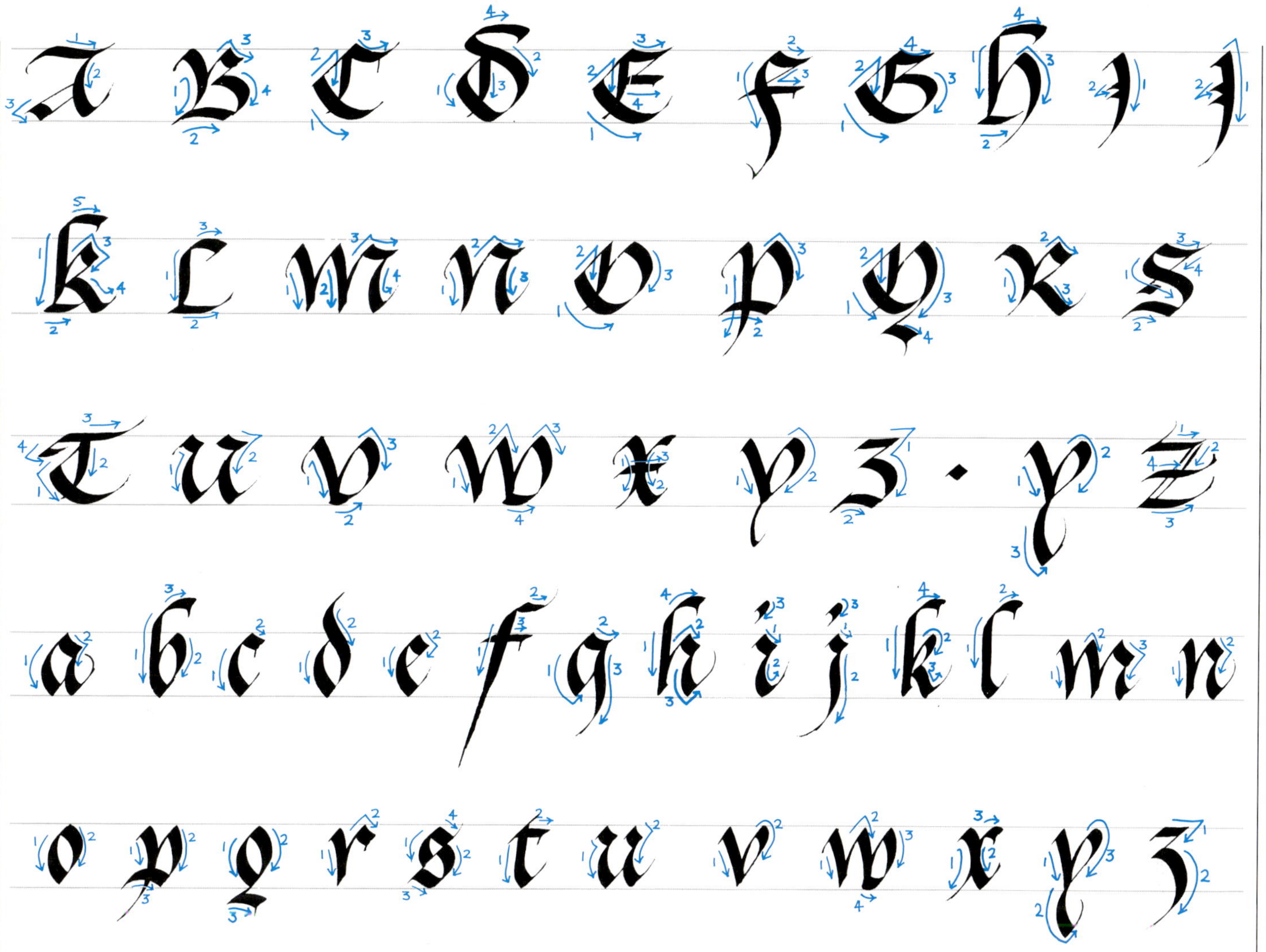

Das gotische Kursivalphabet (Bastarda)

Diese schwungvolle Handschrift ist wahrscheinlich weniger bekannt. Ein einfacher Großbuchstabe kann mit Kleinbuchstaben für eine auffällig wirkende Überschrift verwendet werden. Die Höhe der Kleinbuchstaben beträgt viereinhalb bis fünf Federspitzenbreiten.

Die Binnenformen der Buchstaben besitzen eine Mandelform und haben dort, wo sie die Grundlinie berühren, eine spitze Form; bei einigen treten an diesem Punkt noch Erweiterungen in Form dünner Linien auf. Manche dieser Unterlängen enden als verlängerter Strichzug in einer dünnen spitzen Linie. Die Höhe der Großbuchstaben beträgt sechseinhalb bis sieben Federspitzenbreiten. Beim Betrachten der Kleinbuchstaben wird außerdem deutlich, daß diese Handschrift für eine relativ hohe Schreibgeschwindigkeit entwickelt wurde.

Der gotische kursive Großbuchstabe A ist mit seiner Form leichter erkennbar als ein Kleinbuchstabe. Der am obersten Punkt des Buchstabens beginnende, querverlaufende Strichzug hält die Form und bewirkt Ausgewogenheit für den Buchstaben. Die dünnen Linien müssen im Verhältnis zu den fetten Strichen einen Kontrast ergeben.

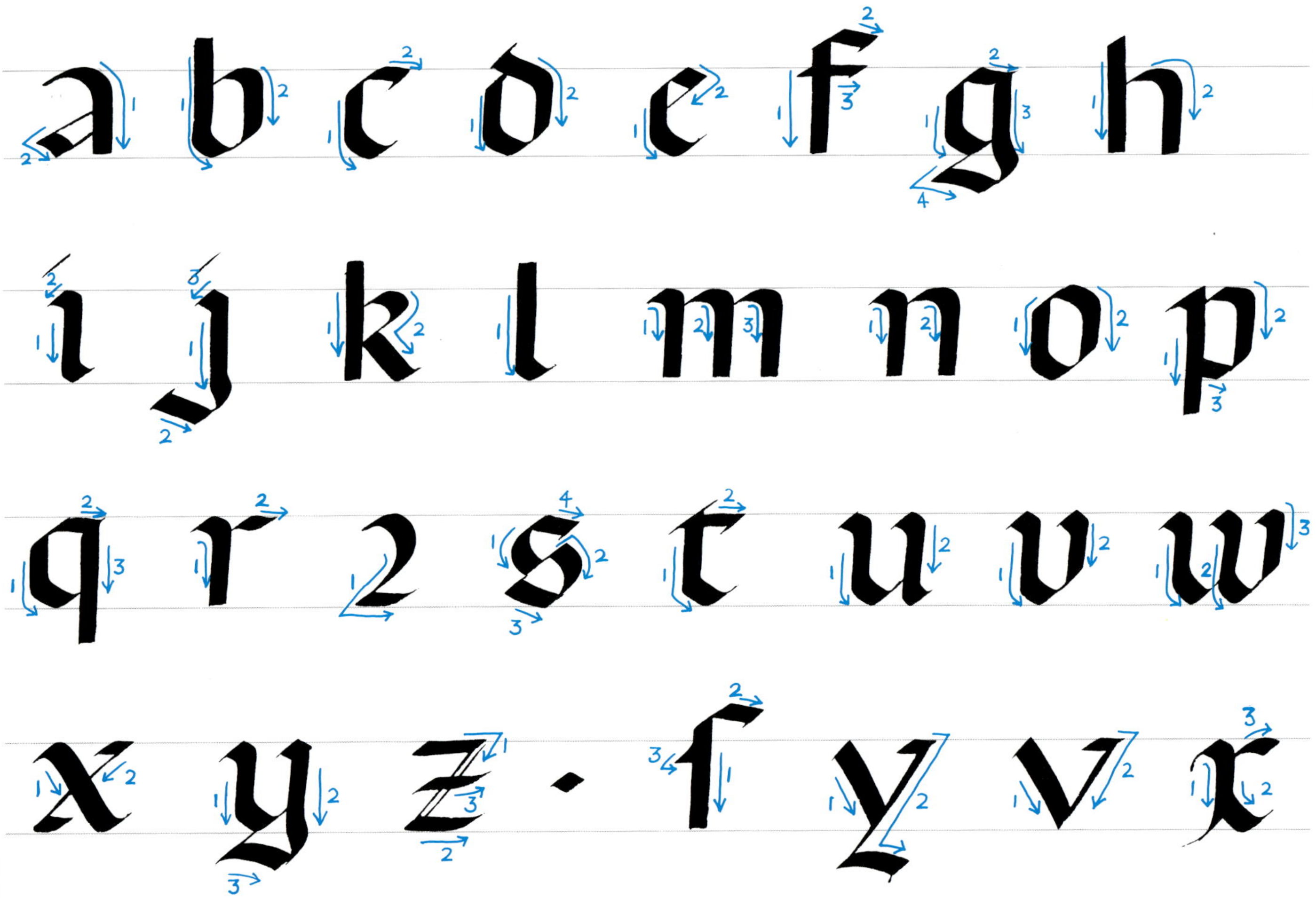

a b c d e f g h

i j k l m n o p

q r 2 s t u v w

x y z · ſ y v x

tern verwendet zu werden, da sonst die Lesbarkeit problematisch wird.

Diese gotische Handschrift funktioniert mit verzierten Großbuchstaben erstaunlich gut, wofür es viele historische und moderne Beispiele gibt.

Die Rotunda

Die Rotunda wurde verschiedentlich als eine italienische gotische, halbgotische oder runde gotische Schrift erwähnt. Diese Handschrift fand im Mittelalter und während der Renaissance in Italien allgemein für Bücher Anwendung. In Nordeuropa war der harte, dichtgeschriebene Textur-Stil allgemein üblich. In den südlichen Ländern gab es eine deutlich weichere Form, besonders im Vergleich zur kompakten und eckigen Textura-Schrift, einem Stil, der in Italien niemals ernsthaft Verbreitung fand. Ein weiterer Vergleich mit im Norden praktizierten Handschriften zeigt jedoch, daß es bei den Rotunda-Buchstaben auch eckige und enge Formen gibt, sie wechseln mit breiten runden Formen.

Italienische Handschriften des Mittelalters zeigen diese Schriftform besonders gut. Die

Das Schreiben von Rotunda-Kleinbuchstaben erfordert eine gewisse Praxis, um die Rundheit der Binnenräume und Gegenflächen gestalten zu können, und um die leichte Kantigkeit der Ecken zu bewahren, so wie sie für die gotische Handschrift typisch ist.

Das Rotunda-Kleinbuchstabenalphabet

Der Rotunda-Buchstabe kennzeichnet eine mehr offene und gerundete Handschrift. Die Höhe der Buchstaben beträgt viereinhalb bis fünf Federspitzenbreiten, der Federwinkel dabei 30° gegenüber der Waagerechten. Die Buchstaben haben einige Merkmale der gotischen Schrift behalten. Die Ober- und Unterlängen sind kurz ausgeformt, die kennzeichnende rautenförmige Serife wird selten angewendet. Viele der Buchstaben besitzen kantenförmig endende Strichzüge. Es ergibt sich eine weichere Form der Strichzüge im Vergleich zu der Eckigkeit einiger gotischer Schriften.

Ober- und Unterlängen sind oft kurz, wodurch eine sehr gleichmäßige äußere Textform entsteht. Die Fläche sowohl zwischen den Buchstaben als auch den Wörtern ist oft deutlich sichtbar, es existiert aber noch eine ausgleichende Buchstabenstruktur von ausdrucksvollen senkrechtverlaufenden Buchstaben und feinen dünnen Strichzügen. Der Serifenstil veränderte sich jeweils in Abhängigkeit von der persönlichen Ansicht des Schreibers. Häufig haben die senkrechten Grundstriche ein gerades, seltener ein rautenförmiges Ende.

Die einfachen und klaren Buchstaben sind sorgfältig zu formen, damit ihre angenehmen Proportionen deutlich erscheinen. Die Buchstaben werden mit einem Federwinkel von 30° geschrieben.

Diese gerundete offene Handschrift wurde kunstvoll mit herrlich illuminierten VERSALIEN kombiniert.

Die Textura

Diese gebrochene Schrift wurde meist in Nordeuropa angewendet. Sie erhielt ihren Namen vom lateinischen Wort *textum*, was soviel wie »gewebte Struktur« oder »stoffliche Beschaffenheit« bedeutet. Sie fand Anwendung in Handschriften für Bücher und war in alten Psaltern (Buch der Psalmen im A. T.) und Gebetsbüchern weit verbreitet. Dieses Kleinbuchstabenalphabet entwickelte sich in vielen formalen und nicht formalen Stilen. Zwei der formalen Stile werden als *textus precissus* und *textus quadratus* bezeichnet. Der zuerst erwähnte war durch starke senkrecht verlaufende Strichzüge, die flach auf der Grundlinie standen, charakterisiert. Der zuletzt genannte Stil zeichnete sich durch rautenförmige, sich an den obersten Endpunkten der Oberlängen verzweigende Serifen aus.

Die Textura ist, wie ihr Name bereits andeutet, aus gedrängten, kräftig schwarzen Senkrechten aufgebaut. Diese sind bezüglich ihrer Breite mit den Binnenräumen und Gegenflächen und den Abständen der Buchstaben untereinander identisch. Die Zwischenzeilenabstände sind minimal, was für die Darstellung der typischen kurzen Ober- und Unterlängen der gotischen Schrift ideal ist.

Um diese Handschrift zu schreiben, halten Sie die breite Feder in einem Winkel von 40°. Die Buchstabenhöhe beträgt sechs Federspitzenbreiten. Veränderunge dieser Höhe können jedoch das Interesse am Gesamtdesign erhöhen.

Bei den Buchstaben ist die Eckigkeit deutlich betont. Besondere Haarlinien können den Buchstaben hinzugefügt werden. Dies erfolgt durch Heben einer Federspitzenecke am Ende eines Strichzuges und gleichzeitiges Ziehen einer kleinen Menge Tinte nach außen.

Ein deutliches Merkmal der mit Textura-Buchstaben geschriebenen Handschriften ist die Zeilenausfüllung. War die Zeile zu kurz, weil nur ein oder zwei Buchstaben fehlten, würde eine einfache Verzierung oder ein mit der Feder erstelltes Muster dem Zweck dienen. Das eingefügte Muster muß sich günstig auf den Beschriftungsstil auswirken, d.h. es darf für Textura-Buchstaben nur ein ganz solides Muster sein.

RENATE FUHRMANN
Ein schönes Beispiel für Textura-Buchstaben – eine dicht geschriebene Handschrift, die in ihrer extremsten Form keine Unterschiede in der Breite zwischen den senkrechten Strichzügen, den Binnenräumen, den Gegenflächen und den Abständen der Buchstaben untereinander besitzt. Zarte farbliche Veränderungen sind im Verlaufe des gesamten Textes zu sehen, was in der zum Schreiben verwendeten Aquarellfarbe begründet ist. Temperafarbe und Holzteer wurden als weitere Materialien genutzt.

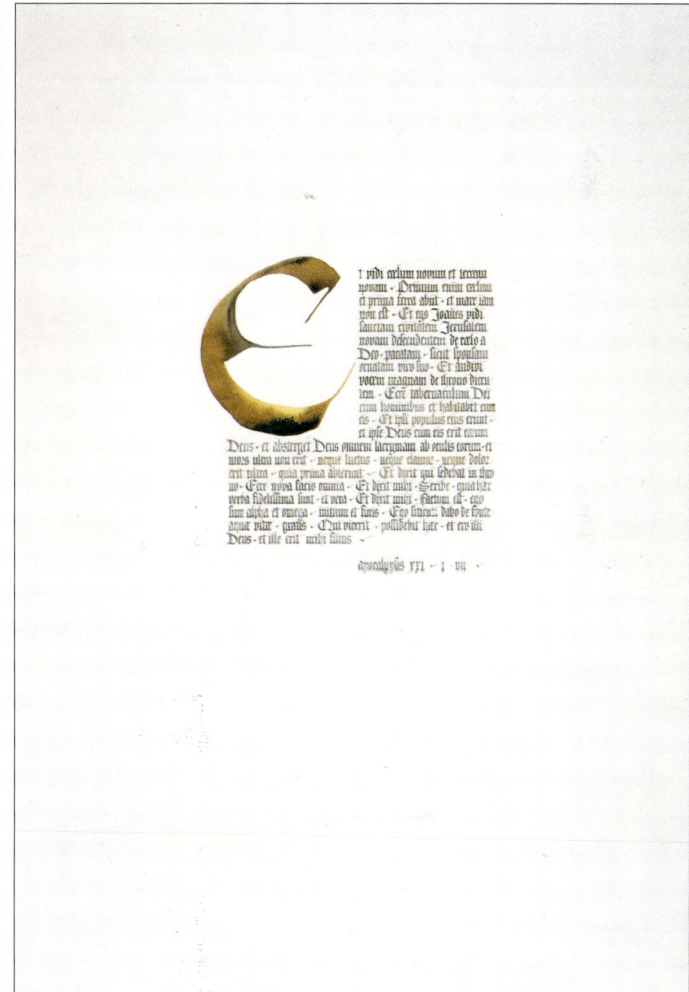

Überschriften

Die Überschriften spielen eine sehr vielseitige Rolle. Das Wort oder die Wortgruppen sollen die Aufmerksamkeit des Betrachters auf sich ziehen – auf die ganze Arbeit oder auf den Titel selbst. Konnte der Blick eingefangen werden, soll es dem Leser möglich sein, sich dem Text zu widmen. Die Überschriften müssen also etwas auffallen und besonders betont sein. Ausdrucksvolle Beschriftung, kontrastierende Farben, gute Buchstabenabstände, sorgfältige Beachtung der Regeln und der Anwendung der Verzierung sind wirksame Mittel, um die visuelle Aufmerksamkeit zu erwecken. Dies muß aber bei gleichzeitig guter Lesbarkeit der Information realisiert werden.

Große Bedeutung hat die Anordnung der Überschrift. Um eine visuelle Wirkung auf den Leser hervorzurufen, müssen die Wörter etwas abgesetzt vom Haupttext plaziert werden. Das soll nicht bedeuten, daß sie völlig isoliert stehen sollen. Es gibt verschiedene Lösungen, um die für die physische Trennung von Titel und Text notwendige Fläche zu schaffen.

Die ersten Überlegungen beziehen sich auf die Größe, den Bedeutungswert, den Stil und die Farbe der Buchstaben. Danach ist über die Anordnung der Überschrift zu entscheiden. Obwohl der Name andeutet, daß eine Überschrift sich im obersten Bereich einer Seite befindet, ist dies sicherlich nicht der einzig mögliche und für einige Arbeiten auch nicht der visuell beste Platz.

Die durch die Überschrift vermittelte Information ist sehr wichtig und muß in Beziehung zum gesamten Design gesehen werden. Eine Überschrift ist kein Anhängsel. Sie können jedoch mit Überschriften in verschiedenen Positionen auf der Seite experimentieren. Ein Ein-Wort-Titel könnte beispielsweise am Rande einer Seite senkrecht nach unten verlaufen. Wenn der Text aus einzelnen Abschnitten oder unabhängigen Teilen besteht, wäre es möglich, die Überschrift zentriert in der Mitte der Seite anzuordnen.

Eine weitere Möglichkeit besteht darin, daß der Titel quer über die Fläche der Arbeit verläuft und dabei in einem schrägen Winkel angeordnet oder an einem Rand ausgerichtet ist. Suchen Sie die Lösung, die ohne Beeinträchtigung des eigentlichen Inhaltes die größte visuelle Wirkung hervorruft.

War bisher keine Überschrift vorhanden, macht sich aber eine erforderlich, ist sorgfältig über deren Formulierung nachzudenken. Die Überschrift sollte als eine beschreibende Darlegung des Textinhaltes verfaßt werden. Dabei muß sie präzise, kurz und bündig sein.

Wenn Sie den Namen eines Autors, ein Datum oder eine sich auf den Text beziehende Bemerkung einfügen müssen, ist dieser Vorgang gleichzeitig mit der Überschrift zu betrachten. Oft ist es das nicht unwichtige Datum, welches ein ausgewogenes Empfinden für die Arbeit schaffen kann.

Die Zwischenüberschriften

Eine relativ weitverbreitete Praxis der früheren Schreiber war es, in ihre Handschriften eine oder mehrere Wortzeilen einzufügen; mit kleineren Buchstaben als denen des Titels, jedoch größeren als denen des Textes. Die Wörter würden dann innerhalb einer Überschrift oder nach einem verzierten Buchstaben erscheinen. Normalerweise ist die Schrift dieser Wörter einfach geformt und wird am Beginn eines Textes angewendet, insbesondere, um eine ziemlich ausführliche Einleitung zu unterteilen. Die Methode kann sehr wirkungsvoll angewendet werden und funktioniert besonders dann gut, wenn sie mit einem verzierten oder hervorgehobenen Großbuchstaben kombiniert wird.

Geschickte Schreiber verwendeten zahlreiche Variationen dieser Anordnung. Um die Anwendung dieser Zwischenüberschriften zu verstehen, ist es am besten, einige Zeit mit der Betrachtung der handschriftlichen Skizzen zu verbringen.

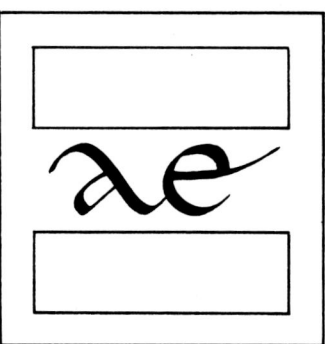

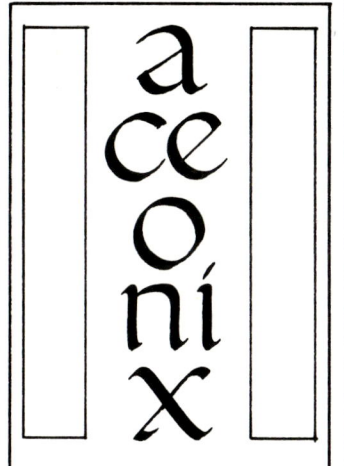

Überschriften dienen vielen Zwecken. Ihr Design und ihre Positionierung müssen wohlüberlegt sein. Experimentieren Sie mit verschiedenen Anordnungen auf der Seite, um die geeignetste und ästhetisch angenehmste Lösung zu finden. Es könnte nützlich sein, ein Gittersystem (Raster) zu benutzen, das beim Ausarbeiten des Layouts auf der Seite hilft. Damit soll dem Designer ermöglicht werden, die Arbeit in einer sauberen und leserlichen Weise, sowohl waagerecht als auch senkrecht auszurichten. Sehen Sie sich an einigen Beispielen an, wie Text und Bilder, oft in Kolumnen einer spezifischen Breite, auf der Seite angeordnet sind. Grobe Skizzen sind anfangs ausreichend für das Ausarbeiten der Position einer Überschrift. Wurde einmal eine Idee entwickelt, beginnen Sie, einen kleinen Teil des Textes in der Skizze niederzulegen.

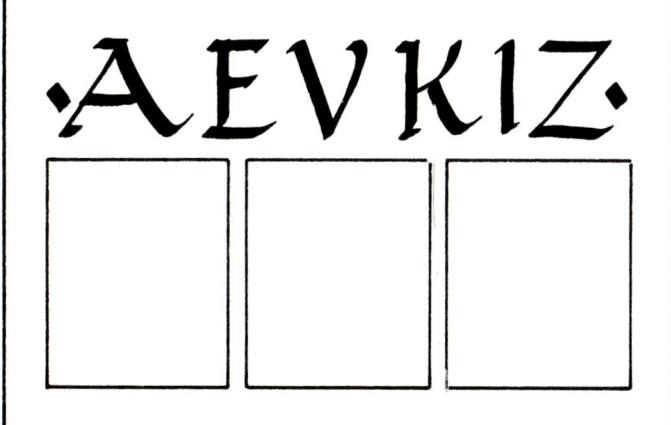

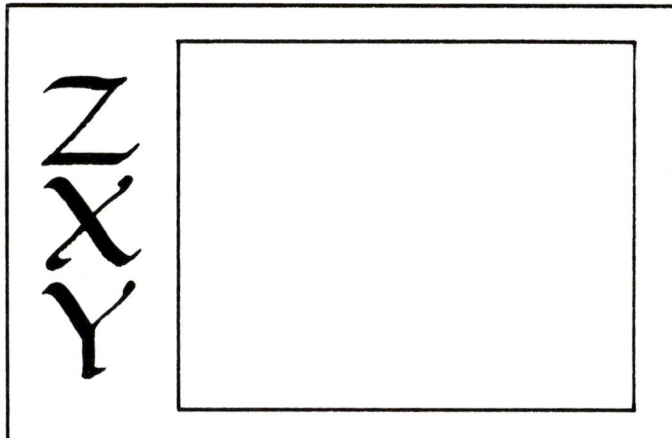

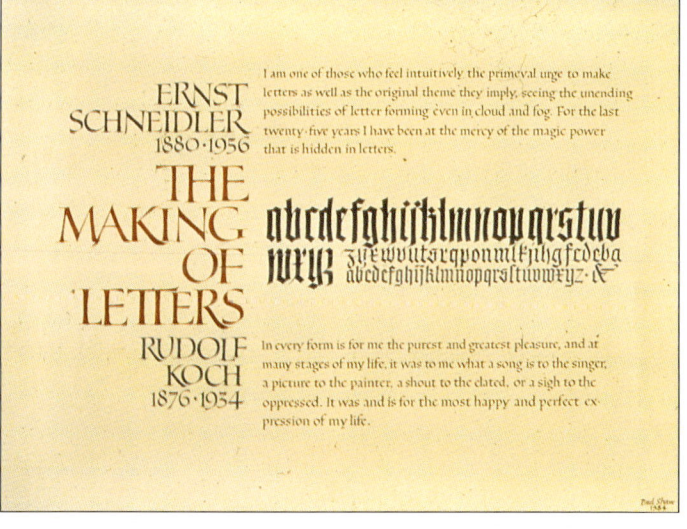

▲ PAUL SHAW
Die roten Wörter der Titelschrift dieser Arbeit sind rechtsbündig angeordnet – eine Methode, die eine gute Planung erfordert. Die Buchstaben des Alphabetes wurden innerhalb der Arbeit zentral plaziert. Hier sind sie sowohl Veranschaulichung als auch Überschrift. Die Namen der Autoren werden als Zwischenüberschriften behandelt.

Humanistische Schrift

Die aufblühende italienische Renaissance hat den humanistischen Gelehrten viel zu verdanken. In ihrem Bemühen, die gotischen Hüllen abzustreifen, belebten die Gelehrten das Interesse am klassischen Rom wieder, ebenso wie das Interesse an der in Stein gemeißelten römischen Kapitalis. Die Suche nach einer Manuskripthandschrift, die die gotischen und halbgotischen Kleinbuchstaben ersetzen sollte, führte zur Wiederentdeckung von Buchhandschriften, die vor einigen Jahrhunderten in karolingischen Klöstern hergestellt wurden. Die Humanisten nannten diese Buchstaben *lettera antica* (alte Schrift).

Auch in den karolingischen Buchhandschriften wurden sehr sorgfältig nach dem Vorbild der römischen Kapitalis gezeichnete Versalien verwendet, außerdem Unzial- und Halbunzialschriften. Selbstverständlich hatten auch die Inschriften der römischen Antike einen großen Einfluß. Die Schreiber des 15. Jh. erkannten jedoch die Disharmonie der zwei Stile, da einer ein eingravierter Buchstabe war und der andere von einer federgeschriebenen Handschrift stammte. Ein harmonischeres Miteinander beider Stile

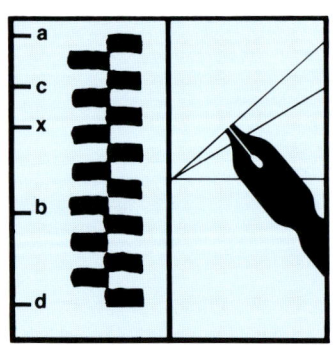

wurde durch Hinzufügen von Serifen und kleinen, die Buchstabengestaltung abschließenden Strichzügen erreicht.

Diese Handschrift existierte zwar in der damaligen Zeit nicht sehr lange, sie ist jedoch ein sehr wichtiges Glied in der Geschichte des Schreibens. Die runde Schrift bildete die Grundlage für viele der meist klassischen Schriften, die heute verwendet werden. So stellte zu Beginn des Druckwesens in Italien die humanistische Schrift eine Vorlage dar, die fast einer fertig hergestellten Druckschrift entsprach. Diese Schrift ist heute als Antiqua-Schrift bekannt.

Die gefälligen Formen dieser Buchschrift wirken am besten, wenn eine mittelgroße Feder in einem Winkel von 30° bis 40° zur Waagerechten gehalten wird. Die Kleinbuchstaben sollen dabei eine Höhe von viereinhalb Federspitzenbreiten haben. Ein gleichbleibender Federwinkel ist beizubehalten. Die gut gerundeten Konturen der Buchstaben ermöglichen es, die Ober- und Unterlängen auch übertrieben lang auszuführen, und dennoch das ansprechende Gesamtbild der Schrift zu wahren.

Die oberste Serife wird als kleiner gerichteter Strich ausgeführt, der sich über dem senkrechten Strichzug befindet. Am unteren Ende der Buchstaben komplettiert die Serife den Strichzug durch eine leicht nach rechts gerichtete Haarlinie. In der inoffiziellen Version der humanistischen Kursivschrift (*cursiva humanistica*) beträgt die Buchstabenschräge 8° bis 10° gegenüber der geraden Schrift.

1 Die Senkrecht-Version dieser Handschrift wurde mit einer breiten Feder bei einem Winkel von 35° realisiert. Die Höhe der Kleinbuchstaben beträgt viereinhalb Federspitzenbreiten. Die Feder wird an der Oberlängenhöhe des Buchstabens auf dem Papier angesetzt. Dann wird sie leicht nach links gezogen. Als nächstes folgt der starke senkrechte Hauptstrich.

2 Der zweite Strichzug führt als kleiner Haken aus dem ersten Strich heraus und dann bogenförmig nach rechts.

3 Der abschließende Strichzug ist der Querstrich. Er beginnt links von der Senkrechten. Die Feder wird nach rechts quer durch den Senkrechtstrich gezogen.

Das humanistische Kursivalphabet

Die humanistische Kursivschrift wird hier als eine Alternative zu den üblicheren senkrechten Buchstabenformen dargestellt. Die eleganten Buchstaben besitzen feine dünne Strichzüge und besonders an den Großbuchstaben Haarlinienerweiterungen. Das Anwendungsgebiet dieser Buchstaben ist sehr groß. Bei der Handschrift wird die starke Betonung zwischen dicken und dünnen Strichen verglichen mit Kursivformen deutlich. Außerdem münden bei den Kleinbuchstaben die dünnen Strichzüge weiter oben in die dicken Strichzüge ein. Dies wird an den Buchstaben a, d, q und u deutlich. Ähnliches ist am Beginn der dünnen Strichzüge festzustellen, denn diese Striche beginnen weiter unten an den dicken Strichzügen. Beispiele dafür sind die Buchstaben b, h, m, n, p und r.

Widmen Sie der Form der Fläche, die von diesen Nahtstellen eingeschlossen oder begrenzt wird, besondere Aufmerksamkeit. Dort, wo dicke Strichzüge zu dünnen werden und umgekehrt, erfolgt der Übergang scharf und unvermittelt, verglichen mit den mehr runden Versionen der bekannteren kursiven Buchstabenformen. Die Großbuchstaben unterstützen die bei den Kleinbuchstaben zu findende Eleganz.

▷ Die Großbuchstaben sind in ihrer Erscheinung elegant und leicht, verlieren dabei aber keineswegs ihre Erhabenheit. Die dünnen und dicken Strichzüge werden visuell durch die sie abschließenden und unterstützenden Serifen im Gleichgewicht gehalten. Der erste Strichzug des M illustriert dies besonders gut.

Buchmalerei

Ursprünglich bezog sich Buchmalerei lediglich auf den einfachen Vorgang des Einfügens von Farbe in eine Arbeit. Gewöhnlich wurde die am häufigsten verwendete rote Farbe in eine, aus einem schwarz geschriebenen Textkörper bestehende Handschrift eingebracht. Dies geschah, um die Aufmerksamkeit des Lesers auf eine besondere Textpassage zu lenken. Dabei wurde der erste Buchstabe oder das erste Wort des betreffenden Abschnitts in Farbe ausgeführt. Zusätzlich erfolgten in einigen Fällen geringfügige Verzierungen in Farbe.

Mit der Zeit dehnte sich die Tätigkeit der Buchmalerei auch auf die Handschriften aus, die auf buntem Pergament gefertigt waren, wobei der Text beispielsweise mit Gold- oder Silbertinte aufgebracht wurde. Die mit Edelmetall ausgeführten Buchstaben und Verzierungen reflektierten das Umgebungslicht. Zu ergänzen ist außerdem die Buchmalerei, bei der sehr reich verzierte Seiten mit einer verschwenderischen Fülle an Farben geschaffen wurden.

Am Anfang waren die Schreiber für das Abfassen der Texte verantwortlich und verzierten auch ihre Arbeiten. Im Laufe der Zeit entwickelten sich jedoch unterschiedliche Aspekte ihrer Tätigkeiten. Weitere »Handwerker« wirkten in den Werkstätten mit und ließen ihre Erfahrungen und Ansichten einfließen. Der Illuminator, als der geschickteste unter den handwerklich Tätigen, wurde Designer, Kolorist und Illustrator.

Die Buchmalerei widerspiegelt die eigene Erfahrung der Kalligraphen, besonders in Bezug auf Designsensibilität und Feinheit der Farben. Sie bietet die Möglichkeit, die unterschiedlichsten Muster zu nutzen – von den einfachsten bis zu den ausgefallensten. Dies gilt ebenso für die Verwendung der Farben, der stofflichen Beschaffenheit der Arbeit und der bildlichen Darstellung.

Besonders schöne Beispiele der Buchmalerei lassen sich in Museen, Bibliotheken, Kunstsammlungen und Büchern finden. Zu Beginn müssen Sie sich des komplizierten Wesens dieser Arbeiten bewußt werden. Fertigen Sie Skizzen und Notizen zu Lösungen, die Ihnen zusagen. Beginnen Sie, indem Sie sich mit einem Abschnitt befassen. Wählen Sie z.B. eine vergrößerte Buchstabenform aus, und stellen Sie deren Originalform fest – vielleicht RÖMISCHE KAPITALIS, KAPITALIS RUSTIKA, UNZIAL- oder VERSALSCHRIFT. Ist der Buchstabe verformt oder verlängert? Welche Flächen des Buchstabens sind verziert? Dehnt sich die Verzierung auf die Binnenräume und Gegenflächen innerhalb oder außerhalb des Buchstabens aus? Besitzen die Strichzüge und der Stamm des Buchstabens Verzierungen? Wie behandelte der Schreiber die Serife?

Erarbeiten Sie sich die Antworten auf diese Fragen. Erkunden Sie, wie die einzelnen Flächen verändert wurden. Beobachten Sie, wo sich Muster wiederholen oder identische Motive, manchmal mit einfachen Veränderungen, verwendet wurden. Gehen Sie den Blatt- oder Knotenmustern nach und achten Sie auf die Formen der Flächen, die davon eingenommen werden, beispielsweise Kreis- oder Dreieckformen.

Das Zerlegen des gesamten Designkomplexes in verständliche Abschnitte hilft, die Kunst der Buchmalerei zu entmystifizieren. Die gleiche Vorgehensweise kann auf Randleisten, Randverzierungen und die gesamte Beziehung der Buchmalerei zum Text angewendet werden. Gleichzeitig können Sie sich mit der FARBQUALITÄT der Arbeit und der VERGOLDUNG befassen.

Viele Grobentwürfe und das Experimentieren mit Farbe sind die Grundsteine guter Buchmalerei. Legen Sie sich eine Liste mit Designmöglichkeiten an. Sie wird Ihnen eine Hilfe sein, wenn Sie sich auf bestimmte Lösungen beziehen wollen. Grundbestandteile sind dabei Punkt, Linie, Form und Farbe. Viele Muster können konstruiert werden, beispielsweise solche, die einzig und allein auf Punkten und Kreisen beruhen. Für die Veränderung eines Anfangsbuchstabens gibt es folgende Möglichkeiten: Vergrößerung des Buchstabens, Verlängerung, Schaffen eines den Buchstaben aufnehmenden Bildes, Modifizieren der stofflichen Beschaffenheit des Buchstabenkörpers oder Entwickeln des Buchstabens nach Vorbildern aus dem Pflanzen- oder Tierreich. Die gleichen Ideen sind für Binnenräume, Gegenflächen und Randleisten anwendbar.

Beim Festlegen der für die Buchmalerei vorgesehenen Fläche darf nicht vergessen werden, die vom Text belegten Bereiche zu berücksichtigen. Belassen Sie in den Grobentwürfen die Linien für den Text.

Die Gestaltung einer kalligraphischen Arbeit kann durch einen verzierten Buchstaben verbessert werden. Es ist möglich, den Buchstaben sehr einfach zu verzieren, mit stark geschwungenen Elementen zu bereichern oder mit kunstvolle Muster bildenden Linien und Symbolen zu schmücken. Es muß jedoch gründlich nachgedacht werden, um den Buchstaben in Bezug auf den Textkörper und das Layout der gesamten Seite richtig zu positionieren. Einige der traditionell verwendeten Arrangements sind hier bildlich dargestellt.

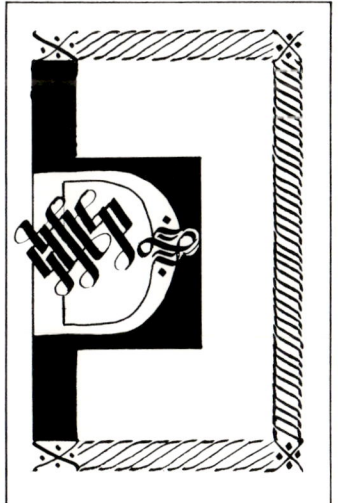

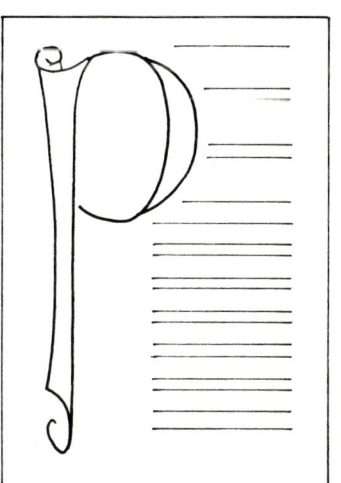

▲ Diese Doppelseite eines französischen Stundenbuchs (Gebetbuch für Laien) aus dem frühen 16. Jh. besitzt ein unkompliziertes Layout. Eine dekorative Randleiste umgibt die Textschrift. Die Schrift hat minimal verzierte Anfangsbuchstaben. Das Bild ist umgeben von einer architektonischen Darstellung, in einem Stil, wie er zur Zeit der Renaissance weit verbreitet war.

Eine Seite der Egerton-Handschrift ist mit einer raffinierten Randleiste verziert, die sich im oberen Teil der Seite fortsetzt. Im unteren Teil ist die Blätter-Randleiste mit einer Illustration verbunden. Die Wurzel der Randleiste wird über der Schulter eines Engels mitgezogen. Im Binnenraum des ersten Anfangsbuchstabens ist ein Miniaturgemälde enthalten. Linien- und Spiralmuster, die aus feinen Strichzügen bestehen, verzieren die lombardischen Großbuchstaben. Außerdem wird der starke Einfluß der Unzialbuchstabenformen deutlich.

Kursivschrift

Die kursive Handschrift wurde während der Renaissance in Italien entwickelt. Zur damaligen Zeit bestand ein Bedürfnis nach größerer Schreibgeschwindigkeit, besonders um große Textmengen abzuschreiben. So entwickelten italienische Gelehrte nach Studien klassischer Arbeiten des 9. Jh. diese gedrängt und mehr als gewöhnlich schräg geschriebene Variante.

Die Zusammendrängung basiert auf einem elliptischen o. Die Schräge ist in einem Winkel von 5° bis 10° zur Senkrechten beizubehalten. Die breite Feder wird in einem Winkel von 45° geführt, wodurch der charakteristische Gegensatz von dicken und dünnen Strichzügen zu erzielen ist. Die Handschrift beinhaltet einfache Serifen. Die Ober- und Unterlängen können in der Länge variieren. Eine einfache oder komplizierte DEKORATIVE VERZIERUNG und SCHWUNGBUCHSTABEN sind als Erweiterung zu vielen Buchstaben möglich.

Zusammen angewendet bilden diese Charakteristiken eine wirklich elegante Handschrift. Wird mit entsprechender Übung geschrieben, sollte die Schrift selbst bei hohem Tempo ihre gefälligen Proportionen behalten. Diese führen dazu, daß die formale kursive Handschrift sehr häufig und leicht angewendet werden kann. So ist sie die Grundlage für viele schöne Handschriftenstile des täglichen Gebrauchs geworden.

Die Höhe der Kleinbuchstaben beträgt fünf Federspitzenbreiten, die der Großbuchstaben sieben Federspitzenbreiten. Ober- und Unterlängen sind normalerweise etwa drei bis vier Federspitzen hoch. Eine geringere Bedeutungsdimension kann durch Vergrößern der Kleinbuchstabenhöhe auf sechs Federspitzenbreiten erreicht werden.

Diese Kursivschrift eignet sich für viele Situationen gut. Ihr Stil bewährt sich für Arbeiten, wo leichte Lesbarkeit und klare Verständlichkeit erforderlich sind und ist sowohl im formalen als auch im nichtformalen Rahmen angemessen. In Kursivschrift widergegebene Textblöcke können eine Textvariation einer anderen Handschrift sein, zum Beispiel der für Überschriften und Zwischenüberschriften angewendeten BASISHANDSCHRIFT. Erklärende Textabschnitte, Namenskarten, Einladungen und Urkunden erhalten durch Hinzufügen geeigneter Verzierungen einen eleganten Charakter ohne Verlust der Lesbarkeit.

Eine andere zu beachtende Fläche, die bei Verwendung von Kursivschrift entsteht, ist die Fläche zwischen dem letzten Buchstaben der Zeile und dem natürlichen Zeilenende. In manchen Fällen kann hier viel weiße Fläche an den Zeilenenden sichtbar werden, die das Gesamtdesign beeinflußt.

Für das Problem nicht vollständig gefüllter Zeilen gibt es zwei Lösungsmöglichkeiten. Die erste besteht im Ausdehnen des letzten Buchstabens. Dies ist allerdings eine ungeschickte Variante und funktioniert auch nicht mit allen Buchstaben. Die zweite Möglichkeit wird durch das Ausfüllen der Zeile mit einem feinen Arrangement realisiert. Das können z. B. mit einer breiten Feder gezeichnete Punkte sein.

1 Die eleganten Proportionen der kursiven Handschrift werden erreicht durch Beibehalten eines konstanten Federwinkels von 45° und der Orientierung an der elliptischen Form des o. Der hier gezeigte Buchstabe g besitzt gleiche Formmerkmale wie a, c, d, e, o und q. Der erste Strichzug, von links nach rechts führend, verläuft fast gerade und formt den oberen Teil.

2 Der zweite Strichzug beginnt an der gleichen Stelle wie der erste. Er wird kreisförmig gezogen, um die erste Hälfte der elliptisch geformten Figur des Buchstabens zu bilden.

3 Der Strichzug wird wie auf einer Kreisbahn fortgesetzt, erreicht den dünnsten Linienabschnitt und steigt steil bis in den oberen Teil.

4 Der dritte Strichzug beginnt im oberen Buchstabenteil, führt steil nach unten und formt die Unterlänge. Er wird mit einer leicht nach links führenden Kurve beendet. Der Kurvenbeginn bildet dabei den dünnsten Linienabschnitt.

5 Für den letzten Strichzug dieses Buchstabens liegt der Ausgangspunkt in der weißen Fläche links von der Unterlänge. Der kleine, den Buchstaben beendende Linienzug, führt von links nach rechts. Er knüpft an der in einer leichten Kurve endenden Unterlänge an.

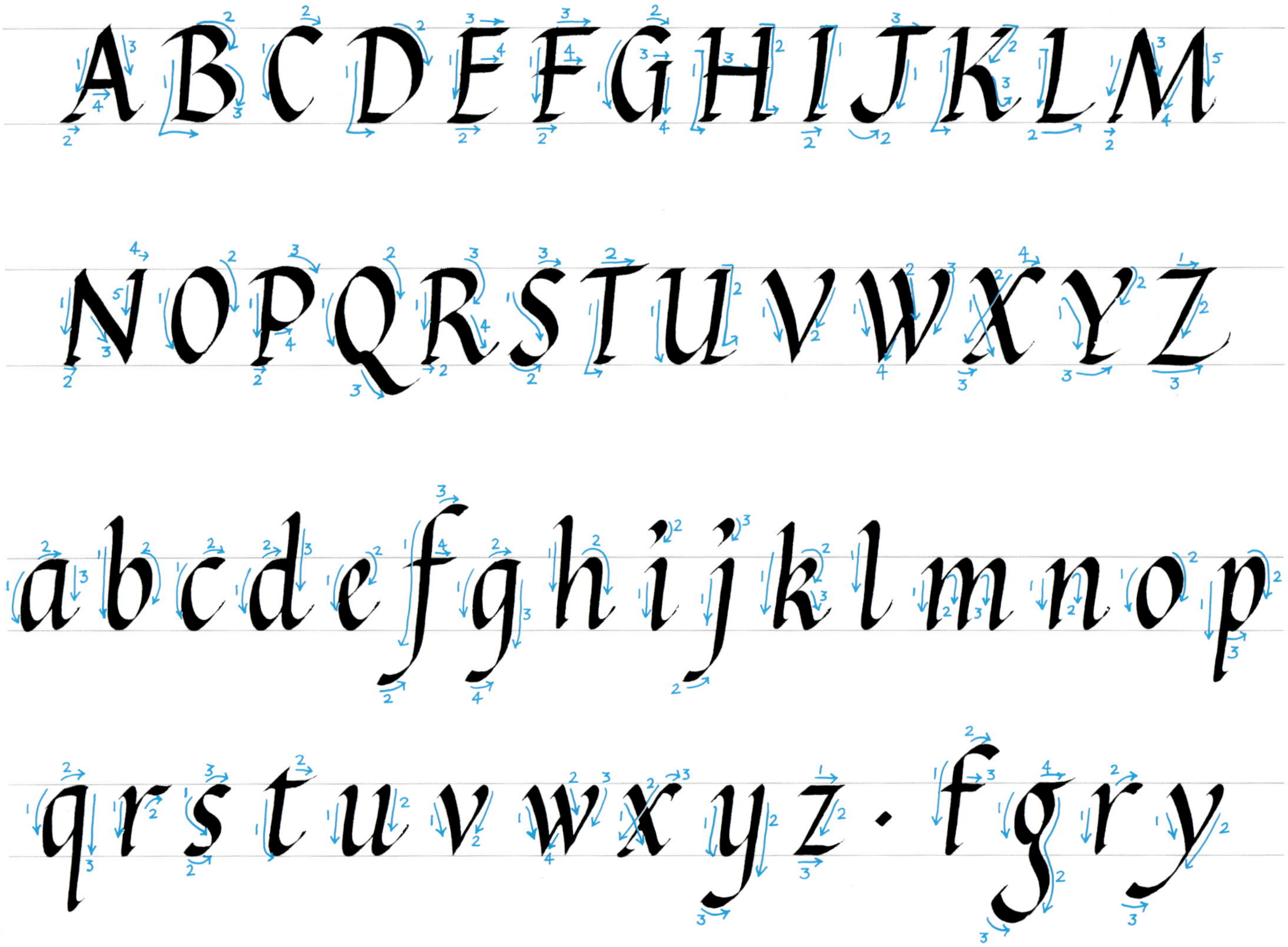

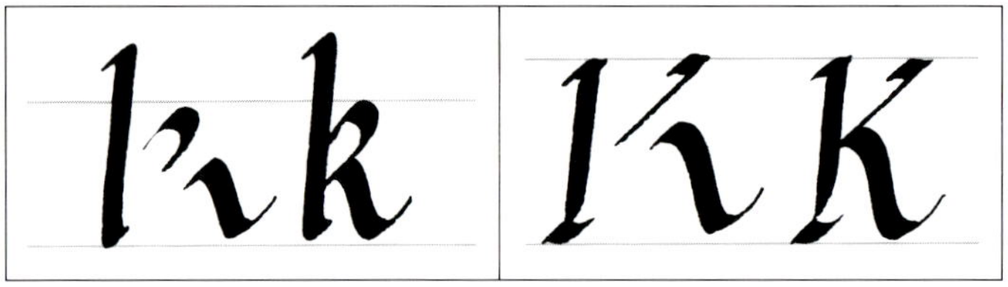

A B C D E F F G H I J K L M

N O P Q R S T U V W X Y Z

a b c d e f g h i j k l m n o p

q r s t u v w x y z · f g r y

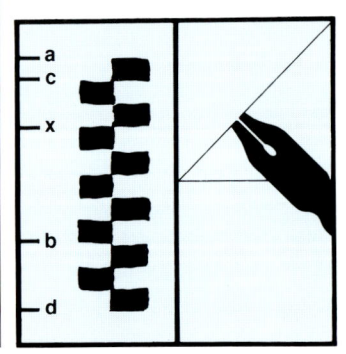

⚠ Ein Merkmal dieses Kleinbuchstabens ist die Art, wie der bogenförmige Strichzug gezeichnet wurde. Der Aufbau des k, b und p ist ähnlich dem des h, m und n.

⚠ Diese Abbildung zeigt, wie die Serife als ein integrierter Bestandteil des ersten Strichzuges geschrieben werden kann.

Das Kursivschriftalphabet

Das kursive Alphabet, als erste in der Kalligraphie zu erlernende Schrift, ist eine gute Grundlage, auf der mit weiteren Übungen aufgebaut werden kann. Die Höhe der Kleinbuchstaben beträgt fünf Federspitzenbreiten und der Winkel der Federspitze 45°. Die Schräge der Buchstaben ist, in Abhängigkeit vom persönlichen Stil, in einem Winkel von 5° bis 10° zur Senkrechten beizubehalten.

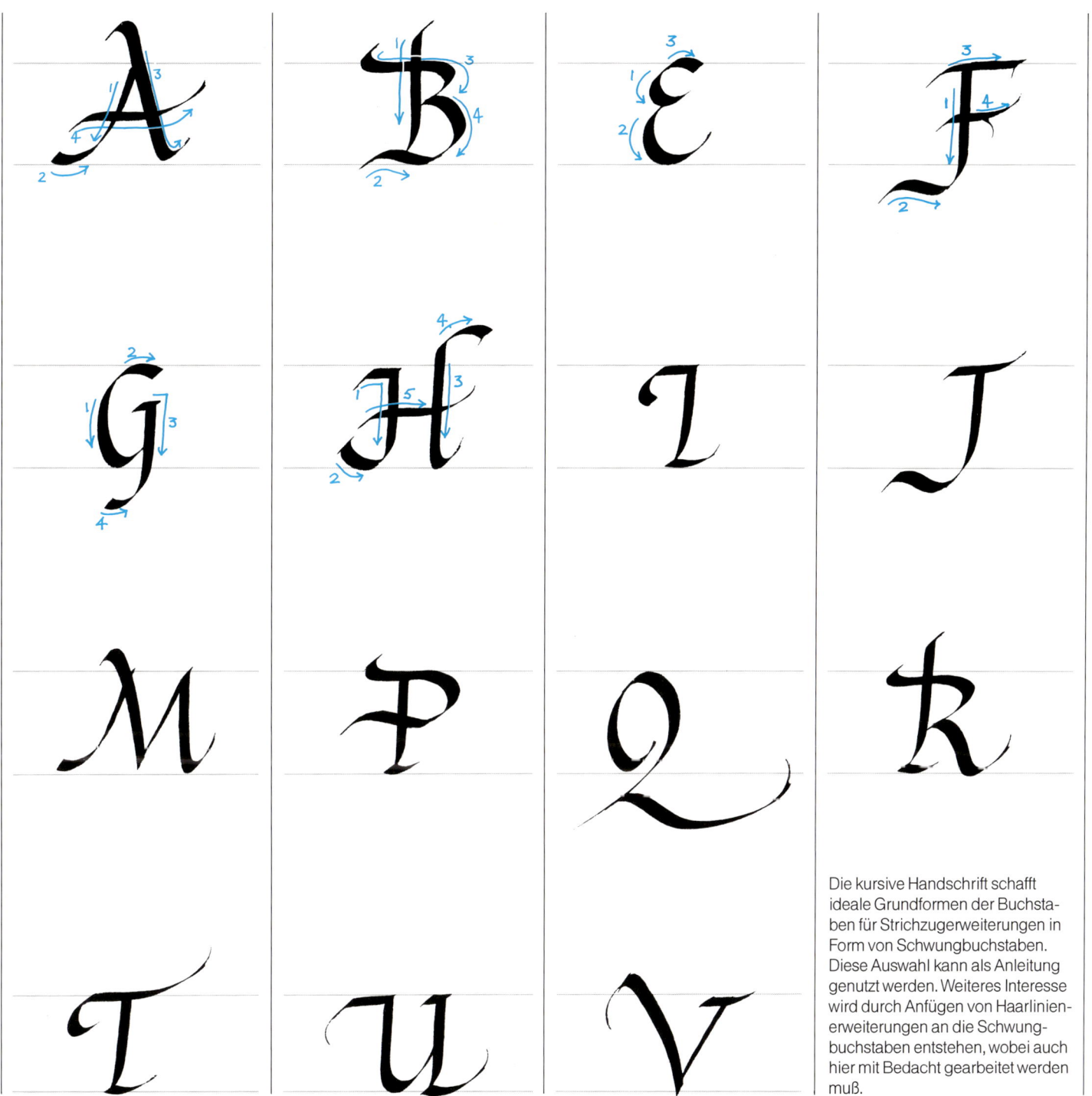

Die kursive Handschrift schafft ideale Grundformen der Buchstaben für Strichzugerweiterungen in Form von Schwungbuchstaben. Diese Auswahl kann als Anleitung genutzt werden. Weiteres Interesse wird durch Anfügen von Haarlinienerweiterungen an die Schwungbuchstaben entstehen, wobei auch hier mit Bedacht gearbeitet werden muß.

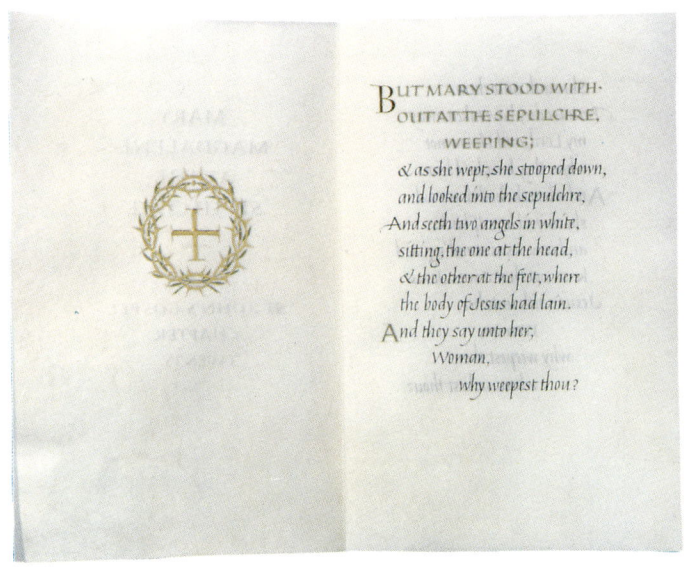

◀ JOAN PILSBURY
Diese geöffneten Seiten eines handgeschriebenen Buches zeigen ein bezüglich der Platzaufteilung großzügiges und wohlüberlegtes Layout mit reichlichen Randbreiten und Zeilenzwischenräumen. Die Geschichte von Maria Magdalena wurde in schwarz und grün auf Pergament geschrieben. Ein polierter Goldbuchstabe leitet die Wortfolge ein, die in formaler Kursivschrift dargestellt ist. (Der nicht formale Stil wird erkennbar an den Ligaturen, die die Einzelbuchstaben miteinander verbinden.)

▼ DAVE WOOD
Die kursive Handschrift mit ihrer Mischung von formalen und nichtformalen Stilelementen zeichnet sich durch große Flexibilität aus. Kraftvolle oder mehr gedrängte Formen können durch Verringerung oder Vergrößerung der Buchstabenhöhe geschaffen werden (d.h. durch Verändern der Anzahl der Federspitzenbreiten). Dieses Logo ist ein spekulatives Design, das eine mögliche Lösung für ein besonderes visuelles Problem darstellt. Die Kursivschriften schreiben kein spezifisches Bild vor; sie machen die Gestaltung mit dieser immerwährenden und zeitlosen Schriftqualität für den Betrachter zugänglich.

Layout

Für alle Layouts sind eine Reihe von Entscheidungen erforderlich. Damit nichts übersehen wird, ist eine überlegte Vorgehensweise notwendig. Dazu gehört eine Kontrolliste oder eine Liste der einzelnen Arbeitsgänge. Diese soll folgende Elemente der Arbeit beinhalten: Überschrift, Zwischenüberschrift, Text, Autorenname, Datum, Name des Kalligraphen und Verzierung. Wenn es sich um eine Einladung handelt, schließt die Liste der zu vermittelnden Informationen auch den Namen, den Ort, die Zeit und weiteres ein. Diese Listenerstellung führt zur Unterteilung des Auftrages in mehrere Abschnitte. Dadurch wird es Ihnen gleichzeitig möglich, die visuelle und auf das Schreiben bezogene Bedeutung jedes einzelnen Punktes der Information einzuschätzen und zu bestimmen.

Läßt man seine Augen über die Wörter wandern, werden sich nützliche Informationen für das Layout ergeben und Antworten auf offene Fragen, wie die folgenden, finden lassen: Was sagen die Wörter aus? Welcher Beschriftungsstil eignet sich für die Stimmung oder den Anlaß? Für wen ist das Arbeitsergebnis gedacht und wer wird es lesen (was sich auf Größe und Form auswirken wird)? Ist Verzierung oder Farbe erforderlich? Welche Arten der Materialien wären geeignet?

Das Format und die Ränder

Wenn Sie Größe und Form der Arbeit bestimmen und mit Layout-Grobentwürfen experimentieren können, dürfen Sie diese grundlegenden Elemente nicht von vornherein festlegen.

Das Anlegen von Blatträndern
1 Die einen Teil der Arbeit umgebenden weißen Flächen sind in das Design der gesamten Seite integriert. Um einen ausgewogenen und gefälligen Effekt zu erzielen, sind die Ränder im Verhältnis 2:2:2:3 zu berechnen. In diesem Fall sind die Ränder oben und an den Seiten gleich groß, der untere Rand um $^1/_3$ größer.

2 Ein zweites Randflächenverhältnis lautet $1^1/_2$:2:2:4. Hier ist der obere Rand schmaler als die zwei Seiten. Der untere Rand besitzt die größte Ausdehnung.

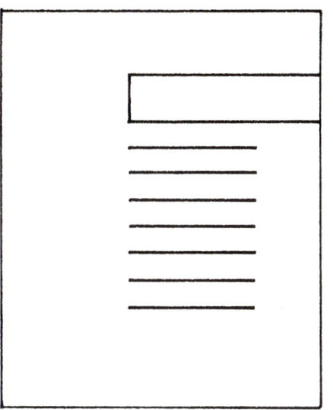

3 Viele moderne Designs enthalten Text und Überschriften, die außermittig positioniert sind, und unter Umständen die Seiten »anschneiden«.

△ Bei den frühen Satzschriften erfolgte eine Nachahmung der Buchstabenformen, die über viele Jahrhunderte hinweg von den Schreibern entwickelt wurden. Gutenbergs 42-zeilige Bibel ist ein Beispiel für diese Nachahmung, die sich auch auf das Layout und die Verzierung der Seite erstreckt.

Randbreiten sind ein wesentlicher Faktor für das Design. Die Beziehung der Ränder untereinander sorgt mit dafür, die Arbeit im Gleichgewicht zu halten. Im allgemeinen wirken gleiche Ränder rings um das ganze Stück visuell nicht gut. Die zwei am häufigsten verwendeten Lösungen sind: Seiten und oberer Rand mit gleicher Breite und unterer Rand etwas breiter oder beide Seitenränder mit den gleichen Maßen, der obere Rand etwas weniger breit und der untere Rand mit der größten Breite.

Visuelle Fehler treten auf, wenn die Ränder nicht sorgfältig geplant wurden. Ein Zuviel an umgebender weißer Fläche führt dazu, daß der Text verloren erscheint oder den Eindruck des Schwimmens auf der Mitte der Seite hervorruft. Wenn eine kleine weiße Fläche zum Design gehört, die die Wörter in ihrer Entfaltung behindert, erscheinen diese Wörter möglicherweise verkrampft und die Arbeit dadurch unausgewogen. Aufgezogene und gerahmte Bilder in einer Galerie veranschaulichen die traditionelle Proportionalität der Ränder am besten.

In einigen Designs wird eine regelmäßige und sauber proportionierte Randanordnung aufgegeben. Dieses sind Designs, in denen z.B. die Farbe oder die Verzierung »aus der Seite läuft« oder »aus der Seite abfällt«. Sie werden »angeschnittenes Design« genannt. Das ist eine vollkommen zulässige Lösung und kann in modernen Arbeiten sehr wirksam angewendet werden.

Der Stil

Wenn Sie die Bedeutung der zu schreibenden Wortfolge bestimmt und sich mit dem Thema des Textes vertraut gemacht haben, sollten Sie in der Lage sein, einen Schriftstil auszuwählen. Ist dies noch nicht der Fall, lesen Sie den Text nochmals, und versuchen Sie dabei, den Wörtern ein Gefühl oder eine Stimmung zuzuordnen – elegant, sanft, ruhig, geschmackvoll, düster usw. Diese Übung soll Ihnen auch einige für den Anfang notwendige Ideen für das Design vermitteln, das aus Ihren Skizzen und Rohentwürfen entwickelt wird.

Bringen Sie in Abhängigkeit vom Inhalt und der Sprache die zutreffendste Stimmung zum Ausdruck. Wenden Sie keine starren Layout-Methoden auf die Leben und Energie ausstrahlenden Wörter an. Nutzen Sie aber auch keinen scherzhaften Ansatz für das Design, wenn es sich um einen seriösen und feierlichen Text handelt. Denken Sie an die Stimmung und die Farbe der Wörter, während Sie verschiedene Ideen entwerfen, und daran, welche Überlegungen Sie anstellten, um diese Wörter auf der Seite einzufügen.

Deuten Sie auf Ihren Rohentwürfen Textbereiche mit Linien an. Sie erhalten so eine Vorstellung darüber, wo die Zeilenunterbrechungen auftreten. Es ist nicht notwendig, alle Wörter in das frühe Rohlayout zu übernehmen. Aber einige Wörter mit speziellen Gestaltungselementen müssen aufgenommen werden, so z.B. fette Schrift, Großbuchstaben, Muster, Erläuterungen, Punktmarkierungen, Randleisten und Linien.

Wenn Sie an den Ideen arbeiten, wird der Moment kommen, wo Sie fühlen, daß das Design Gestalt annimmt. Von da an beginnen Sie vorrangig auf die endgültige Größe der Arbeit hinzuarbeiten. Danach können Sie mehr Details aufnehmen. Nach und nach sollte dieses Vorgehen zu einem fertigen Rohentwurf führen. Der Rohentwurf sollte mit Farbvorstellungen, der Grundstruktur einiger Muster, Randleisten und veranschaulichendem Material komplettiert sein.

Der beendete Rohentwurf liefert die Vorlage für die endgültig anzufertigende Arbeit.

Die Buchstabenabstände

Buchstabenabstände sind optisch annähernd gleich groß und von den aneinandergrenzenden Buchstaben abhängig. Es sollte ein Gleichgewicht zwischen den Binnenräumen und Gegenflächen der Buchstaben und den Buchstabenabständen herrschen, um einen ausgeglichenen Rhythmus in der gesamten Arbeit zu erzielen.

Die Wortabstände

Bis Sie mit den Beschriftungsstilen vertrauter werden, soll-

DAVE WOOD
Hier wird ein Werbezettel gezeigt, der sich an Kalligraphen wendet. Die Liste der vorrätigen Ausrüstung sorgt für eine textliche Grundfläche. Diese Fläche wurde mit einer vergrößerten Schreibfeder, die für die Schriften des 17. und 18. Jh. Anwendung findet, überlagert. So entstand ein erfolgreiches und originelles Konzept, das alle bedeutenden Informationen enthält und sie gut präsentiert.

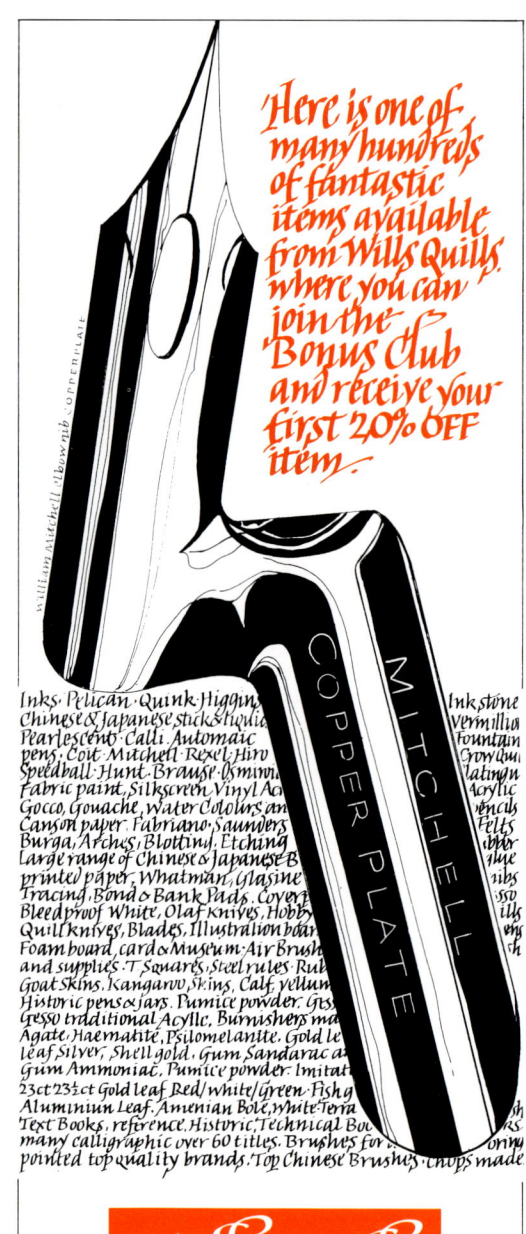

ten die Wörter mit gleichmäßigem Abstand geschrieben
werden. Als Richtwert dient
die Breite eines o.

Die Zeilenabstände
Gewährleisten Sie, daß zwischen den Zeilen genügend
Fläche vorhanden ist, damit
sich die Ober- und Unterlängen nicht ineinander verfangen. Achten Sie besonders darauf, wenn Sie beabsichtigen,
eine DEKORATIVE VERZIERUNG
einzusetzen.

Die Zeilenlängen
Es gibt keine Regel, die alle
möglichen Fälle einschließt.
Sie werden rechtzeitig die Fähigkeit entwickeln, eine visuelle Einschätzung vorzuneh-
men. Diese Einschätzung soll
sich auf die Proportionen der
Buchstaben in Bezug auf die
beabsichtigte Größe der Arbeit
beziehen. In einigen Arbeiten
wird die längste Zeile das Maß
für die Breite der Arbeit bestimmen. Probieren Sie verschiedene Zeilenlängen aus.
Dabei sollten unterschiedliche
Federspitzengrößen, die sich
auf die Beschriftungsgrößen
auswirken, verwendet wer-
den. Bei Bedarf sind die Abstände zwischen den Buchstaben und Wörtern zu ändern.
Wenn eine Zeile kürzer als geplant wird, überlegen Sie, ob
aus diesem Grund eine erweiterte Buchstabenverzierung
eingeführt werden kann.

Die Schriftstile
Es dürfen nicht zu viele unterschiedliche Stile eingesetzt
werden. Der Vorteil der individuellen Schrift besteht darin,
die Bedeutungsdimension und
die Größe der Buchstaben ein
und derselben Schrift ändern
zu können. Dadurch ist es

◁ Buchstabenabstände
Angemessene Abstände zwischen
den Buchstaben sind für die Lesbarkeit und den Gesamteindruck einer geschriebenen Arbeit äußerst
wichtig. Einige Handschriften sind
rund und offen. Sie diktieren die
Notwendigkeit für die Abstände,
d.h. die Buchstaben müssen »atmen können«. Umgekehrt erfordern
klare eckige Stile geringere Abstände.

▲ Wortabstände
Die Breite eines o ist ein guter Anhaltspunkt, um die Abstände zwischen den Wörtern festzulegen.

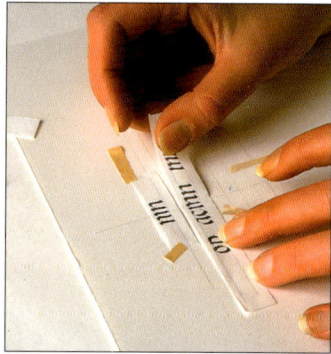

Zentrierter Text
1 Viele kalligraphische Arbeiten
eignen sich für ein zentriertes Layout. Es gibt verschiedene Methoden
des Zentrierens: Das Anfertigen eines Blindlayouts ist eine schnelle
und akkurate Möglichkeit. Beginnen
Sie, den Text im gewählten Stil und
entsprechender Größe zu übertragen. Schreiben Sie dabei den Text
mit den korrekten Wortabständen in
die einzelnen Zeilen.

2 Schneiden Sie jede Zeile möglichst nahe an dem Geschriebenen
aus. Falten Sie jeden Streifen zur
Hälfte, so daß der Schriftzug jeweils
genau halbiert ist. Die Falte markiert
den Mittelpunkt der Schreibzeile.
Eine andere Möglichkeit besteht
darin, einfach die Strecke zwischen
den äußeren Strichzügen des ersten und letzten Buchstabens zu
messen. Der Mittelpunkt wird dann
leicht mit Bleistift gekennzeichnet.

3 Auf einem sauberen Bogen Papier wird die senkrechte Mittellinie
leicht mit Bleistift angezeichnet.
Bauen Sie die Streifen zusammen.
Richten Sie jeden Bruch oder jede
Mittenmarkierung an der Bleistiftlinie aus. Befestigen Sie jeden Streifen in der ausgerichteten Position
mit Klebeband. Richten Sie Ihre Aufmerksamkeit besonders auf die Fläche zwischen den Streifen.

möglich, unterschiedliche Wirkungen zu erzeugen, ohne den Schriftstil zu wechseln.

Das Auszeichnen

Zur Vorbereitung werden alle Wörter im gewählten Stil und in entsprechender Größe auf das Layout-Papier übertragen. Dann erfolgt das sorgfältige Ausschneiden der Wörter, der Satzglieder, der Überschriften usw. und das Zusammensetzen sowie bei Bedarf das Umstellen auf einem Blatt Papier. Das Blatt Papier muß die gleiche Größe wie die Endform der Arbeit haben.

Das Ausrichten

Die Art und Weise, wie die Zeilen auf der Seite liegen, hat große Bedeutung. Dafür gibt es mehrere Möglichkeiten: Zentrierter Text ist gleichmäßig auf beiden Seiten der Mittellinie verteilt. Justierter Text wird sowohl am linken als auch am rechten Rand ausgerichtet (Blocksatz). Alternativ dazu kann die Arbeit linksbündig angeordnet werden und rechts flattern oder umgekehrt. Außerdem ist es möglich, die Zeilen asymmetrisch anzuordnen.

Das Längenmaß

Die Länge des Textes auf einer Seite kann mit einer Längenskale bestimmt und unter Umständen auch beeinflußt werden. Sie stellt eine praktische Methode für das Auf- und Einbauen der Textzeilen dar. Die mathematische Grundformel für die Bestimmung der Länge einer Arbeit mit gleichmäßigen Abständen lautet: Anzahl der Textzeilen × Buchstabenhöhe + Anzahl der Zeilenabstände × Höhe der Zeilenabstände.

Die Planung des Werkes

Wenn Sie eine Arbeit planen, ist die Größe der Beschriftung so zu bestimmen, daß sich alle Informationen unterbringen lassen. Für ein Gedicht oder eine Liste einzelner Punkte wird die längste notwendige Einzelzeile ausgewählt und als Anhaltspunkt für das Ausarbeiten der Buchstabengröße verwendet. Die Größe der Schrift wird durch die Breite der Federspitze vorgegeben. Die Wörter sind im gewählten Stil mit Federspitzen verschiedener Größen auszuschreiben. Die Beispiele veranschaulichen die verschiedenen Zeilenlängen, die sich durch Verwendung unterschiedlicher Federspitzengrößen ergeben.

Invertieren (Erzeugen eines negativen Schriftbildes)

Die Kalligraphie mit ihren kräftigen Mustern in schwarz und weiß eignet sich gut für die Vervielfältigung in gedruckter Form. Eine für die Reproduktion von schwarz auf weiß oder einer anderen Farbe entworfene Arbeit kann durch Invertieren eines Teils des Designs eine weitere Dimension erhalten. Dies läßt sich mit der Druckvorlage von Hand realisieren. Auch bei negativer Darstellung gibt es unterschiedliche Gestaltungsmöglichkeiten, wie das »Anschneiden« der Seite, d.h. eines Teils des Designs, einer Fläche oder eines Textabschnittes.

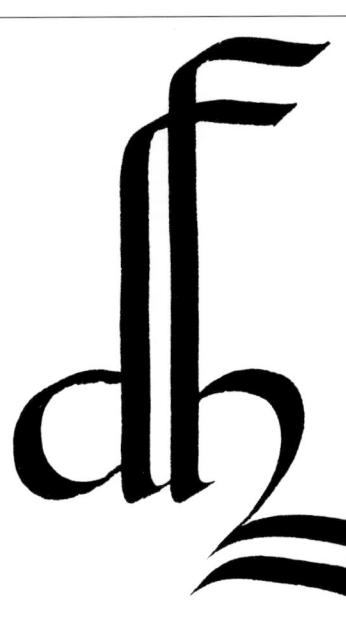

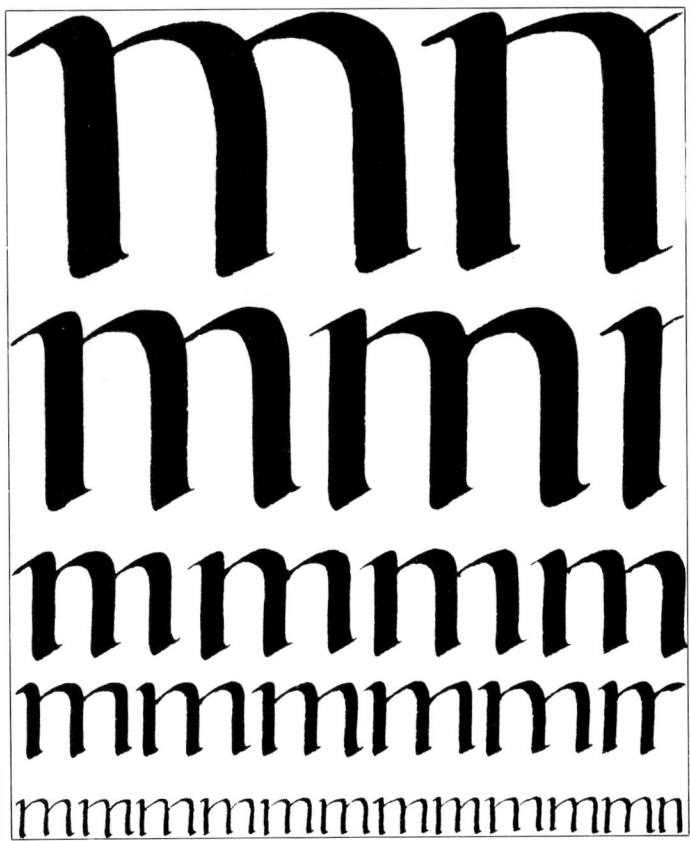

**Das Untersuchen unterschied-
licher Zeilenausrichtungen**
1 Asymmetrisches Arrangement.

2 Auf dieser Seite bildet der linke
Rand eine senkrechte Linie. Der
Text ist linksbündig ausgerichtet.

3 Bei diesem Text sind die Zeilen
links- und rechtsbündig angeordnet
(als Block).

4 Ein zentriertes Arrangement der
Zeilen bietet für viele kalligraphi-
sche Arbeiten eine ansprechende
Anordnung.

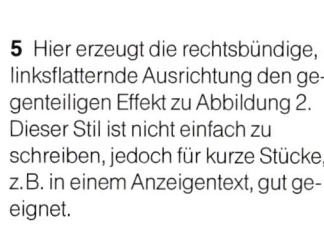

5 Hier erzeugt die rechtsbündige,
linksflatternde Ausrichtung den ge-
genteiligen Effekt zu Abbildung 2.
Dieser Stil ist nicht einfach zu
schreiben, jedoch für kurze Stücke,
z.B. in einem Anzeigentext, gut geeignet.

Das Bemessen der Textlänge
1 Eine Längenskale ist ein brauchbares Mittel, um die Länge eines
begrenzten Bereichs der Arbeit zu
bestimmen und zu beeinflussen.
Auf dem Rand eines Papier- oder
Kartonstückes markieren Sie die
Höhe der Buchstaben. Die Höhe
wird durch die Anzahl der Federspitzenbreiten bestimmt.

2 Berechnen Sie den Abstands-
wert, der zwischen den Linien erforderlich ist, und markieren Sie
diesen auf der Längenskale. Messen Sie dabei den Wert von der
Grundlinie der Buchstabenhöhe. Es
ist auf der Seite des Papiers am
gleichen Punkt zu beginnen. Mit einem Bleistift oder der Spitze eines
Stechzirkels werden die Zeilenhöhe
und die Zeilenabstände gekennzeichnet. Bleiben Sie mit den Markierungen so dicht wie möglich am
Rand des Papiers.

3 Ziehen Sie die Schreiblinien
durch. Dabei sollten die Markierungen als Anhaltspunkte genutzt werden.

Lombardische Schrift

Die lombardischen Buchstaben stellen eine gerundete und kompliziertere Form der VERSALBUCHSTABEN dar, die in der Lombardei entstanden. An ihnen wird der starke Einfluß früherer lombardischer Schriften und der UNZIALBUCHSTABEN deutlich.

Diese Buchstaben wurden zunächst als Initial-Großbuchstaben verwendet. Wegen ihrer Form und Struktur stellten sie ein großes Potential für zusätzliche Verzierungen dar.

Die Buchstaben werden mit einer dünnen Feder oder einem Federkiel geschrieben und können mit einer anderen Farbe ausgefüllt werden. In vielen Buchstabenformen sind kreisförmige Elemente enthalten. Einige behielten auch die Ausstrahlung und die Form der Unzialbuchstaben, von denen sie abstammen, bei. Das trifft vor allem bei den Buchstaben D, H, M und W zu.

Die Senkrechtstriche verlaufen wie bei Versalbuchstaben zusammengedrängt. Die leicht zusammengedrückten Striche werden an den Enden wieder breiter bevor sie sauber in Haarlinienserifen münden. Die Serifen von lombardischen Buchstaben können etwas kräftiger als die von Versalbuchstaben sein und bilden so eine gute Möglichkeit für dekorative Verzierungen und Schnörkel. Die Buchstaben besitzen ähnliche Proportionen wie römische Kapitalis-Buchstaben und haben eine kreisförmige Grundform. Um die runde Form und die guten Proportionen der Buchstaben zu erhalten, ist nur bis zu einer Höhe der Buchstaben zu arbeiten, die die acht- bis zehnfache Breite der Buchstabenstämme nicht übersteigt.

1 Lombardische Buchstaben bauen auf Versalbuchstaben auf. Wie am Verlauf des Senkrechtstriches zu sehen ist, ergibt sich ein leicht gedrängter Buchstabe.

2 Die Umrißlinie wird fortgesetzt. Es ergibt sich eine gekrümmte Serife. Aus der Fortsetzung der oberen Serife nach rechts entsteht der kreisförmige Bogen. Danach erfolgt die Ausführung des inneren Striches.

3 Der Schnörkel des Buchstabens wird vollendet, zuerst der äußere Strichzug, dann der innere.

4 Die von der Umrißlinie begrenzte Fläche wird sorgfältig mit der Feder »ausgemalt«. Die untere Serife am Buchstabenstamm ist ein nach unten gewölbter Bogen, der in Breite und Höhe zur oberen Serife paßt.

5 Die »auszumalenden« Flächen werden komplettiert und beendet. Die dabei entstehenden Buchstaben lassen sich als »gezogene« oder »ausgefüllte« Buchstaben bezeichnen, im Gegensatz zu den »geschriebenen«. Die ausgefüllten Buchstaben können in einer kontrastierenden Farbe ausgeführt werden. Diese Schrift eignet sich sehr gut für Verzierungen und wird häufig für HERVORGEHOBENE GROSSBUCHSTABEN eingesetzt.

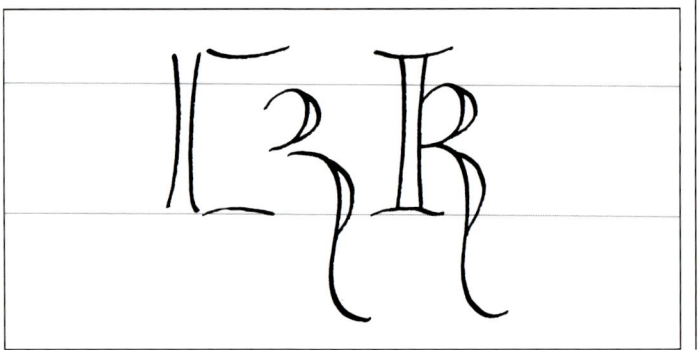

Die meisten Buchstaben mit senkrechten Strichzügen besitzen diese leicht zusammengedrängten Linien im Buchstabenstamm, die auch als erste dargestellt werden. Fügen Sie die Haarlinienserifen oben und unten an die Strichzüge an, um die Form damit abzuschließen. Bei der Ausführung des Binnenraums ist daran zu denken, den inneren Strichzug zuerst zu ziehen, um damit eine korrekte Form zu schaffen.

Das lombardische Alphabet

Der Einfluß lombardischer Schriften und der Unzialbuchstaben setzt sich in dieser Version der Versalbuchstaben weiter fort. Dieses ist besonders augenfällig bei den Formen des D, H, M und W. Die Buchstaben sind aus eleganten, leicht zusammengedrängten Strichzügen, ergänzt durch verstärkte Haarlinienserifen aufgebaut. Die Formen wir-ken runder als die der Großbuchstaben der römischen Kapitalis, obwohl die konstruktive Vorgehensweise ähnlich ist. Verwenden Sie einen Federkiel, eine Metallfeder oder einen spitzen Pinsel. Zeichnen Sie die inneren Strichzüge zuerst, um die korrekten Gegenformen zu bilden. Erst danach werden die äußeren Strichzüge hinzugefügt. Betonen Sie das leichte Zusammendrängen der senkrechten Strichzüge nicht zu sehr. Diese Buchstaben können mit weiteren Schnörkeln verschönert werden.

Handgeschriebenes Buch

Ein heutzutage von einem Kalligraphen handgeschriebenes Buch dürfte einem Buch, das vor Beginn der Buchdruckkunst im 15. Jh. gefertigt wurde, sehr ähneln. Ein Manuskript der damaligen Zeit bestand aus gut vorbereiteten Pergamentbögen, auf die der Text übertragen und die Verzierungen aufgebracht waren. Das Heften der komplettierten Bögen erfolgte auf der Rückseite des Falzes. Die Fäden aus Leinenzwirn umfaßten Bänder aus Pergament oder Leder, die auf Buchenbrettern (1,0–1,5 cm dick) befestigt waren und so den Bucheinband bildeten. Oft erhielten diese Bretter auch eine kunstvolle Verzierung aus Edelmetallen und geschnitzten Elfenbeinplaketten.

In gleicher Weise besteht das moderne handgeschriebene Buch aus dem Einband, den Vorsatzblättern – der Pappdecke und der Allonge (unbedruckte Blätter zum Ankleben ausklappbarer Tafeln) – und dem Textblock. Steht das Thema des Buchs fest und ist die Länge des Textes bekannt, läßt sich die benötigte Materialmenge bestimmen.

Ein äußerst nützlicher erster Schritt besteht darin, den Rat eines Buchdesigners zur Vorgehensweise einzuholen – zur Vorbereitung eines Seiten- oder Groblayouts. Das Seitenlayout ist im wesentlichen ein Plan, der es Ihnen ermöglicht, die Reihenfolge von Text- und Bildmaterial Seite für Seite zu planen.

Das Vorbereiten der Paginierung ist sehr einfach. Für einen einzelnen Buchabschnitt zeichnen Sie auf einem Bogen des Layoutpapiers verschiedene Reihen kleiner Rechtecke (5,0 cm × 2,5 cm ist eine ausreichende Größe). Jedes Rechteck wird senkrecht in der Mitte geteilt, so repräsentiert es eine ausgebreitete Doppelseite.

Für das traditionelle Design des gedruckten Buches gibt es eine Richtlinie, die festlegt, daß der Schmutztitel (Vortitel) auf einer rechten Seite (Vorderseite des Papiers) beginnt. Die nächste Seite, die linke Seite ist vakat (leer) oder enthält einen graphischen Entwurf. Auf den folgenden Seiten befinden sich der Reihe nach: Titel, Impressum, Inhaltsverzeichnis, Einführung und erstes Kapitel. Der Beginn des ersten Kapitels, wie auch der der Titelseite fällt auf die rechte Seite (Vorderseite).

Bei einem kalligraphischen handgeschriebenen Buch ist es möglich, daß diese Reihenfolge aus verschiedenen Gründen nicht eingehalten werden kann. Im Folgenden wird jedoch die traditionelle Verfahrensweise dargestellt. Die erste Seite (Rückseite) Ihres Plans wird mit dem Begriff »Buchdeckel«, die Vorderseite mit »Allonge« beschriftet. Die Rückseite der zweiten Doppelseite wird die andere Seite der Allonge sein, die Vorderseite somit die Titelseite. Einige handgeschriebene Bücher verzichten auf die Titelseite und beginnen nach der Allonge mit einer verzierten Doppelseite.

Mit dem Bearbeiten des Textes wird die Entwicklung des Seitenplanes fortgesetzt. Es erfolgt die Bezeichnung der Teile des Textinhaltes, die für jede Seite zutreffen, einschließlich der Abbildungen, der Leerseiten und der Kolophon.

Das Feststellen der Laufrichtung

Damit sich das Buch gut öffnen läßt, muß die Laufrichtung des Papiers parallel zum Buchrücken gehen. Stellen Sie die Laufrichtung durch Biegen des Papiers fest, ohne es dabei zu falzen, zuerst an der kurzen Seite, dann an der langen. Die Seite, die sich am leichtesten biegen läßt, zeigt die Laufrichtung an. Zeichnen Sie mit Bleistift einen Pfeil, der in eine Ecke des Papiers zeigt, um für die parallele Laufrichtung eine Orientierung zu haben.

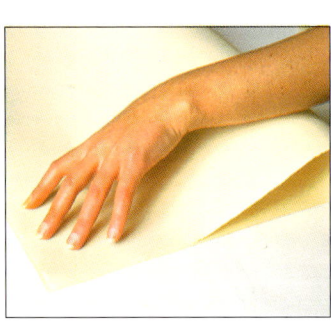

Das Falzen des Bogens

1 Ein Bogen Papier soll durch Falten die Form eines 16seitigen Buchs erhalten. Zuerst wird der Bogen Papier in der Hälfte so gefaltet, daß die Seiten genau übereinander liegen.

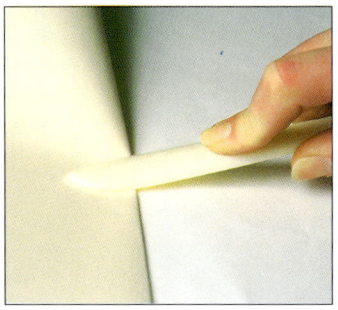

2 Während Sie das Papier noch halten, wird in der Mitte des Falzes ein Falzbein angesetzt. Gleiten Sie mit dem Falzbein an der Falzkante entlang.

3 Falzen Sie den Papierbogen wieder in der Hälfte. Verwenden Sie das Falzbein wie bereits zuvor. Es ergibt sich ein glatter Falz ohne Falten oder Verschiebung des Papiers nach einer Seite.

4 Der zweite und der nachfolgende Falz müssen genau in der Falzkante getrennt werden. Dies verhindert das Knittern und Verdrehen des Papiers, was beim Zerschneiden der Falze, wegen der sich in den einzelnen Abschnitten befindenden angestauten Luft, auftreten könnte.

Das Vorsatzpapier

Es ist ein starkes Papier auszuwählen, das die beim Buchbinden entstehenden Farben ausgleicht oder überdeckt – Japanpapier oder Marmorpapier sind dafür geeignet. Zwei Einzelbögen des dekorativen Papiers und ein Bogen als Makulaturpapier werden in der Größe der geöffneten Textseiten zugeschnitten. Falzen Sie die Bögen unter Beachtung der Laufrichtung und legen Sie diese um den Textblock (das Makulaturpapier ganz außen). Dekorative Papierbögen müssen mit den richtigen Seiten aneinandergefügt werden, so daß bei geöffnetem Buch die Muster zueinander passen.

Das Verstärken des Einbandes

Der Einband kann durch Einsetzen eines Gazestreifens (loses Baumwollgewebe) verstärkt werden. Er ist 60 mm breit und 20 mm kürzer als die Buchhöhe. Der Streifen wird vor dem Heften zwischen dem Makulaturpapier und der Allonge eingelegt.

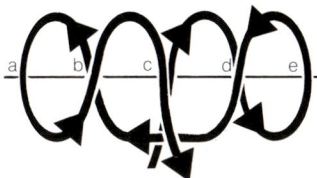

Die Fünf-Loch-Heftung

Die nach Wunsch beschriebenen und verzierten Seiten werden in der richtigen Reihenfolge nach Augenschein ausgerichtet und kollationiert (auf Vollzähligkeit geprüft). Arbeiten Sie von den Mittelseiten des Buches nach außen. Fünf Löcher werden mit einer Ahle entlang des Buchrückens durchstochen. Verwenden Sie einen Faden von etwa 2$^1/_2$facher Länge des Buches. Mit dem Heften wird am mittleren Loch begonnen und in einer Reihenfolge, die einer doppelten Acht ähnelt, gearbeitet. Gemäß der Abbildung von c nach d, e, d, b, a, b und wieder nach c. Binden Sie am Schluß der Naht in der Mitte der Seiten mit dem anderen Fadenende einen festen Knoten. Schneiden Sie die Enden auf eine Länge von etwa 10 mm zurecht und fransen Sie diese mit der Nadelspitze aus. Dabei sollte ein Stück Pappe unter den Faden gelegt werden. Wenn die Fäden unausgefranst blieben, würde bei geschlossenem Buch ein Abdruck der Fäden auf den Seiten entstehen.

Das Nachschneiden der Seiten

1 Wenn für das Design handgerissene Ränder nicht erforderlich sind, müssen die Seiten durch Nach-schneiden in Ordnung gebracht werden. Verwenden Sie das Winkelmaß eines Tischlers, um die parallele Schnittlinie entlang des Außenrandes zu messen.

2 Legen Sie eine schnittfeste Unterlage oder ein dickes Stück Pappe unter das Buch. Schneiden Sie die Ränder mit einem scharfen Messer, das an einem Metallineal entlanggeführt wird, nach. Halten Sie dieses Lineal ruhig und fest und schneiden Sie mit wenig Druck.

Das Schneiden der Buchdecken

Besonderer Schutz gilt den Kanten des Buches. Es ist einzuplanen, daß der Einband bis zu 3 mm am oberen und unteren Ende des Buches übersteht. Die Breite des Einbandes ist die gleiche wie die des Buchseitenblockes. Schneiden Sie zwei leichte Buchdecken aus. Zeichnen Sie im Abstand von 5 mm parallel zum Buchrücken an beiden Außenseiten des Buches eine Bleistiftlinie zur Kontrolle ein.

Das Anleimen der Buchdecken

1 PVAC-Leim wird unter leichtem Pinseldruck auf eine Seite der Buchdecke gleichmäßig aufgetragen. Arbeiten Sie in der Mitte beginnend oder von einer Seite zur anderen.

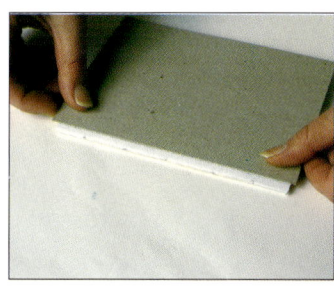

2 Passen Sie die Buchdecken an die Bleistiftlinie an, dabei ist zu gewährleisten, daß der Buchumschlag gleichmäßig über den Buchblock übersteht. Wiederholen Sie diesen Vorgang für die zweite Buchdecke. Danach wird das Buch unter ein Gewicht, z.B. Bücher gelegt. Nach angemessener Zeit kann das Buch mit einem Halbeinband oder einem Volleinband ausgestattet werden. Die Herstellung eines Halbeinbandes ist umseitig beschrieben.

Das Anfertigen eines Blindbandes

Wenn der Seitenplan komplett ist, sichern Sie das bis jetzt Erreichte durch Numerieren der Seiten. Kennzeichnen Sie den Text, beginnend mit der Seite eins. Unter Zuhilfenahme der im Seitenplan enthaltenen Informationen kann ein Blindband gefertigt werden. Die erforderliche Anzahl Papierbögen entspricht der Hälfte der auf dem Seitenplan ausgezeichneten Doppelbögen. Das gilt, wenn beide Seiten jedes Bogens verwendet werden sollen. Beziehen Sie zuletzt zwei Bögen Vorsatzpapier mit ein.

Für diesen Zweck eignet sich Papier mit einer Größe, die der des geplanten Buches ähnelt. Diese Bögen werden in der Hälfte gefalzt und entlang des Buchrückens mit einem Gummiband oder einer Schnur befestigt. Nun wird der Blindband bearbeitet und dabei eindeutig festgelegt, wieviel Informationen nach Ihrer Meinung notwendig sind. Markieren Sie beispielsweise die Anzahl der Spalten auf den Seiten und die Flächen für Abbildungen und Bilder.

Numerieren Sie die Seiten des Blindbandes so wie er vorliegt, aber nicht nach dem Seitenplan, denn dafür sorgt die Anleitung für die Seiten der Endversion. Beachten Sie, daß auch die Seiten numeriert werden, an denen Sie gerade arbeiten und die somit zeitweilig nicht im »Seitenstapel« eingeordnet sind.

Die Materialien

Für den Einband dient ein starker Papierbogen oder Pappe mit geringem Gewicht, sowie Zierpapier oder ein Bucheinbandstoff. Das Papier für den Textblock muß für Tinte oder Farbe geeignet sein, wenn es gemalte Verzierungen aufnehmen soll. Als Vorsatzpapier wurde traditionell Marmorpapier verwendet. Sie können aber auch ein Zierpapier oder schlichtes Bezugspapier nutzen. Ferner ist folgendes Material bereitzuhalten: Fäden aus Buchbinderleinen oder sehr starker Nähfaden, eine Buchbindernadel oder eine mittelgroße Stopfnadel, eine Ahle (Nadel zum Vorstechen oder Weiten von Löchern), PVAC-Klebstoff, Leim, Bleistift, Lineal, Radiergummi und eine Schere, außerdem Gaze, Silikonpapier und ein Falzbein.

Das Übertragen der Buchseiten

Nun werden die aktuellen, gefalzten und angezeichneten Manuskriptseiten liniert, um die Orientierung auf der Seite zu erleichtern. Die Seitenzahlen des Blindbandes sind Ihre Anhaltspunkte für die Reihenfolge. Komplettieren Sie die gesamte Abschrift und die Verzierungen auf den Textseiten vor der Bearbeitung der Titelseite, denn mit der Titelseite kann der i-Punkt für das gesamte Buch gesetzt werden.

Die Bucheinbände

Attraktive und einfache Einbände können hergestellt werden, indem längsgeschnittene Bänder, Borten oder Kordeln, befestigt an gefalzten Buchrükken, einbezogen werden. Sie sollten verschiedene Stile aussuchen und mit den Techniken des Bucheinbindens experimentieren.

Der Halbleineneinband
1 Auf der vorderen und hinteren Buchdecke wird eine Bleistiftlinie parallel zum Buchrücken, etwa ein Viertel der Buchdeckenbreite vom Rücken entfernt, gezogen. Mit einem Stück Papier, das von Bleistiftlinie zu Bleistiftlinie um den Buchrücken gelegt wird, soll für eine Papierschablone Maß genommen werden, die als Vorlage für das Buchdeckenleinen dienen wird. Lassen Sie am oberen und unteren Buchrand das Leinen 15 mm überstehen. Um das Leinen zu befestigen, wird eine Linie in der Mitte des Buchrückens markiert, das Leinen leicht eingeleimt und an die Linie angedrückt. Von dort wird wechselseitig weitergeleimt und am Ende das Leinen am Buchrücken in eine einwandfreie Form gezogen.

2 Benutzen Sie das Falzbein, um das Leinen am Buchrücken festzureiben. Dann wird das Buch unter Gewicht zwischen Pappen gepreßt. Die Laufrichtung des Zierpapiers soll parallel zum Buchrücken verlaufen. Es müssen oben, unten und seitlich außen 15 mm vom Papier überragen.

3 Eine der Papierseiten wird eingeleimt und auf Stoß gegen das Buchrückenleinen gedrückt. Am geöffneten Buch werden die überlappenden Ecken in einem Winkel von 45° eingeschnitten, wobei die 1 $\frac{1}{2}$fache Buchdeckenstärke als Überlappung bestehen bleiben soll. Drücken Sie die eingeleimte Papierseite am oberen und unteren Buchende ohne Luftblasen vollständig um die Buchdecke. Reiben Sie den Einband mit einem Falzbein fest. Wiederholen Sie den gleichen Ablauf mit der anderen Buchdecke. Öffnen Sie das Vorderteil des Buches und legen Sie einen Makulaturbogen unter die Allonge. Bestreichen Sie die Allonge mit Leim. Mit der hinteren Buchdecke ist ebenso zu verfahren. Das Buch darf jetzt nicht geöffnet werden. Dann wird der Makulaturbogen herausgezogen und durch Silikon- oder saugfähiges Papier ersetzt. Anschließend alles unter Druck trocknen lassen.

Der Papierschutzumschlag
Es ist wie beim Falzen des Buchblockes zu verfahren. Als erstes

wird leichter Umschlagkarton in der Höhe der Seiten und 3 mm über jede Seite des geöffneten Buchblockes hinausgehend zugeschnitten. Der Karton kann vor dem Heften gefüttert werden (Innenseite mit Papier auskleiden). Als zweites wählen Sie ein dekoratives oder starkes Umschlagpapier aus. Schneiden Sie es in der gleichen Höhe wie das Buch und 75 mm länger als jedes Ende des geöffneten Buches. Legen Sie das Papier um das Buch herum.

Der Schnürstil

1 Nach Feststellen der Laufrichtung werden die Seiten und das Vorsatzpapier für den Buchblock geordnet. Wählen Sie ein Leinenband oder ein anderes Band aus. Legen Sie die Anzahl der Streifen fest, ihre Position und den Stil der Verzierung. Die Bänder können lang gelassen werden. Sie sind so aufzureihen, daß sie nahe der Vorderkante aus dem Buch herauskommen. Dort erfolgt die Befestigung der Bänder, um das Buch auch auf diese Weise zusammenzuhalten. Nähen Sie den Buchblock an die Bänder, das heißt, befestigen Sie das Band mit ein paar Stichen an der Broschur, aber dabei nicht durch das Band stechen. Jeder Stich beginnt und endet auf einer Seite des Bandes. Belasten Sie die Arbeit mit leichtem Druck zwischen geeigneten Pappen, in dieser Zeit wird der Einband vorbereitet.

2 Schneiden Sie für den Einband eine leichte Pappe zurecht, die ringsherum 3 mm übersteht. Dann wird der gewählte Einbandstoff oder das Zierpapier zugeschnitten. Sie sollen die Buchdecke um 15 mm überragen. Befestigen Sie das Einbandmaterial mit Leim an der Buchdecke, dabei werden die Ecken vor dem Umlegen in einem Winkel von 45° eingeschnitten. Die Innenseite des Einbandes kann mit Zierpapier bezogen werden, besonders dann, wenn sich das Vorsatzpapier nicht an der Buchdecke ankleben läßt. An der Innenseite des Einbandes werden die Stellen für die Schlitze, durch die die Bänder gefädelt werden sollen, markiert. Schneiden Sie die Schlitze mit einem scharfen Messer ein, dabei sollte mindestens 12 mm vom Buchrücken entfernt begonnen werden.

3 Den Stechbeitel, mit dem die Schlitze für die Bänder ausgearbeitet werden, sehr sorgfältig einsetzen.

4 Das Befestigen eines Stückes Klebeband erfolgt über den Enden des durchzufädelnden Bandes, dadurch wird das Führen des Bandes erleichtert. Ziehen Sie die Bänder systematisch (immer wegführend vom Buchrücken) durch die Schlitze. Bei dieser Art des Bindens halten die Bänder den Buchblock an der Umschlagpappe, sie müssen deshalb fest durchgezogen sein und dürfen sich in den Schlitzen nicht bewegen.

5 Die Bänder mussen sehr sorgfältig durch die Schlitze geführt und das Ergebnis auf der Außenseite des Einbandes ständig überprüft werden.

6 Wenn alle Bänder durchgefädelt sind, kann das Vorsatzpapier an der Innenseite der Umschlagpappe angeleimt werden. Falls die Pappe mit Zierpapier bezogen wurde, ist dies nicht notwendig. Schlagen Sie den vorderen Einband auf und fügen Sie einen Makulaturbogen unter die Allonge. Bestreichen Sie die Alllonge gleichmäßig mit Leim, entfernen Sie den Makulaturbogen und schließen Sie das Buch. In gleicher Weise ist mit dem hinteren Einbanddeckel zu verfahren. Öffnen Sie das Buch nicht mehr als 6 mm, schieben Sie dabei Silikonpapier zwischen Vorsatzpapier und das daran angrenzende Material. Dann wird das Buch zwischen saubere Pappen gelegt und unter schweren Büchern o.ä. gepreßt.

Strukturen auf Papier

Für das Arbeiten an einer visuell attraktiven Fläche sind Zeit und Raum erforderlich, um experimentieren zu können und Entdeckungen zu verarbeiten.

Es ist beispielsweise möglich, daß Sie zu kalligraphischen Entwürfen Ideen und Inspirationen an beliebigen Orten und zu irgendeiner Zeit haben. Sie müssen dann die Zeit finden, um zu entscheiden, ob diese Ideen brauchbar sind. Ungewöhnliche Farbanwendungen und Untersuchungen der stofflichen Beschaffenheit und der Buchstabenformen können eine zusätzliche Bereicherung Ihrer kalligraphischen Arbeit sein. Die folgenden Ideen wurden ausgewählt, um als Ausgangspunkt für Ihre eigenen Experimente zu dienen.

Tupftechnik
Ein betupfter Untergrund kann für eine Randleiste, die Textfläche oder die gesamte Arbeit eingesetzt werden. Das Gestalten eines strukturierten Untergrundes ist mit einer oder mehreren Farben möglich. Sie können auch mit unterschiedlich langen Trockenperioden zwischen den Farbanwendungen experimentieren. Wenn Sie beispielsweise mit einem feuchten Schwamm auf eine bereits angefeuchtete Oberfläche tupfen, ergibt sich eine sehr trübe Mischung der Farben. Sie werden eine bessere Wirkung erreichen, wenn Sie die angefeuchtete Oberfläche einige Zeit trocknen lassen. Mit entsprechender Sorgfalt kann auch eine zarte Farbe über einem kräftigen Farbton aufgetragen werden. Es ist außerdem möglich, die Arbeit mit Gold- oder Silberfarbe zu komplettieren.

Einige Schwämme haben eine feinere Struktur als andere, wobei die Größe der Schwammporen entscheidend für den dekorativen Effekt ist, den Sie damit erzielen wollen. Es darf jedoch nicht vergessen werden, zwischen den Anwendungen den Schwamm gut zu spülen und kräftig auszudrücken.

Feucht-in-feucht-Technik
Diese Technik umfaßt ganz einfach das Arbeiten mit einer Farbe über einer anderen, wobei die zuerst aufgetragene Farbe noch feucht ist. Die Technik kann für Buchstabenformen oder für einen farblichen Untergrund angewendet werden. In diesem Zusammenhang gibt es den Begriff und den Vorgang des »Zufallsmischens« von Farbe, bei dem interessante Farbverschmelzungen zu erzielen sind. Die Oberfläche des zu bearbeitenden Designs muß eben sein, damit sich in Vertiefungen keine Flüssigkeit sammeln kann.

Außergewöhnliche Werkzeuge
Experimentieren Sie, um Strukturen zu schaffen. Verwenden Sie dafür gefundene und als geeignet eingeschätzte Gegenstände, oder stellen Sie selbst brauchbare Instrumente her. So sind beispielsweise Pappe, Balsaholz, hölzerne Nägel, Zweige und Federn »Werkzeuge«, die, in Tinte eingetaucht, für das Zeichnen von Buchstabenformen verwendet werden können.

Denken Sie an die zu beendende Struktur, die mit Hilfe des genannten Materials entworfen werden soll. Balsaholz ist zum Beispiel relativ saugfähig. Die Farbe dürfte bereits anfangen zu trocknen, wenn Sie das Holz über die Seite bewegen. Dies kann zu einem ähnlichen Effekt führen, als würde mit einem großen Pinsel gearbeitet.

Testen Sie verschiedene Werkzeuge und Materialien auf mehreren Flächen, unter besonderer Berücksichtigung der Brauchbarkeit für die Strukturerzeugung.

Maskiertechniken
Die Verwendung kleiner Reißzwecken oder druckempfindlichen Abdeckbandes zum Verdecken von Flächen auf dem in Arbeit befindlichen Papier ist ebenfalls eine sehr interessante Methode. Der linienförmige Charakter des Klebebandes kann gut zum Abdecken von geradlinig verlaufenden Flächen genutzt werden. Über den abgedeckten Formen läßt sich ungehindert arbeiten. Nach dem Trocknen der Tinte oder der Farbe ist das Abdeckband vorsichtig zu entfernen.

Die Verwendung einer für Abdeckflüssigkeit geeigneten Feder ermöglicht es Ihnen, Buchstaben oder Wörter sehr genau zu verdecken. Währenddessen werden wie vorher geplant, andere Flächen mit Farbe behandelt. Die Abdeckflüssigkeit kann zur Verbesserung des Fließvermögens mit Wasser gemischt werden. Nach dem Entfernen der Abdeckung ist es möglich, die Buchstaben zu kolorieren, sie mit einer Schattierung zu versehen oder völlig unbehandelt zu lassen.

Die Tupftechnik
1 Die Farbe für die Tupftechnik sollte weder zu dickflüssig noch zu wäßrig sein. Ein natürlicher Schwamm ist geschmeidiger als ein synthetischer, und seine irreguläre Struktur schafft ein interessanteres Muster. Der Schwamm wird in Wasser eingeweicht und dann kräftig ausgedrückt. Dann kann der Schwamm in eine dünne Schicht Farbe, die sich auf einer Palette oder einem Stück Papier oder Pappe befindet, eingetaucht werden.

2 Testen Sie den Schwamm zunächst auf Makulaturpapier. Ist auf dem Schwamm zuviel Farbe, entsteht ein feuchter, farblich zu reichlicher Abdruck. Tupfen Sie weiter, bis Sie einen weichen, aber dennoch gut geformten Abdruck erzielen.

3 Zum Auftragen der Farbe auf die Schreibfläche werden leichte Tupfbewegungen ausgeführt. Der Schwamm soll dabei Kontakt mit dem Papier bekommen, eine Farbmarkierung hinterlassen und sofort danach wieder vom Papier abgehoben werden. Ziehen Sie den Schwamm nicht über das Papier, und drücken Sie ihn nicht zu fest darauf.

5 Interessante Farbeffekte entstehen, wenn nacheinander mit dem Schwamm zwei oder mehr Farben aufgetupft werden. In diesem Fall sollen die mit dem ersten Schwamm erzeugten Tupfer genügend große Abstände untereinander für weitere Abdrücke besitzen. Die Abdrücke der zweiten Farbe sollen die der ersten teilweise überlappen. Als Alternative besteht die Möglichkeit, die zweite Farbe aufzutupfen während die erste noch feucht ist. Dadurch können weichere, verschwommenere Muster erzeugt werden.

Verwendung anderer Gegenstände

1 Abgesehen von normalen Federn und Pinseln eröffnen sich kreative Möglichkeiten durch alle Arten von Gegenständen, sowohl gefundene als auch speziell angefertigte, die als Schreibgeräte verwendbar sind.

2 Hier ist ein kleines, an einem Strand gefundenes Stück Holz zu sehen. Es wurde in Farbe getaucht. Das Ende des Stückes übernimmt die Funktion einer rechtwinklig geschnittenen Feder oder eines Flachpinsels. Buchstaben mit dünnen und dicken Linien können damit ganz leicht geschrieben werden.

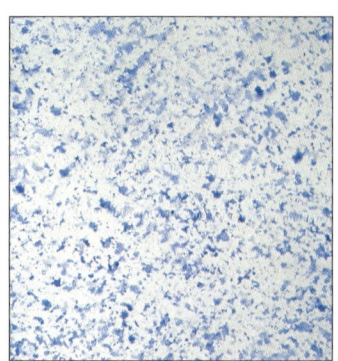

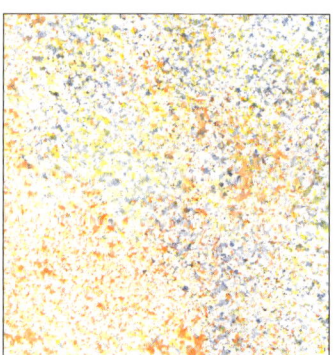

4 Bei Verwendung einer Einzelfarbe sollen sich die Abdrücke leicht überlappen, um überall eine gleichmäßige Struktur zu erreichen. Sie können auch eine Vielfalt der Farbtöne anstreben, indem Sie auf einige Bereiche der zu bearbeitenden Fläche stärker als auf andere tupfen.

6 Hier erfolgte die Anwendung blauer und gelber Farben, die sich in einigen Bereichen überlappen, wobei grün entsteht. Danach wurden einige Spuren Rot hinzugefügt, um einen dynamischen impressionistischen Effekt zu erzielen.

DAVE WOOD
Diese Buchstaben mit ihren Unregelmäßigkeiten der Oberflächenstruktur und den etwas »schrulligen« Formen sind in sich ein komplettes Bild. Eine Qualität wie diese hier, kann durch Experimentieren mit verschiedenen Instrumenten und Medien geschaffen werden. Es ist jedoch oftmals schwierig, eine spontane Lösung auf dem ausgewählten Untergrund der Endarbeit zu wiederholen.

Abdeckband

1 Um eine Fläche mit scharfen, sauberen Kanten vor zeitweiliger Bearbeitung zu bewahren, wird an dieser Stelle Klebeband mit farbabweisender Oberfläche befestigt. Danach kann die Farbe auf die Umgebungsfläche aufgetragen werden.

2 Das Einstreichen mit blauer Farbe erfolgt in der Nähe des ersten Streifens. Wenn diese Farbe vollständig getrocknet ist, wird ein zweiter Streifen Klebeband oberhalb der blau eingestrichenen Fläche plaziert. Weitere Farben lassen sich jetzt problemlos auftragen. Erst wenn alle Farben trocken sind, die Klebebänder vorsichtig lösen.

3 Der zweite Streifen des Klebebandes wird entfernt. Die zuvor verdeckte Fläche ist nun in reinem Blau sichtbar.

4 In die bisher verdeckten Streifen kann jetzt hineingeschrieben werden. Im Beispiel werden mit einer breiten Feder Buchstaben in Kursivschrift geschrieben. Ober- oder Unterlängen können aus der weißen Fläche heraus und in den farbigen Bereich hinein reichen. Sie stellen so die Verbindung zwischen den zwei Flächen her.

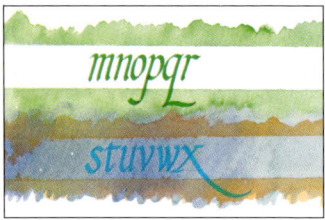

5 Hier ist das fertige Stück zu sehen. Eine breite Feder eignet sich gut zum Ausprobieren neuer Ideen. Die sauberen, scharfen Kanten der Feder sind ideal für kalligraphische Arbeiten geeignet, außerdem schreiben die Federn gut auf bereits mit Farbe behandelten Flächen.

Die Abdeckflüssigkeit

1 Der Vorteil der Abdeckflüssigkeit besteht in ihrer Anwendbarkeit für beliebige Formen. Die Flüssigkeit kann mit einem Pinsel, einem Federhalter mit Feder oder einer Linierfeder verwendet werden. Waschen Sie das Schreibgerät sofort nach Gebrauch in warmem seifigem Wasser aus, um dem Antrocknen, Hartwerden und Verstopfen von Resten der Abdeckflüssigkeit vorzubeugen. Hier wird die Flüssigkeit mit einem großen weichen Pinsel aufgetragen.

2 Um einen Kontrast gegenüber den mit einem dicken Pinsel gezogenen Strichzügen zu schaffen, können am Fuß des Buchstabens feine Linien mit einem Federhalter mit breiter Federspitze angefertigt werden. Die Federspitze sollte genügend Abdeckflüssigkeit enthalten, um einen kompletten Strichzug ausführen zu können.

3 Lassen Sie die Abdeckflüssigkeit vollständig trocknen, sonst sickert Farbe oder Tinte unter die Abdeckung und verdirbt die Arbeit. Aus der Flüssigkeit entwickelt sich während des Trocknens ein farbwiderstandsfähiger Film, der überstrichen werden kann.

4 Wennn die Farbe überall trocken ist, kann die Abdeckung durch vorsichtiges Reiben mit den Fingerspitzen oder einem weichen, sauberen Radiergummi behutsam vom Papier gelöst werden.

5 Die geschaffenen Buchstaben und Formen können in der Hülsenform belassen oder verziert werden, auch ein Hinzufügen von Umrissen oder Schattierungen ist denkbar.

Ziffern

Die das westliche Alphabet bildenden Buchstaben entwikkelten sich über eine lange Zeitperiode hinweg aus der Vielfalt der römischen Schreibstile. Viele Jahrhunderte lang nutzten die Römer ein Zahlensystem, in dem Buchstaben in verschiedenen Kombinationen verwendet wurden, I (1), V (5), X (10), L (50), C (100), M (1000). Dieser Stil besteht auch heute fort und wird für spezielle Zwecke genutzt.

Das römische Zahlensystem ist attraktiv, wurde jedoch im Mittelalter zunehmend hinderlich. Im westlichen Europa erfolgte daraufhin die Umstellung auf ein neues System. Diese Ziffern hatten ihren Ursprung im westarabischen Kulturbereich und gelten heute weithin als arabische Ziffern.

Wenn Ziffern oder Zahlen in kalligraphische Arbeiten einbezogen werden, sind sie in ihrer Beziehung zum gesamten Design und äußeren Erscheinungsbild der Arbeit zu betrachten. Sie dürfen nicht wie »eingesetzt« wirken, denn dadurch könnte eine Unausgeglichenheit entstehen und folglich die beabsichtigte Harmonie unterbrechen. Es ist zu erreichen, daß die Ziffern mit dem Stil der Buchstaben harmonieren und das Schriftbild der Arbeit nicht stören.

Die Bestimmung der Höhe der Ziffern setzt eine Vielzahl von Überlegungen voraus. Die Ziffern können sich in der gleichen Fläche befinden wie die Buchstaben, beispielsweise, wenn nur Großbuchstaben verwendet werden. Dadurch entsteht ein Gefühl der Übereinstimmung zwischen Ziffern und Buchstaben. Eine Alternative besteht darin, einige der

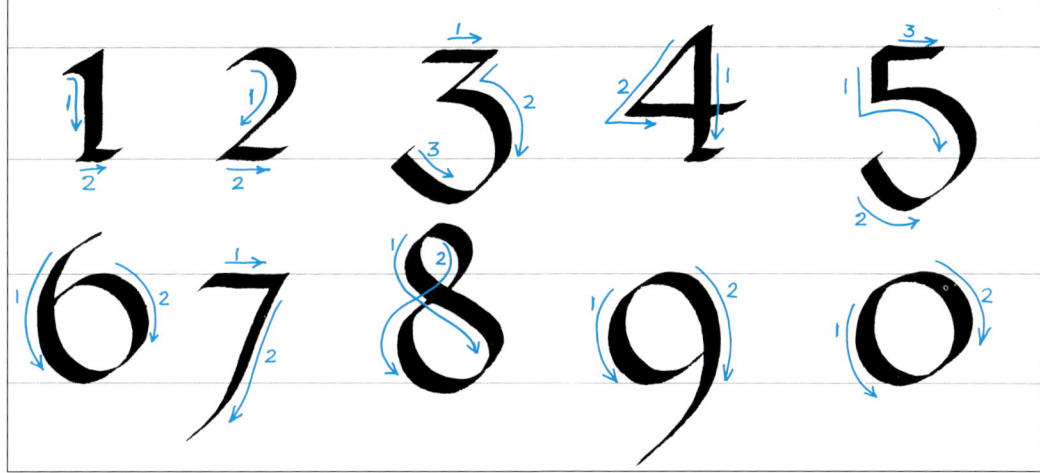

Ziffern mit Ober- und Unterlängen auszustatten. In diesem Fall werden die Ziffern 0, 1 und 2 in der gleichen Höhe wie der Rumpf der Buchstaben geschrieben. Die übrigen ungeraden Ziffern sind mit Unterlängen gestaltet, und die geraden Ziffern enthalten Oberlängen.

Unabhängig davon, welche Vorstellung Sie verwirklichen, die Ziffern müssen in die Arbeit integriert werden und die gleiche Grundlinie wie der sie begleitende Buchstabenstil benutzen. Es ist also von gleichen Anordnungen der dicken und dünnen Strichzüge, der gleichen Bedeutungdimension, und, wo es angemessen erscheint, der gleichen Serifenstruktur auszugehen.

▲ Ziffern erfordern ebensolche Sorgfalt bei der Gestaltung wie die mit ihnen im Schriftbild erscheinenden Buchstaben. Das Erreichen gut proportionierter Abbildungen bleibt vorrangiges Ziel der Arbeit. Der Federwinkel für diese Ziffern kann ganz flach sein.

▼ Diese bearbeiteten Ziffern zeigen, wie eine Anpassung an einen anderen Stil möglich ist. Für diese kursiv geschriebenen Ziffern wurde ein Federwinkel von 45° eingehalten. Die diagonalen Strichzüge sind mit der Federspitze in einem steileren Winkel zu schreiben.

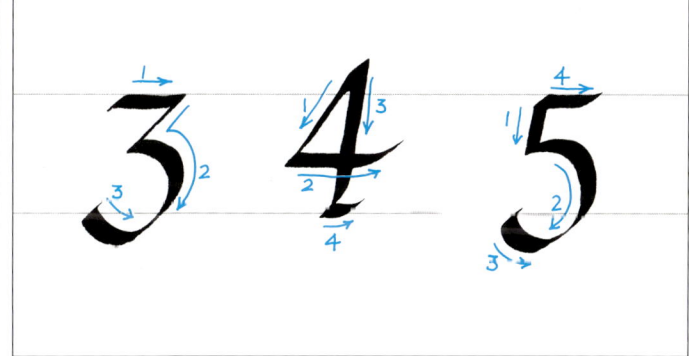

◀ Einige gestalterische Absichten verlangen Ziffern, die die x-Höhe der Buchstaben nicht überschreiten oder die neben einer Zeile Großbuchstaben zu plazieren sind. Diese kraftvoll gestalteten Ziffernformen harmonieren mit vielen Beschriftungsstilen. Eine schlankere Version ist durch Vergrößerung der Ziffernhöhe realisierbar.

Ornamente

Die Entwicklung der Ornamente spiegelt den Aufstieg und Untergang früherer Zivilisationskreise wider und den Austausch von Ideen zwischen unterschiedlichen Kulturen, der durch Handel, Militär, Eroberungen und religiöse Einflüsse zustande kam.

Ein Beispiel dafür war die Entwicklung dekorativer Muster, die von islamischen Seidenstoffen herrühren. Alten Traditionen folgend, nahmen die Seidenweber Motive in ihre Designs auf, die das Thema der guten Wünsche zum Inhalt hatten. Mit der Zunahme des Handels rund um das Mittelmeer breitete sich die Kunst der Seidenweberei aus. Die mohammedanischen Stoffe einschließlich ihrer Inschriften wurden nachgeahmt. Da die Wörter für europäische Weber nicht begreiflich waren, erfolgte die Übernahme der Schriften als Gekritzel. Nach und nach bildeten sich für einige der arabischen Buchstaben symmetrische Formen heraus, um sie für die Anwendung der mechanischen Weberei leichter zugänglich zu machen. Dies führte zu »scheinarabischen« Inschriften.

Die Römer, die sich mehr mit der Ausdehnung ihrer Reichsgrenzen und der Anhäufung von Reichtum befaßten als mit der Entwicklung einer künstlerischen Identität, unterlagen zunächst den Einflüssen aus Etrurien (heutige Bezeichnung: Toscana) und Griechenland. Mit zunehmendem Reichtum und größerer Macht beschäftigten sie für sich griechische Lehrer und schufen so im Laufe der Zeit ihre eigenen, nicht zu übersehenden monumentalen Werke. Der römi-

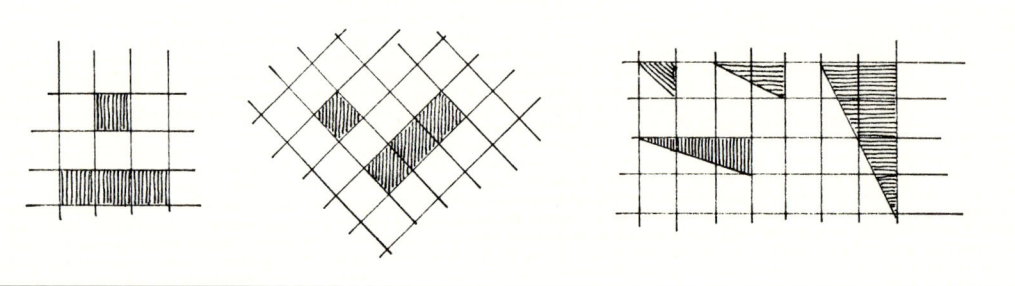

Grundsätzliche Gestaltungsmethoden für Ornamente

1 Einzelne Muster können in einem Netzwerk sich unter verschiedenen Winkeln kreuzender Linien geschaffen werden. Beginnen Sie mit dem Studium der Grundgestaltungsmethoden, entlang der rechtwinklig zueinander und in gleichen Abständen verlaufenden Linien, Muster zu entwerfen (kariertes Papier eignet sich dafür gut). Fügen Sie individuelle Formen ein, um Rechtecke und Rauten entstehen zu lassen. Durch nebeneinanderliegende Quadrate können Rechtecke geformt werden. Durch Einzeichnen schräg verlaufender Linien quer durch die Quadrate und Rechtecke entstehen Dreiecke.

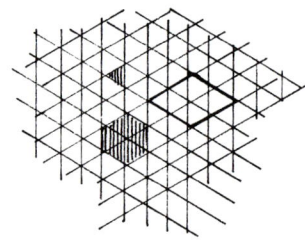

2 Zur Gestaltung sechseckiger Formen dienen in einem Winkel von 30° zur Waagerechten angeordnete Linien als Grundlage. Dazu sind auch noch Senkrechtlinien erforderlich, die durch die Schnittpunkte dieser Linien verlaufen.

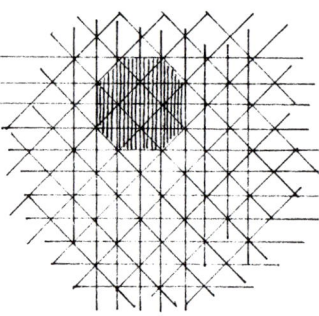

3 Werden Linien in einem Winkel von 45° angeordnet und in ihren Schnittpunkten von senkrechten und waagerechten Linien gekreuzt, lassen sich achteckige Formen erzeugen.

sche Ornamentenstil entwickelte sich später weiter als der der griechischen Meister. Die Römer verwendeten Ornamente in einer naturalistischen Art und Weise. Dies zeigt sich auch in ihrer Architektur. So wurden verzierte Großbuchstaben mit gekräuselten Blättern, Abbildungen an Sturzen mit Ochsenköpfen und Löwen, Rosetten und Festons (Girlanden) eingebaut.

Der Untergang des Römischen Weltreichs war Vorbote für eine Verbindung christlicher Ideale und der Reste klassischer Kunst. Aufgrund starken byzantinischen Einflusses erlebte die ornamentale Kunst eine grundlegende Verände-

rung. Bis zum 5. Jh. war das Symbol des Kreuzes Bestandteil vieler Inschriften und bot eine Grundlage für ganzflächige Muster und die Entwicklung des Gammadion (Figur von vier Gammas).

In späteren Jahrhunderten entstanden dekorative Verzierungen in Form von Unter- und Hintergrundmustern, komplizierten Knotendarstellungen, Spiralen, Mosaikbildern und geometrischen Anordnungen. Elemente der natürlichen Welt einschließlich der Vegetation wurden als Quellen herangezogen, sowohl für imaginäre als auch für reale Motive – Blätter, Blumen, Palmwedel usw. Tiermo-

tive entwickelten sich ebenso zu einem wesentlichen Bestandteil der Ornamente, so zum Beispiel Hunde, Löwen, Lämmer, und phantastische imaginäre Tiere.

Das Entwerfen kalligraphischer Ornamente
Ornamente können eine ganzen Rand ausfüllen, eine Randleiste für den Text oder einen Hintergrund für einen Großbuchstaben bilden. Mit zarten Mustern und sich wiederholenden Symbolen ist es beispielsweise möglich, eine Zeile dort zu komplettieren, wo der Text zu zeitig vor dem Zeilenende aufhört und sich somit nicht an den Außenma-

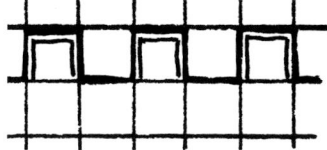

Das Entwickeln von Arrangementmethoden

1 Hier sorgen die waagerechten und senkrechten Linien für ein Grundgerüst eines Musters, das häufig für Wappen Verwendung fand und als gezinnelte Mauer (mit Zinnen bewehrte Mauer) bekannt ist.

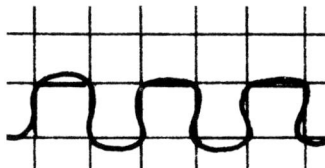

2 Hier verlaufen die Linien des gezinnelten Musters kurvenförmig und bilden dabei einen Mäander.

ßen des Textblockes ausrichtet. Die Absicht, Ornamente in kalligraphischen Designs anzuwenden, läßt sich durchaus völlig harmonisch in die Gesamtarbeit integrieren. Sie muß allerdings von Beginn an bestehen und darf nicht als nachträgliche Idee für ein aufwertungsbedürftiges Werk realisiert werden.

Ganz besondere Aufmerksamkeit ist den Proportionen, der Symmetrie der Formen und den Farben zu widmen. Beginnen Sie mit dem Einfügen einfacher geometrischer Figuren, die zu den Grundbestandteilen der Ornamente gehören: Quadrate, Kreise, Dreiecke, Oval- und Rautenformen. Führen Sie ein

3 Ein Gitterschema ist im Winkel von 45° zur Waagerechten angeordnet. Die entstandenen Rauten sind Grundgerüst für die im Zickzack verlaufenden Winkel.

4 Unter Nutzung des gleichen Netzwerkes entsteht aus der Zickzacklinie mit Spitzen eine Wellen.

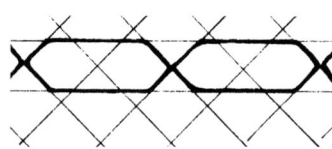

5 Zum Netzwerk von Abb. 3 werden waagerechte Linien hinzugefügt und bewirken den Zickzackverlauf und das verschlungene Muster.

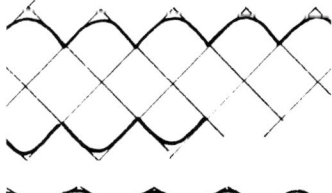

6 Die geometrisch angeordneten Linien des Zickzackverlaufs wurden abgerundet, anschließend bearbeitet und ergeben ein Schuppenmuster.

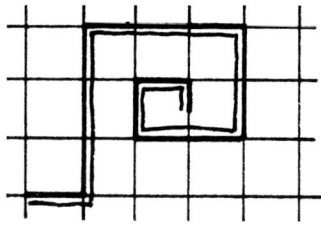

7 Das karierte Netzwerk ist hier die Grundlage, um die eckige Spirale formen zu können. Diese vertraute geometrische Figur ist der Ausgangspunkt für viele wunderschöne ornamentale Randleisten.

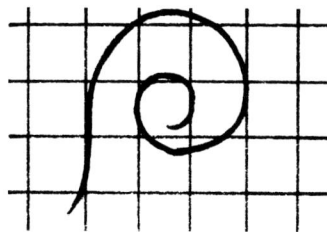

8 Diese Spirale wurde durch Abrunden der gerade verlaufenden Linien und der scharfen Winkel der eckigen Spirale geschaffen.

9 Die Wellen- und die Schnörkelformen sind Adaptionen der Spirale.

10 Die auf dem Netzwerk konstruierten Formen wurden vergrößert, um eine Doppelwelle bzw. Mäander zu formen.

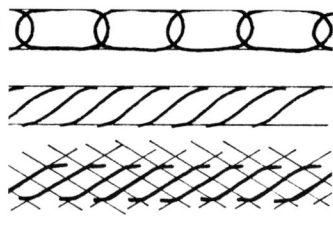

11 Durch Umwandeln des geradlinig verlaufenden Netzwerkes in ein auf Kreisen und Ellipsen aufbauendes, lassen sich Ihrem Repertoire weitere ornamentale Elemente (Kette und Tau) hinzufügen.

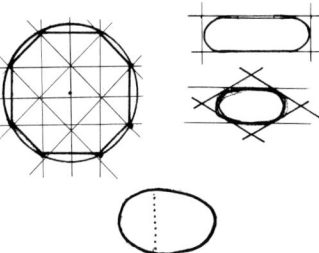

12 Die gewölbten Formenreihen werden durch Abrunden der Grundmuster gebildet. Aus dem Achteck entsteht ein Kreis. Das Rechteck und einige Teile der Raute lassen sich in elliptische Formen umwandeln. Jeweils eine Hälfte der Ellipse und des Kreises ergeben die ovale (eirunde) Form.

verbindendes Element ein, mit Linien, Ketten, sich in einer Spirale windenden Tauen, ineinander verschlungenen Formen, Zickzack- oder Wellenlinien oder sich immer weiter fortsetzenden Schnörkeln. Durch Wiederholen einiger dieser Motive können innerhalb des Designs Flächen mit einem ganz bestimmten Muster geschaffen werden. Gewagtere Lösungen lassen sich realisieren, indem mit der Darstellung von Grundformen begonnen wird und danach die Aufnahme einfacher Motive aus Natur und Umwelt erfolgt.

Bei der Festlegung der Ornamentgröße muß die Schriftgröße und die Größe des zu bearbeitenden Blattes berücksichtigt werden. Wenn sich die Ornamente in einem HANDGESCHRIEBENEN BUCH befinden, sollte der Maßstab innerhalb des gesamten Werkes einheitlich bleiben. Bei mehrfach genutzten Ornamenten müssen die Wiederholungen analog sein. Gehen Sie während Ihrer Arbeit von einem gut vorbereiteten, fertigen Rohentwurf aus.

Spiralformen, Knotendarstellungen, Bünde und andere Linienformen erfordern viel Aufmerksamkeit. Die Gestaltungsverfahren für keltische Ornamente vermitteln den besten Zugang zu dieser Art ineinander verschlungener Formen. Um ein Durcheinander zu vermeiden, ist jede Stufe der Gestaltung während der gesamten Entwurfsdauer zu vollenden, bevor die nächste Stufe angegangen werden kann.

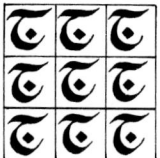

Das Gestalten der Ornamente

1 Die Abbildungen auf der zurückliegenden Seite veranschaulichen einige elementare Formen und Linien, die in Stilen ornamentaler Kunst gefunden wurden. Diese Formen können als Grundlage und Ausgangspunkt für kunstvollere Details dienen. Die gleichen Prinzipien werden hier angewendet, um einige Methoden der Ornamentgestaltung zu zeigen. Die folgende Methode ist durch das Einfügen von Elementen in jedes Quadrat gekennzeichnet.

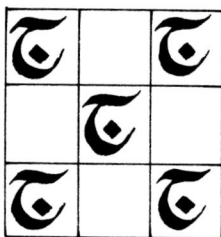

2 Das gleiche quadratische Netzwerk liegt hier zugrunde, wechselweise bleibt jedoch ein Quadrat unbelegt. Diese Methode läßt sich als Karieren oder schachbrettartiges Verzieren bezeichnen.

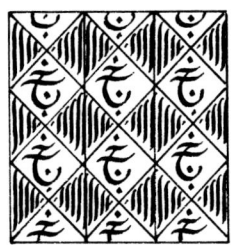

3 Diapermuster und Streifenraster kombiniert, ergeben neue zusammenhängende Muster.

4 Hier kommt das gleiche Prinzip zur Anwendung, es werden jedoch zwischen den eingefügten Flächen größere Abstände eingehalten. Diese Methode läßt sich als »Tröpfeln« oder »Pudern« einzelner Muster bezeichnen.

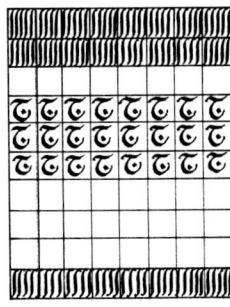

5 Die Ornamente werden reihenweise angeordnet, wobei einige Reihen frei bleiben, um die Streifenwirkung zu erhöhen (Ornamentband).

6 Eine Verbindung von Streifen und Ornamentbändern ergibt ein anderes Layout (Täfelung).

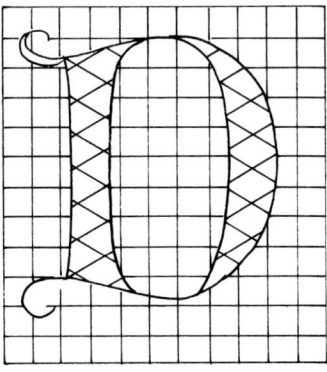

Die Kombination von Ornamenten und Buchstaben

1 Das Arbeiten mit diesen Methoden der Ornamentanordnung schafft eine gute Grundlage für die Ausschmückung und die Verzierung. In diesem Beispiel wurde das grundlegende Kästchennetz gezeichnet und der Buchstabe diesem überlagert. Der Buchstabe enthält ein Netzwerk von Linien, die in einem Winkel von 30° zur Waagerechten angeordnet sind.

2 Ein Arrangement von Linien bildet die Grundlage. Die Ornamente werden sowohl für den Buchstaben als auch für den Hintergrund verwendet. Das Kästchennetz schafft die Basis für ein sich wiederholendes Muster.

Der geometrische Entwurf

1 Bandmuster können entweder als auf sich selbst ausgeführte Randleisten angewendet werden oder integriert mit Ornamenten, die dabei einen vergrößerten Buchstaben umschlingen. Die Grundstruktur von Bandmustern ist für Verzierungen, die nicht einzig und allein aus geraden Linien zusammengestellt sind, nutzbar. Die einfachsten Formen enthalten Linien, die entweder senkrecht oder waagerecht verlaufen. Der Abstand zwischen den Linien ist genauso groß wie die Breite bzw. Länge der Linien. Andere Grundstrukturen der Ornamente sind ebenfalls möglich. Die Verwendung karierten Papiers wird Ihnen helfen, das Design genau zu planen. Das Maß dieser geometrischen Randleiste beträgt sechs Breiten. Die obere und untere Linie verlaufen ununterbrochen. Die senkrechten Linien haben ein Maß von drei Breiten.

2 Dieses Muster besitzt ein Maß von sieben Breiten. Es stellt eine erweiterte Version des ersten Beispiels dar, bei dem waagerechte Linien eingefügt wurden. In diesem Muster sind die negativen Formen, die durch den Hintergrund gebildet werden (hier das Weiße des Papiers), ebenso bedeutsam für das Aussehen des abgeschlossenen Designs wie die positiven Formen.

3 Dieses Muster, das als Ausgangs- oder Grundmuster bezeichnet wird, ist ein exzellentes Beispiel eines Designs, in dem die weiße Fläche eine ebenso gefällige Form wie der schwarze Bereich besitzt. Diese Ausgewogenheit zwischen schwarz und weiß bzw. negativen und positiven Formen ist ein wichtiges Merkmal der Banddesigns.

4 Das Einführen schräg verlaufender Linien in das Grundgerüst führt zu einem Band mit schiefliegendem Muster. Hier werden die waagerechten Linien beibehalten. Die senkrechten Linien wurden durch Linien mit geneigtem Winkel ersetzt.

5 Dieses Muster besteht aus verflochtenen Bändern. Um Muster in diesem Stil zu entwickeln, muß die Arbeit mit senkrechten, waagerechten und in einem Winkel von 45° angeordneten Linien begonnen werden. Dieses besondere Beispiel wurde bezüglich der Länge gedehnt.

▲ Die breiten Ränder dieser Seite einer historischen Bibel aus dem 14. Jh. sind mit kleinen spitzen Bildchen verziert, die einzelne Porträts enthalten. Die Bildchen wurden in gleichmäßigen Abständen vor dem gemusterten Hintergrund plaziert. Die Weinreben dienen als Vorbindungselemente zwischen den Bildern und verankern sie auf der Seite.

Federkiele

Federkiele werden seit mehr als zweitausend Jahren verwendet und bleiben in einigen ihrer hervorragenden Qualitäten unübertroffen. Die Entwicklung dieses ungewöhnlichen Werkzeuges erfolgte ebenfalls zu der Zeit, als Pergament das bevorzugte Schreibmaterial wurde, weil es eine bessere Qualität gegenüber Papyrus besaß.

Der Federkiel besitzt alle typischen Merkmale, die für das Schreiben alter Schriften notwendig sind. Er befähigte die Schreiber, leserlich zu schreiben, einen Rhythmus zu finden und bei geichmäßiger Druckausübung auf die Strichzüge, gut gerundete Formen auszuführen.

Variationen der Spitze des Federkiels sind beim Präparieren dieses Schreibgerätes möglich. Sie beeinflussen die Handschrift, für die sie genutzt werden, stark. Es ist möglich, die Spitze in einem beliebigen Winkel zu schneiden oder für das Schreiben eines sehr feinen Punktes anzuspitzen. Der Winkel der Federkielspitze kann außerdem die Strichzüge und die auf der Seite zu schreibenden Formen verändern. Dies führte zur Entstehung von Anleitungsbüchern mit Illustrationen, wie ein Federkiel gehalten werden soll und sein Spitzenwinkel zu manipulieren ist.

Federkiele können unterschiedlicher Herkunft sein. Am besten eignen sich Federkiele von Gänsen, Schwänen und Truthähnen. Für zart auszuführende Arbeiten liefern Krähen- und Entenfederkiele eine sehr feine Spitze. Die natürliche Biegung des Federkiels ist wichtig, damit das Schreibgerät angenehm in der Hand liegt. Linkshändige Kalligraphen sollten sich den Federkiel von der rechten Seite des Vogels auswählen und rechtshändige Kalligraphen von der linken Seite.

Der Federkiel muß gut getrocknet sein, bevor er präpariert und für die Anwendung geschnitten wird. Während des Trocknungsprozesses erfolgt die Eliminierung der natürlichen Öle. Idealerweise sollte dieses auf natürlichem Wege vor sich gehen, was jedoch einige Monate dauern kann. Deshalb kann eine künstliche Wärmequelle geringer Leistung zu Hilfe genommen werden. Die Wärmequelle sollte allerdings nur sehr kurze Zeit auf den Federkiel einwirken, weil er sonst zu spröde wird. Durch die Wärmezufuhr verändert sich der Federkiel von der original trüben, weichstrukturierten Form zu einem harten, annähernd durchsichtigen Schaft.

Die einfachste Erwärmungsmethode besteht darin, den Federkiel ungefähr 5 cm über einer elektrischen Heizplatte zu positionieren und ihn etwa 10 Sekunden langsam zu drehen.

Nach dem Erwärmen wird die ölige Membran von der Außenseite des Federkiels abgekratzt und das Mark von der Innenseite entfernt. Der Federkiel wird danach poliert und ist für das Schneiden bereit. Die geeignete Länge eines Federkiels beträgt 18 bis 20 cm. Sie können die Federkielspitze mit einem chirurgischen Skalpell oder einem scharfen Stahlmesser formen. Um die Schreibqualität zu bewahren, kann die Spitze nach Bedarf zurückgeschnitten werden.

Das Schneiden eines Federkiels

1 Mit dem Rücken einer Messerklinge die Fahnen vom Schaft abstreifen, äußere Membran abschaben, den Schaft polieren.

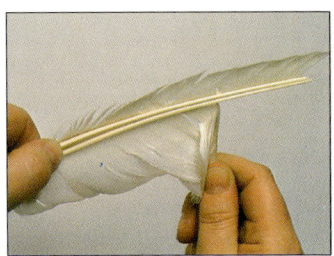

2 Bevor Sie mit dem Schneiden beginnen, muß der Federkiel hart geworden sein und einen annähernd durchsichtigen Schaft besitzen. Zuerst wird das versiegelte Ende des Schaftes abgeschnitten und dann der Federkiel über Nacht in Wasser eingeweicht. Am nächsten Morgen erwärmen Sie etwas Sand auf einem flachen Kuchenblech oder in einer Pfanne. Nehmen Sie den Federkiel aus dem Wasser, und schütteln Sie ihn kräftig. Mit Hilfe einer langen Spitze, beispielsweise einer Stricknadel, wird das Mark im Inneren des Federkiels weit in den Schaft hineingedrückt. Dann erfolgt das Füllen des rohrförmigen Inneren des Federkielschaftes mit heißem Sand. Ist der Schaft voll, wird er für einige Sekunden in heißen Sand gesteckt.

3 Nun entfernen Sie den Sand aus dem Schaft und führen einen schräg verlaufenden, langgezogenen Schnitt in Richtung der Spitze des Federkiels aus.

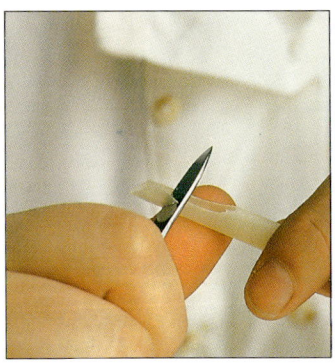

4 Ein weiterer Schnitt wird unterhalb des ersten geführt, um die Schultern (Seitenbereiche) der Federkielspitze zu formen. Dies ergibt die vertraute stufenförmige Anordnung von Schultern und Federspitze. Entfernen Sie übriggebliebene Markreste aus dem Schaft. Schlitzen Sie den Schaft etwas an (ca. 6 mm), um während des Schreibens den Tintenfluß in Richtung Spitze zu unterstützen.

5 Arbeiten Sie auf einer glatten harten Oberfläche, zum Beispiel Glas, um die Form der Federspitze zu vollenden. Dabei ist die Federspitze entweder mit der Unterseite nach unten oder mit der Unterseite nach oben auf den Rand der Glasplatte zu legen und festzuhalten, wobei die zweite Variante größere Sorgfalt erfordert. Führen Sie nun mit einer einzigen senkrechten Bewegung einen sauberen Schnitt in Richtung Federspitze. Dann wird die andere Seite ebenfalls glatt und mit der erforderlichen Schräge geschnitten und so der Federkiel komplettiert.

Das Anwenden eines Federkiels

Verwenden Sie einen Pinsel, um den Federkiel mit Tinte zu füllen, und beginnen Sie danach zu schreiben. Ein Federkiel kann dünne und dicke Linien erzeugen.

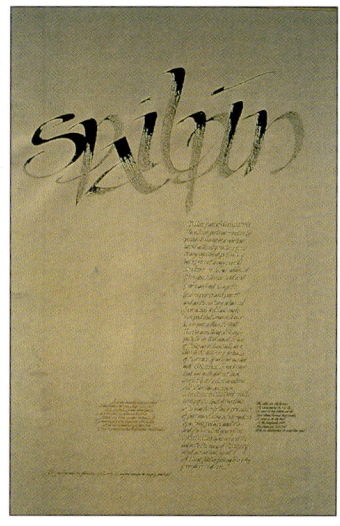

▲ FRANCES BREEN
Hier wird in einer freien Anordnung der Text des Stückes »The Hidden Ireland« (= Das verborgene Irland) von Daniel Corkery wiedergegeben. Zum Schreiben dienten dabei sowohl Federkiel als auch Schilfrohrfeder.

▲ FRANCES BREEN
Dieses ist ein Versuch, das Gedicht »An Tonn« (»The Wave«) zu präsentieren. Die Wellenform des mit Aquarellfarbe ausgeführten Bogens hebt die Struktur des Papiers hervor. Das Gedicht wurde mit Federkiel und Tinte in einem keltischen Stil geschrieben. Die handschriftliche Ausführung veranschaulicht deutlich die Flexibilität des Federkiels als Schreibgerät. Der Nachfrage nach geschriebenem Gälisch mit langem feinem Strichzug für das Akzentzeichen, welches verlängerte Vokallaute markiert, konnte gut entsprochen werden.

Beläge aus Gold

Unter den schönsten mittelalterlichen Handschriften sind auch solche zu finden, die durch zusätzliche Anwendung von Gold gekennzeichnet sind. Elegante Großbuchstaben und komplexe Muster schmücken die Seiten in diesen Handschriften und stellen so ein weiteres Detail dar, das von uns bewundert werden kann. Der Ablauf des Aufbringens von Gold blieb seit dem Mittelalter zum größten Teil unverändert. Die Arbeit wurde geplant und der Text ausgearbeitet. Die Vergoldung erfolgte erst zuletzt. Das Gold wurde auf eine vorbereitete Fläche aufgebracht, das Klebemittel mußte trocknen, und danach bestand die Möglichkeit, durch Polieren der Goldfläche einen höheren Glanz zu erreichen.

Erhaben aufgebrachtes Gold ruft einen besonders schönen Vergoldungseffekt hervor, wenn das sich auf einem erhöhten Grund befindliche Blatt ein niedriges »Kissen« bildet. Das Blattgold erzeugt ein dreidimensionales Element, das sogar noch einen helleren Glanz bewirkt, als wenn es nur ganz flach wäre. Dieser Glanz entsteht, weil das Blatt das gesamte verfügbare Licht einfängt, das auf die Seite fällt, wenn sie betrachtet und gewendet wird.

Gesso, ein feines Gips- oder Kreidepulver, ist ein ideales Untergrundmaterial für aus erhabenem Gold bestehende Verzierungen. Die Mischung besitzt eine leicht klebrige Oberfläche, die das Blattgold gleichmäßig aufnimmt. Im getrockneten Zustand ist die Goldverzierung fest aber dennoch relativ flexibel, so daß sie nicht bricht oder Risse bekommt, wenn die Seite bewegt wird.

Blattgold wird in kleinen Büchern oder Heften vertrieben, in denen sich das dünne Gold zwischen Seidenpapier befindet. Es existieren auch andere Metallfolien, z. B. aus Palladium, aus Platin gewonnene Folien und Blattsilber. Mit dem traditionell aus Achat oder Haematit hergestellten Polierinstrument wird der Glanz auf dem getrockneten Blattgold erzeugt oder verstärkt.

1 Geben Sie pulverisiertes Gesso in eine Tasse oder eine kleine Schale. (Der Gipsmörtel ist eingefärbt, damit er sich gegen den Hintergrund abheben kann.) Dann das Pulver mit ein paar Tropfen Eiweißleim (eine Lösung mit Eiweiß) oder destilliertem Wasser in einen verarbeitbaren Zustand bringen. Diese Masse braucht mindestens 20 Minuten um sich vollständig zu lösen und zu mischen.

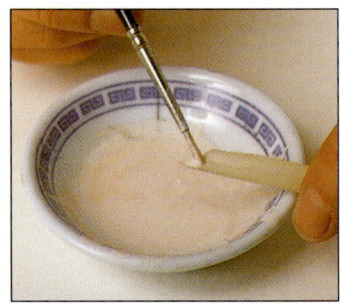

2 Gießen Sie über das Gesso destilliertes Wasser und mischen es bis zu einer glatten cremigen Konsistenz. Zum Umrühren der Lösung und Entfernen eventuell auftretender Luftblasen kann das Ende eines Federkiels oder eines Falzbeins genutzt werden. Wenn die Blasen bestehen bleiben, sollte ein Tropfen Nelkenöl vom Ende eines Zahnstochers geträufelt werden. Nun ist der Gesso zur Anwendung mit einem Federkiel oder einer Metallfeder bereit.

3 Das beste als Untergrund dienende Material ist Pergament, es muß allerdings frei von jeglichen Verunreinigungen sein, wie z. B. Fett oder klebenden Farbresten. Um dies zu gewährleisten, wird die Oberfläche der Haut mit Bimsstein bearbeitet und danach der Abrieb sorgfältig abgebürstet.

4 Legen Sie das Pergament flach auf eine Glasplatte. Verteilen Sie auf den Buchstaben reichlich Gessomischung, um damit einen erhabenen »Kisseneffekt« zu erzielen. Wenn der Buchstabe vollständig mit Gesso gefüllt ist, soll er mindestens 12 Stunden trocknen. Das Trocknen des Buchstabens kann über Nacht erfolgen und das Aufbringen des Goldes am nächsten Tag, wobei es in einigen Fällen für das Endergebnis günstiger ist, noch etwas länger zu warten. Das Auflegen der Goldfolie muß schnell erfolgen.

5 Blattgold ist ein Material, mit dem besonders sorgfältig umgegangen werden muß. Die Schere sollte zuvor mit Seide gereinigt worden sein. Dies soll verhindern, daß eine Unebenheit die Blättchen beeinflußt. Das Blattgold wird als zwischen Seidenpapier liegende Folie in Buchform geliefert. Schneiden Sie beide Schichten (Folie und Papier) gleichzeitig und insgesamt etwas größer als die zu bedeckende Buchstabenform zu.

6 Halten Sie das Blattgold mit seinem Unterlegbogen bereit. Blasen Sie behutsam durch einen Papierzylinder auf den mit Gesso beschichteten Buchstaben. Die noch klebfähige Gessomischung ist jetzt zur Aufnahme der Goldfolie bereit. Diese Tätigkeiten müssen schnell nacheinander ablaufen.

8 Mit einem Haematit- oder Achat-Polierinstrument wird unter gleichmäßigem Druck auf dem Pergament gerieben. Nach diesem Arbeitsgang erfolgt das Entfernen des Pergamentes von der Goldfolie.

10 Mit einem trockenen, weichen Pinsel wird das überschüssige Blattgold rings um den Buchstaben entfernt. Führen Sie dazu leichte, kurze Pinselstriche aus, mit denen das Gold weggefegt wird; diese Führung des Pinsels ist besser, als wenn Sie ihn ziehen.

12 Hier wird ein winkelförmiges Achat-Polierinstrument für die Blattgoldbearbeitung verwendet. Mit ihm soll ein schöner heller Glanz und eine glatte sowie gleichmäßig erhabene, vergoldete Fläche hergestellt werden. Dieses Polierinstrument wurde speziell geformt, um eine vollständige Bearbeitung der Kanten und gerundeten Teile des Buchstabens zu gewährleisten.

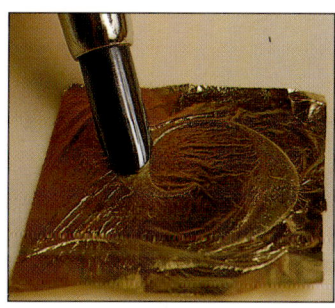

7 Drücken Sie gleichmäßig durch den Unterlegbogen auf den Goldbuchstaben, um das Anhaften des Blattgoldes am Gesso zu unterstützen. Dann wird der seidene Unterlegbogen entfernt und durch ein Stück Pergament ersetzt.

9 Säubern Sie das Polierinstrument auf einem Stück Seide. Jetzt wird das Blattgold direkt poliert. Bearbeiten Sie das Blattgold rings um den erhaben ausgeführten Buchstaben, wobei dem Pressen der Folie in und um die Kanten besondere Aufmerksamkeit gilt.

11 Setzen Sie das sanfte Bürsten fort, bis sämtliches Blattgold, das den vergoldeten Buchstaben umgibt, entfernt ist. Nun wird eine zweite Schicht Blattgold auf den vergoldeten Buchstaben aufgebracht. Dazu ist wieder Pergament über das Gold zu legen und gleichmäßig anzudrücken. Entfernen Sie das abgeriebene Gold mit einem weichen Pinsel so, wie es bereits zuvor geschah.

13 Das Blattgold wurde nun so lange poliert, bis es überall gleichmäßig glatt ist und bei darauffallendem Licht in hellem Glanz erscheint.

Schilfrohrfeder

Schilfrohrfedern fanden als früheste Formen der Federschreibgeräte unter den Schreibern des Nahen Ostens weite Verbreitung, weil in deren Region ein reichlicher Vorrat an robustem und geeignetem Schilfrohr vorhanden war. Auch die Ägypter stellten Schilfrohrfedern und weiche Schilfpinsel zum Schreiben auf Papyrus her. Die Römer, die die Anwendung des Papyrus übernahmen, schätzten die Schilfrohrfeder als ein sehr geeignetes Gerät für Schreibanwendungen.

Eine Schilfrohrfeder kann ganz leicht und sicherlich auch billig hergestellt werden. Im Garten wachsendes Schilfrohr ist als Material leicht verfügbar und bietet einen Ersatz für das originale Schilfrohr. Das hohle Gartenschilfrohr läßt sich leicht auf Länge schneiden und formen. Verwenden Sie für das Anfertigen der Schreibfeder ein scharfes Messer. Kontrollieren Sie das Schilfrohr sorgfältig auf Risse oder andere Mängel, damit es beim Schreiben nicht zu unvorhersehbaren und unliebsamen Ereignissen kommt. Schneiden Sie das Rohr auf eine leicht zu handhabende Länge. Hierfür werden 200 mm empfohlen.

Das Schilfrohr, das nichts weiter als eine hohle Röhre ist, liefert ein hervorragendes Reservoir für Tinte. Sie müssen jedoch darauf achten, daß die Tinte beim Schreiben nicht übermäßig aus dem Rohr herausfließt und eine »Überschwemmung« verursacht. Arbeiten Sie auf einer flachen oder nur leicht geneigten Oberfläche. Wie die meisten kalligraphischen Instrumente leistet die Schilfrohrfeder ge-

gen eine Schubbewegung Widerstand. Deshalb sind die besten Ergebnisse durch Ziehen des Striches zu erreichen.

Im Vergleich zum Federkiel ist die Schilfrohrfeder weniger flexibel. Mit der Schilfrohrfeder läßt sich ein feines und akkurates Formen der Buchstaben und Verzierungen nicht völlig kontinuierlich durchhalten. Das Gesamtbild der mit einer Schilfrohrfeder ausgeführten Arbeit dürfte deshalb nicht so harmonisch erscheinen. Sie besitzt jedoch auch hervorragende Qualitäten und gilt für viele Schreibstile als akzeptables Instrument. Der Kalligraph kann Schilfrohr verschiedener Größen auswählen und dementsprechend einen vielseitigen Bereich von Federbreiten präparieren. Die sich ergebenden fetten Buchstabenformen sind für Poster, Überschriften und für Titel besonders wirkungsvoll.

Die Römer verwendeten die Schilfrohrfeder für das Schreiben der Kapitalis Quadrata und der in Buchhandschriften verwendeten Rustika. Die Methode des Haltens der Feder zwischen Zeige- und Mittelfinger muß den Entwicklungsverlauf der KAPITALIS RUSTIKA beeinflußt haben. Die KAPITALIS RUSTIKA besitzen dünne senkrecht und dicke quer verlaufende Strichzüge. Es gibt aber auch andere Variationen dieser Buchstabenformen, einschließlich eines leichten Ziehens des kurvenförmigen Strichzuges nach rechts und eines Zusammendrängens der Gesamtform. Dieses Zusammendrängen wird besonders im Vergleich mit den Breitenproportionen der Buchstaben der RÖMISCHEN KAPITALIS deutlich.

Das Herstellen einer Schilfrohrfeder

1 Weichen Sie das Schilfrohr oder das Garten-Schilf wenigstens 15 Minuten ein, dann wird es noch im feuchten Zustand mit einem scharfen Messer auf eine gut handhabbare Arbeitslänge – ungefähr 20 cm – zugeschnitten. Der erste Schnitt erfolgt, wie in der Abbildung gezeigt, in einem Streich schräg in Richtung eines Endes.

3 Die Feder ist gut festzuhalten und das Ende der Federspitze bis nahe an die voraussichtliche Länge der Spitze zu kürzen. Drehen Sie die Feder um 90°. Schlitzen Sie die Feder in der Mitte der Spitze in Richtung Ende der Spitze etwas ein. Diese kleine Einkerbung soll im rechten Winkel zur Schreibkante verlaufen.

2 Formen Sie die Schultern (also die Seitenbereiche) der Federspitzen. Dann entfernen Sie mit der Spitze des Messers das Mark, das im Inneren des Rohrs beim ersten Schnitt freigelegt wurde.

4 Wenn die Federspitze zu breit geraten ist, muß sie sorgfältig so zurecht geschnitten werden, daß auch ein dünnerer Strichzug ausgeführt werden kann. Halten Sie die Federspitzenunterseite nach oben. Führen Sie einen senkrechten Schnitt quer über das Federspitzenende aus und bringen Sie die Spitze auf die geplante Länge.

5 Mit einem kleinen diagonalen Schnitt auf der Oberseite der Federspitze nach unten in Richtung Ende der Spitze wird eine schräge Schreibkante geschaffen.

6 Die Schilfrohrfeder ist nun zur Anwendung vorbereitet. Mit Hilfe eines Pinsels wird die Tinte auf die Unterseite der Federspitze aufgetragen.

Die Anwendung einer Schilfrohrfeder

1 Eine Schilfrohrfeder wird anders empfunden als eine Feder mit Metallspitze, weil sie aus einem Stück besteht. Die Schilfrohrfeder wirkt wie die Verlängerung Ihrer Hand und ist sehr angenehm zu handhaben. Die Breite der mit einer Schilfrohrfeder ausgeführten Strichzüge wird durch die Breite der geschnittenen Federspitze bestimmt. Diese Abbildung zeigt die stabilen und kontinuierlich verlaufenden Strichzüge, die mit diesem Schreibgerät ausgeführt werden können.

2 Mit der Schilfrohrfeder sind Sie befähigt, sowohl extrem dünne Linien, als auch die für die Kalligraphie erforderlichen breiten Strichzüge zu ziehen. Durch Halten der Schilfrohrfeder im vorgeschriebenen Federwinkel, läßt sich eine dünne Linie, am Abstrich des Buchstabens beginnend, verlängern. Um die Linie zu vollenden, wird die rechte Seite der Federspitze vom Papier abgehoben. Die linke Seite der Spitze schleppt währenddessen die feuchte Tinte mit und formt dabei die Haarlinie.

3 Die Kleinbuchstaben wurden sehr »zuversichtlich« geschrieben. Sie verdeutlichen, wie eine aus einem unflexiblen Material bestehende Federspitze die vertrauten Merkmale der Kalligraphie sehr gut wiedergeben kann.

4 Beim Arbeiten mit einer Schilfrohrfeder muß die Oberseite der Federspitze immer sauber gehalten werden. Achten Sie darauf, die Spitze mit Tinte nicht zu überfüllen. Dies könnte zum Klecksen oder Verlaufen der Tinte führen. Das Beispiel zeigt eine große Ausgewogenheit zwischen den dünnen und dicken Strichzügen und der feinen Haarlinienerweiterung am letzten Buchstaben. Diese Haarlinie wurde durch Ziehen der feuchten Tinte mit der linken Ecke der Federspitze geschaffen.

Römische Kapitalis

Zur großen Hinterlassenschaft der Römer gehören auch diese schönen Buchstaben mit ihren ausgewogenen Proportionen und eleganten Formen. Im Einklang mit anderen Entwicklungen der römischen Kultur wurden die Buchstabenformen über mehrere Jahrhunderte immer ausgereifter.

Buchstaben der römischen Kapitalis wurden häufig verwendet, um für die nachkommenden Generationen ein Ereignis aufzuzeichnen und festzuhalten. Wir finden sie beispielsweise als Eingravierungen in Stein oder Marmor, auf Denkmälern, Grabmalen und Bögen. Zur Ausarbeitung der Buchstaben diente jedoch nicht nur der Meißel. Schilfpinsel und Schilfrohrfedern halfen ebenfalls, die perfekten Proportionen und die Ausgeglichenheit der eleganten breiten und schmalen Strichzüge zu erzeugen.

Die eckigen, in Stein gravierten römischen Großbuchstaben erhielten die Bezeichnung KAPITALIS. Wurden die Buchstaben mit einer rechtwinklig geschnittenen Schilfrohrfeder oder einem Federkiel ausgeführt, bekamen sie die Bezeichnung KAPITALIS QUADRATA. In Manuskripten fand die Rustika vielfach Anwendung. Dies waren Buchstaben eines Stils, der mit größerer Geschwindigkeit und einiger Einsparung an Material geschrieben werden konnte. Die Kapitalis Quadrata fanden jedoch weiterhin Verwendung für repräsentative Zwecke in Überschriften, für Anfangsbuchstaben und für spezielle Applikationen. So werden sie auch heute noch eingesetzt.

In dem klassischen, 23 Buchstaben umfassenden Alphabet der römischen Kapitalis liegen die Ursprünge der modernen Buchstabenformen der westlichen Welt. Die Buchstaben J, U und W wurden erst im Mittelalter hinzugefügt. Die Buchstaben wurden sorgfältig, mit Hilfe eines zugrunde gelegten Quadrats oder Vierecks und davon abgeleiteter Unterteilungen konstruiert. Die runde Bestandteile enthaltenden Buchstaben C, D, G, O und Q können durch einen Kreis oder einen Teilkreis im Inneren des Quadrats bzw. Vierecks wiedergegeben werden.

Der Federwinkel für diese senkrechte Handschrift variiert von 5° für die Serifen bis zu 20° bis 30° für die meisten anderen Strichzüge. Ein Winkel von 45° wird für die Mehrheit der Diagonalstriche benötigt. Der Winkel für die schräg verlaufenden Strichzüge des M und N ist steiler, und für die Diagonale des Z beträgt er 0°. Die Feder muß bei allen senkrechten und diagonalen Strichzügen vom oberen zum unteren Buchstabenbereich geführt werden. Die Buchstabenhöhe beträgt 10 Federspitzenbreiten.

Hinsichtlich des Stils und bezüglich der Anwendung der Serifen gibt es einige Variationen. Die einfachste Serife wird als unkomplizierter Einzelstrich hinzugefügt – als Haarlinie, die durch entsprechendes Drehen der Feder entsteht. Eine kräftigere Serife läßt sich als Vorläufer einer Haarlinienserife oder als Erweiterung eines Strichzuges zeichnen.

Die klassische römische Form besitzt eine Serife, die sich vom Senkrechtstrich beginnend sowohl nach rechts als auch nach links ausdehnt.

Die eleganten Abschlüsse der Strichzüge setzen voraus, daß die Feder oft und richtig gedreht wurde. Bis auf die Buchstaben C, G und S verlaufen alle Serifen parallel zur Schreiblinie. Der erste Strichzug ist der senkrechte, der zweite die Haarlinie (in einigen Stilen leicht konkav gegenüber dem mittleren Strich). Der dritte und vierte Strichzug ist identisch, aber auf jeder Seite des Senkrechtstrichs seitenverkehrt zueinander angeordnet. Der Senkrechtstrich verbindet die äußersten der mit einer leichten Kurve zum Senkrechtstrich führenden Haarlinienserifen.

1 Halten Sie die Schreibfeder korrekt in einem Winkel von 30°, und ziehen Sie den ersten Strich nach unten.

2 Der erste Strichzug wird beendet. Das Ausführen der linksseitigen Serife erfolgt weiterhin mit einem Federwinkel von 30°. Dadurch ergibt sich für den Querstrich eine etwas dünnere Linienstärke als für den Senkrechtstrich.

3 Der zweite Querstrich wird eingezeichnet. Sichern Sie, daß die Feder unverändert in einem Winkel von 30° bleibt.

4 Zum Schluß ist die Serife am Fuß des Buchstabens zu zeichnen. Die Höhe des kompletten Buchstabens sollte genau 10 Federspitzenbreiten betragen.

A
Q
X

A B C D E F G
H I J K L M N
O P Q R S T U
V W X Y Z

Das Alphabet der römischen Kapitalis

Römische Kapitalis können mit einer breiten Feder geschrieben werden. Sie ist für die meisten Strichzüge in einem Winkel von 30° zu halten. Diagonalstriche erfordern einen Federwinkel von 45°. Der mittlere Strichzug des Z wird mit einem flacheren Winkel geschrieben. Für die Ausführung der Serifen ist es nicht nur notwendig, den Federwinkel zu ändern, sondern es muß gezielt mit den Ecken der Federspitze gearbeitet werden.

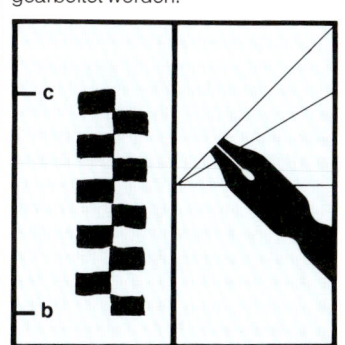

Die gelungene Gestaltung der Buchstaben der römischen Kapitalis hängt von der Federführung und dem Erzielen eleganter Proportionen ab. Beginnen und beenden Sie den senkrechten Strichzug mit einem kleinen Häkchen, das die Grundlage für die Serife bildet. Um den Buchstaben zu komplettieren, wird die Feder in einem Winkel von 0° zur Schreiblinie gedreht.

▶ Monumentale Inschriften wurden sorgfältig geplant und ausgeführt. Ein Beispiel dafür ist der Bogen des Septimus Servus (römischer Kaiser von 193 bis 211).

Linien ziehen

Das Prinzip der Anwendung von Haarlinienerweiterungen für Serifen rundet das Erscheinungsbild vieler Buchstaben ab und kann ebenso auf ein vollständiges kalligraphisches Design angewendet werden. So eignen sich dünne und dicke Linien, unterbrochene und mit anderen visuellen Elementen gespickte Linien als integrale Bestandteile von Designs.

Die Position der Linien muß bereits im Planungsstadium berücksichtigt werden. Sie sollten die Linien in der Arbeit in der gleichen Weise entwerfen, wie Sie es mit einer komplexeren Randleiste oder einer dekorativen Verzierung tun würden. So kann eine komplette Randleiste, die entweder einen Text voll- oder teilweise umfaßt, mittels Linien konstruiert werden. Es ist auch möglich, durch Anordnen der Linien in deutlich unterschiedlichen Strichstärken direkt nebeneinander ein attraktives Randleistenarrangement zu konstruieren. Linien können das einzige Farbelement in einer Arbeit sein oder als Farbkontrast wirken.

Dünne Linien sorgen für eine Trennung der Textblöcke, die zu einem gemeinsamen Thema gehören, aber mehr als eine physische Zwischenfläche verlangen. Sie sollen das Ende eines Abschnittes und den Beginn des neuen Textes anzeigen. Die Linien müssen in einer solchen Form angeordnet sein, daß der Blick des Betrachters und Lesers nicht von den kalligraphisch gestalteten Bereichen abgelenkt wird.

Das Verwenden einer Linierfeder

Die Linierfeder ist ein Instrument, um Linien verschiedener Breiten zu ziehen. Sie kann mit Tinte oder Farbe gefüllt werden und läßt sich vielseitig für das Einbringen von Farbe in eine Arbeit oder für die farbliche Verbesserung von Entwürfen nutzen. Die Feder besteht aus einem Griff, an dem zwei Schenkel aus Edelstahl befestigt sind. Ein Schenkel ist gerade und flach, der andere leicht nach außen gewölbt. Die Spitzen der Schenkel stoßen fast aneinander. Der Raum zwischen den Schenkeln bildet ein Reservoir für Tinte oder Farbe. Durch Einstellen der Kordelkopfschraube läßt sich der Abstand zwischen den Schenkelspitzen verändern, was sich auf die Linienstärke auswirkt.

Die Farbe wird mit einem Pinsel oder einer Tropfflasche in die Feder gefüllt. An den Kanten oder den äußeren Flächen der Linierfederschenkel darf sich keine Tinte oder Farbe befinden, weil sonst das Farbmedium beim Aufsetzen auf das Papier unkontrolliert aus der Feder herausfließt. Die Feder muß immer so geführt werden, daß beide Schenkel das Papier berühren. Für sehr breite Linien dürfte es aufgrund der Strichstärke besser sein, diese durch zwei parallele Linien zu erzeugen, und die zwischen den Linien befindliche Fläche mit einem kleinen Pinsel auszufüllen.

Für das Anfertigen feiner und zierlicher Arbeiten wurde die Linierfeder teilweise durch die Zeichenfeder (Reißfeder) abgelöst. Die Zeichenfeder ist ebenfalls als Zubehörteil in einem Zirkelkasten verfügbar.

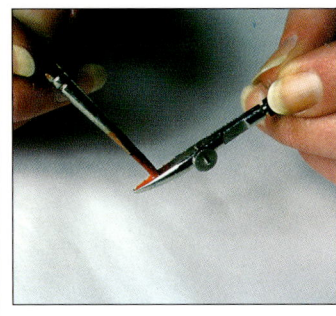

Anwendung der Linierfeder
1 Verwenden Sie gemischte Farbe von flüssiger, gebrauchsfähiger Konsistenz. Füllen Sie die Farbe mit einer Tropfflasche oder einem Pinsel zwischen die Schenkel der Linierfeder. Wischen Sie die überflüssige Farbe von den Kanten und den äußeren Flächen der Feder ab.

2 Legen Sie das Lineal mit der abgeschrägten, nach innen abfallenden Kante auf die in Arbeit befindliche Fläche und halten Sie es fest. Die Kordelkopfschraube an dem gewölbten Schenkel der Feder zeigt nach außen, also von Ihnen weg. Führen Sie die Feder in einem leichten Winkel zum Lineal. Realisieren Sie den Linienzug leicht, flüssig und ohne Unterbrechung, mit den Spitzen beider Federschenkel dabei immer auf dem Papier bleibend.

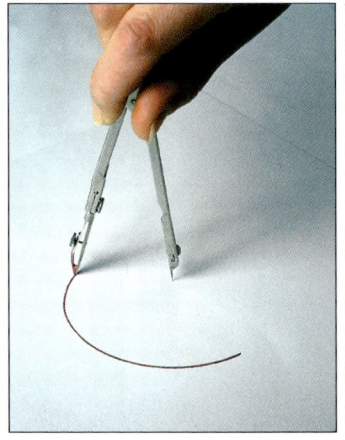

Die Verwendung eines Zirkels
Füllen Sie die Schenkel des Zirkelzubehörteils mit flüssiger Farbe. Plazieren Sie die Zirkelspitze auf dem Papier, und ziehen Sie die Federschenkel über die Fläche.

Das Linieren mit dem Pinsel
Wenn Sie einen Pinsel zum Ziehen von Linien verwenden, ist das Verwischen der Farbe zu vermeiden. Halten Sie deshalb das Lineal in einem 45°-Winkel zum Papier, damit die Kante das Papier nicht berührt. Ziehen Sie den Pinsel sanft mit dem Pinselschaft an der Linealkante entlang. Sie sichern dadurch einen geraden Linienzug.

Kapitalis Rustika

Durch die Verwendung von Federkielen, Schilfrohrfedern oder großen Pinseln, besonders aber durch die Nutzung der Buchstaben der Kapitalis Rustika waren die Schreiber des 4. und 5. Jh. in der Lage, eine größere Schreibgeschwindigkeit zu entwickeln, als beim Schreiben der römischen Kapitalis.

Die Rustika besitzt einen zwangloseren Charakter mit einer Betonung der zusammengedrängt und länglich geschriebenen Formen. Die Handschrift ist bezüglich des Platzbedarfs und des Materialverbrauchs deutlich ökonomischer als die Kapitalis Quadrata. So wurde die Kapitalis Rustika recht schnell die in den Büchern der damaligen Zeit vorrangig verwendete Schrift. Ihre Wiedergabe erfolgte in einem ganz freien Stil, wobei offenbar der Unterarm beim Schreiben mitbewegt wurde. Rustika-Buchstaben fanden außerdem Verwendung für Überschriften und Initialbuchstaben.

In Forschungsdokumentationen wird berichtet, daß das Schreibgerät – zum Beispiel die Schilfrohrfeder – zwischen Zeige- und Mittelfinger gehandhabt wurde. Um den dünnen Buchstabenhaupt-

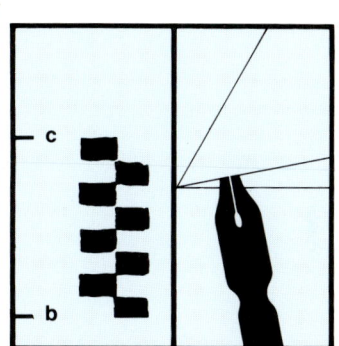

strich nachzuvollziehen, variiert der Federwinkel von 10° bis 90°, wobei ein Winkel von ungefähr 60° von der Waagerechten als Optimum gilt. Die Buchstabenhöhe beträgt sechs bis sieben Federspitzenbreiten. Das Ergebnis sollte ein Textblock mit gleichmäßigem Schriftbild und der visuellen Betonung waagerechter und diagonaler Strichzüge sein. Der Buchstabe A wurde in der Regel ohne Querstrich geschrieben. Hin und wieder wurden auch einige Buchstaben etwas größer als andere ausgeführt. Damit sollten etwa entstehende Unklarheiten vermieden werden, was besonders bei den Buchstaben L und F im Vergleich mit I und E zutreffen konnte.

Wenn Sie das Schreiben der Kapitalis Rustika erlernen, beachten Sie besonders die Abstände im Inneren der Buchstaben – sowohl die eingeschlossenen als auch die offenen Flächen. Ziel beim Schreiben muß es sein, gute Unterscheidungsmerkmale zwischen dünnen Senkrechtstrichen, starken Waagerechtstrichen und den Diagonalstrichen zu schaffen. Für den hier abgebildeten Buchstaben drehen Sie die Feder in einen Winkel von 90° zur Schreiblinie, um den dünnen Senkrechtstrich zu formen. Mit einem noch flacheren Winkel werden die Querstriche ausgeführt.

1 Diese verhältnismäßig ungezwungene Handschrift wurde in augusteischer Zeit entwickelt und für Überschriften und Titelbeschriftungen verwendet. Sie besitzt eine starke Betonung der Diagonalstriche und wird relativ gedrängt geschrieben. Jeder Kalligraph muß einen persönlichen Rhythmus und die Einheitlichkeit des Federwinkels anstreben. Hier wird die Feder in einem ziemlich spitzen Winkel gehalten, um den ersten Abwärtsstrich auszuführen.

2 Der zweite Abwärtsstrich wird hinzugefügt und bildet den Bogen des Buchstabens G.

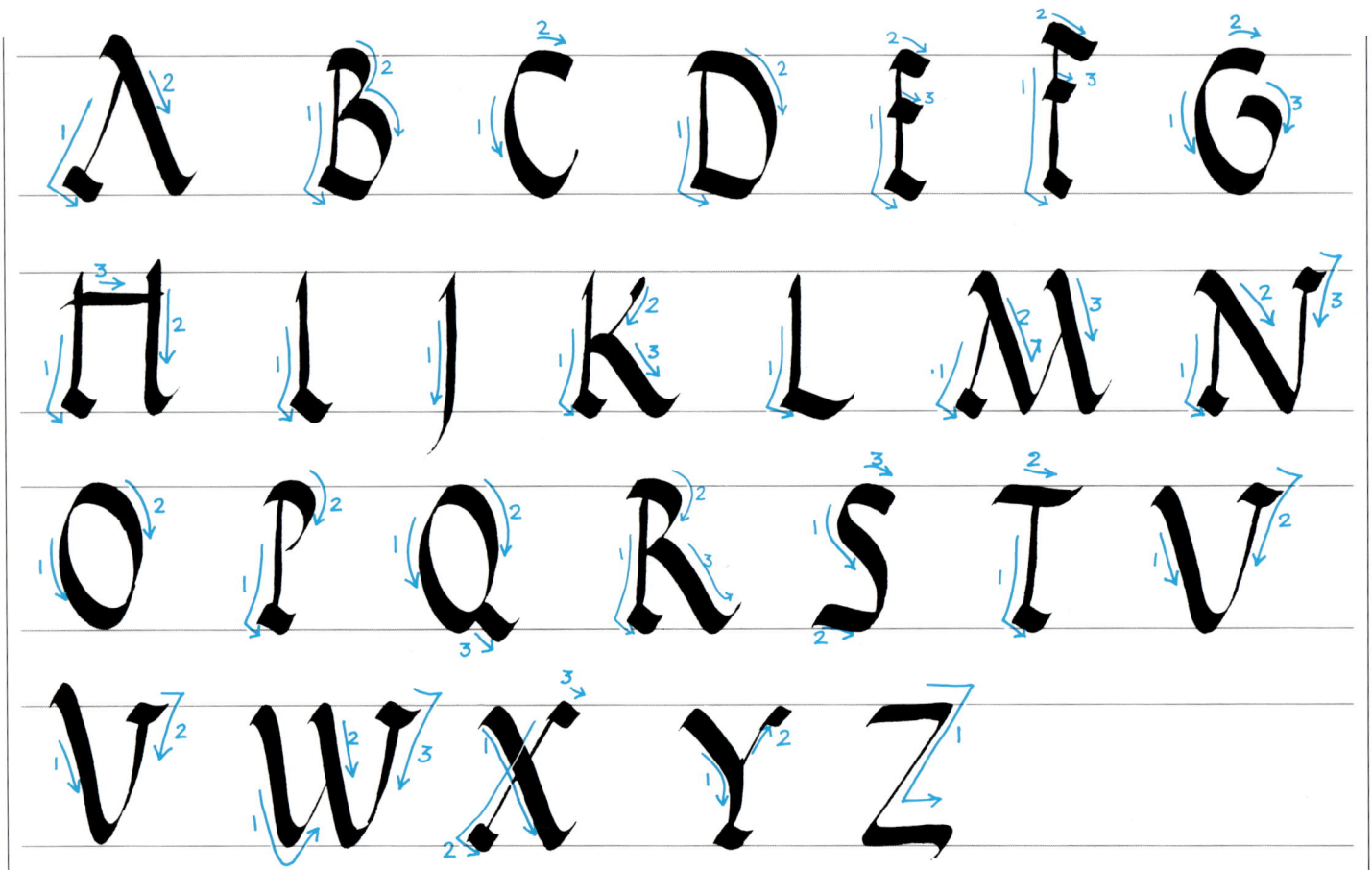

Das Alphabet der Kapitalis Rustika

Diese locker geschrieben Majuskel sind eine reiche Quelle für den Beschriftungsstil der Überschriften und Titelbeschriftungen. Es erscheint leicht, diese Buchstaben zu schreiben, aber diese Annahme ist trügerisch! Die Feder muß in mehreren Positionen gehalten werden, die den Winkelbereich von 10° bis 90°, bezogen auf die Waagerechte, umfassen. Die Höhe der Buchstaben beträgt sechs bis acht Federspitzenbreiten, was dazu führt, daß die Buchstabenform länglich oder leicht gedrängt erscheint. Diese Buchstaben benötigen einen minimalen Zeilenabstand, wenn sie in einer Überschrift mehr als eine Zeile Platz benötigen, oder wenn damit ein Stück Text zu schreiben ist. Achten Sie besonders auf die Buchstaben, die die Höhe der meisten anderen übersteigen. Beginnen Sie die Arbeit mit einer großen breiten Feder oder einer Schilfrohrfeder, damit die dünnen und dicken Strichzüge gut definiert werden können.

Spaltfeder

Es gibt viele Möglichkeiten, kalligraphische Arbeiten zu verbessern – die Verwendung einer Spaltfeder gehört dazu. Genauso wie die Doppelspitze demonstriert diese Feder deutlich die Grundstrukturen der Buchstaben.

Die meisten der mit einer breiten Feder herstellbaren Buchstabenformen können auch mit einer Spaltfeder geschrieben werden. Die Feder ist buchstäblich, wie der Name bereits aussagt, ein in der Mitte gespaltenes und in zwei Spitzen endendes breites Schreibteil. Alle üblichen Anleitungen für den Stil – wie z. B. der Federwinkel und die Buchstabenhöhe – werden auch für den Gebrauch der Spaltfeder benötigt. Der mit der Spaltfeder ausführbare offene Buchstabenstil kann für einzelne Großbuchstaben, für Überschriften oder für ein ganzes Arbeitsstück angewendet werden.

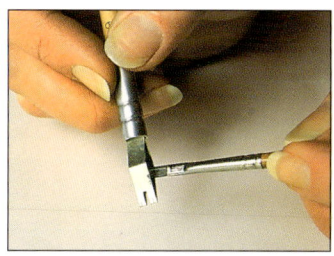

1 Spaltfederschreibgeräte gibt es als Tauchfedermodelle oder wie hier als doppelschenklige Ausführung, die wie eine Linierfeder mit der Farbflüssigkeit befüllt wird.

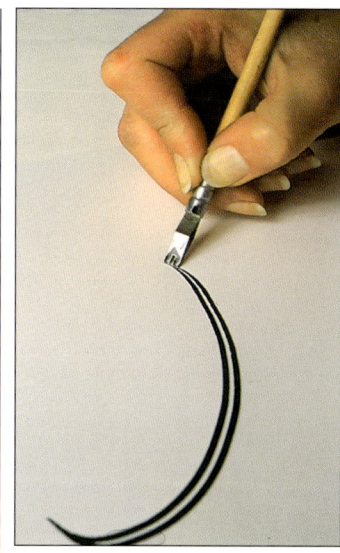

2 Die Feder ist in einem konstanten Winkel zu halten. Dabei erfolgt der erste bogenförmige und nach unten gerichtete Strichzug.

3 Die Feder wird am Ende des ersten Strichzuges von der Fläche abgehoben. Mit der Ausführung des zweiten Strichzuges entsteht die obere eingeschlossene Flächenform.

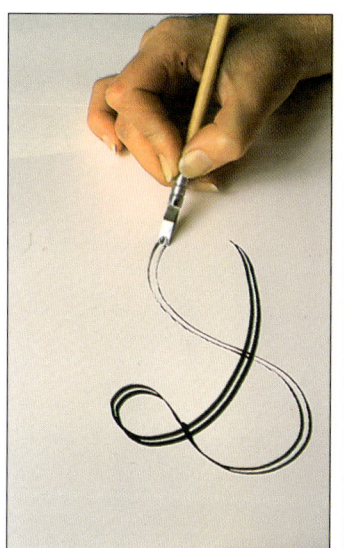

4 Der zweite bogenförmige Strichzug wird durch wellenähnliches Gleiten der Feder ausgeführt. Dabei entsteht nur eine schwache Tintenlinie, aber die Struktur der Zeichenform ist so beabsichtigt.

5 Die Feder wird erneut gefüllt; damit läßt sich dann eine Folge dekorativer Schnörkel zeichnen.

6 Durch Hinzufügen einer Serie kurzer abgehackter Federstriche, die als Verzierung dienen, entsteht die Endform des kalligraphisch gestalteten Zeichens.

7 Hier ist die komplette Gruppe zu sehen. Eine einfache Buchstaben- oder Zeichenform in einer derartigen Weise zu schmücken, das ist eine akzeptable und gute Praxis und auch eine sehr befriedigende Tätigkeit.

Durch Schreiben mit einer Spaltfeder kann eine sehr elegante Beschriftung entstehen, die einen ganz besonderen Reiz besitzt. In dieser Art und Weise geschriebene Buchstaben ziehen immer die Aufmerksamkeit auf sich. Dieses Kursivschriftalphabet, das vollständig mit einer Spaltfeder transkribiert wurde, zeigt deutlich, wie die einzelnen Buchstaben geformt sind.

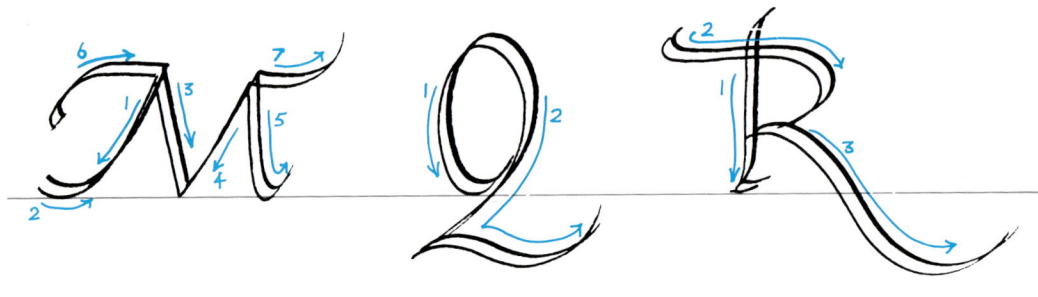

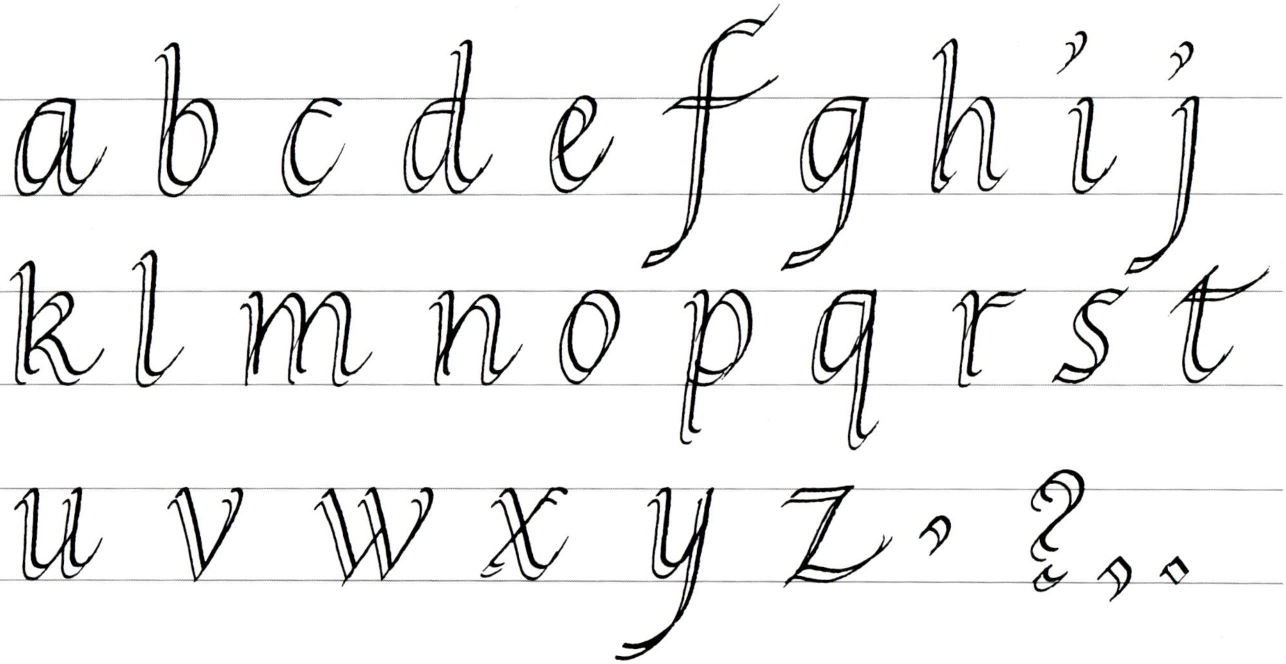

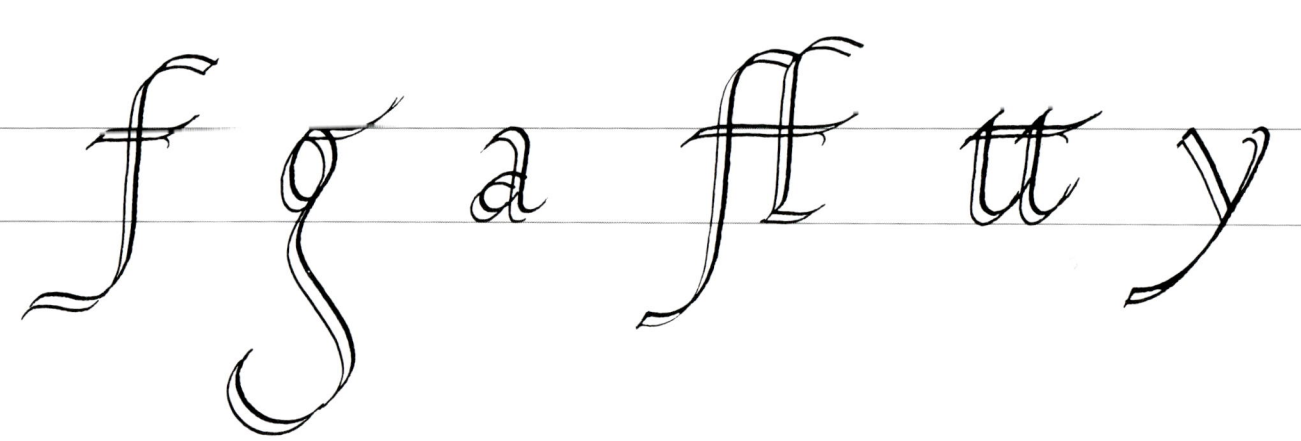

Schwungbuchstaben

Dieser Begriff wird häufig in Verbindung mit dem Drucken verwendet und bezieht sich auf einen verzierten Buchstaben; oft ein Großbuchstabe in KURSIVSCHRIFT. In der Kalligraphie hat der Begriff eine nahe Beziehung zur DEKORATIVEN VERZIERUNG, aber nur soweit es die Erhöhung der Attraktivität eines Einzelbuchstabens betrifft. Denn auch dort, wo die dekorative Verzierung auf ein Wort, einen Satz oder eine vollständige Seite ausgedehnt wird, ist ein Schwungbuchstabe ein einzelner Buchstabe.

Schwungbuchstaben sind besonders wirkungsvoll, wenn sie als Anfangsbuchstaben, für einzelne Wörter und Überschriften verwendet werden. Aufträge, die Namen enthalten, erfordern eine gute Lesbarkeit, so z. B. Einladungen, Tischkarten, ansteckbare Namenschilder. Einfache Schwungbuchstaben können diese betreffenden Erscheinungsbilder gut abrunden.

Die Eignung der einzelnen Buchstaben des Alphabets für die Wiedergabe ist unterschiedlich. Hervorragend geeignet sind jene Buchstaben, die eine Schleife oder einen starken senkrechten oder schrägen Strich enthalten, der leicht erweiterbar ist. Zu diesen Buchstaben gehören das A, K, M, N, Q, R, V, W, X, Y und Z. Die Buchstabenerweiterung kann in eine beliebige Richtung führen. Allerdings müssen die Buchstabenformen geplant werden, um häßliche, ungeschickte oder disproportionale Endformen zu vermeiden. Der Schwungbuchstabe sollte bezüglich des nahen Textes nicht verwirrend wirken oder Unklarheiten verursachen.

▼ JOHN SMITH
In dieser Arbeit sind die Schwungbuchstaben ein integrierter Bestandteil des Designs.

▲ ▶ Diese Auswahl an Schwungbuchstaben wird Ihnen Ideen für die eigene Arbeit liefern. Betrachten Sie diese Technik als ein Entfaltungsgebiet der Phantasie. Experimentieren Sie mit verschiedenen Schwungbuchstaben, um diejenigen herauszufinden, die für Ihre Aufgabe nützlich sein könnten. Nutzen Sie die Ecke der Feder um schwungvolle Linien zu ziehen bis diese als dünne Linienerweiterungen enden.

Schriftbild

Um ein kalligraphisches Schriftbild zu schaffen, können unterschiedliche Wege beschritten werden. Zuerst kann über das Layout der Arbeit nachgedacht werden, wobei die Ausgewogenheit von schwarzen und weißen Flächen und die Art ihrer Präsentation relevant sind. Der zweite Weg ist für ein komplizierteres Umfeld geeignet. Hierbei wird das Schriftbild durch eine spezifische Auswahl der Materialien, der Werkzeuge und des Stils kreiert. Dieses geht einher mit sorgfältiger Planung, wie diese Dinge zu handhaben sind und für die Arbeit angewendet werden können.

In der Kalligraphie gilt das alles übergreifende Ziel, ein Arbeitsergebnis zu erreichen, das sowohl einen ansprechenden Anblick bietet als auch ohne Schwierigkeiten lesbar ist. Dieses kann durch eine wohlüberlegte Vorgehensweise und durch Berücksichtigen der Leitlinien für den gewählten Stil erreicht werden.

In kreativeren Arbeiten kann das Schriftbild in weit vielfältigerer Weise wirken. Es läßt sich für das konkrete Vermitteln des Textes heranziehen – oder anders gesagt, Sie können das Schriftbild nutzen, um einen Text zu interpretieren. Es ist möglich, die Bedeutungsdimension und die Höhe und Größe der Buchstaben zu erkunden und zu verändern.

Wörter lassen sich auseinanderziehen, vergrößern oder verengt darstellen. Sie können ineinander übergehen, in beliebiger Art auf einem von anderen Wörtern gebildeten Hintergrund »tanzen« oder allein auf einer Seite plaziert sein.

Es gibt viele Variationen, die in Erwägung gezogen werden können, so daß es für Sie schwierig sein dürfte, sich nur auf eine Interpretation zu konzentrieren. Sollte dies zutreffen, verdeutlichen Sie sich das Wesen des Textes und versuchen Sie, das Schriftbild daran auszurichten. Es kann z. B. die Form einer Steinwand, von windzerzausten Wolken oder von Wellen haben.

Wenn Sie außerdem das Schriftbild der Buchstaben berücksichtigen und nutzen, ist ein unterschiedliches Herangehen an die Aufgabe möglich. Ein brauchbares Mittel besteht darin, einen besonderen Strichzug, wie zum Beispiel eine Diagonale oder eine Serife, wiederholt hervorzuheben. Sie können einen festen Textblock erarbeiten und dafür sowohl schmale als auch gewöhnliche Buchstaben (Buchstaben mittleren Formates) verwenden. Eine andere Möglichkeit besteht darin, alle runden Formen sehr rund auszuführen. Somit könnten weiße Zwischenräume geschaffen werden, die einen Kontrast zum verbleibenden Teil der Arbeit darstellen.

Kombinationen von verschiedenen Buchstabenstilen können besonders dann wirksam sein, wenn sie unterschiedliche Größen besitzen.

Es ist möglich, ein Schriftbild zu schaffen, in dem mit einer Feder kleine Textblöcke erzeugt werden, die gleichzeitig Randleisten zur Arbeit bilden. Oder Sie gestalten einen strukturierten Hintergrund, bevor Sie mit dem Schreiben beginnen und wenden dabei die Techniken des Tupfens mit Farbe, des Marmorierens oder der Collage an.

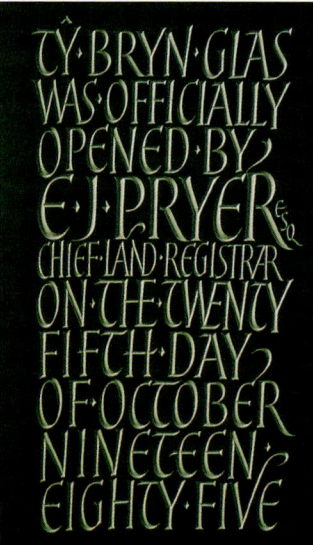

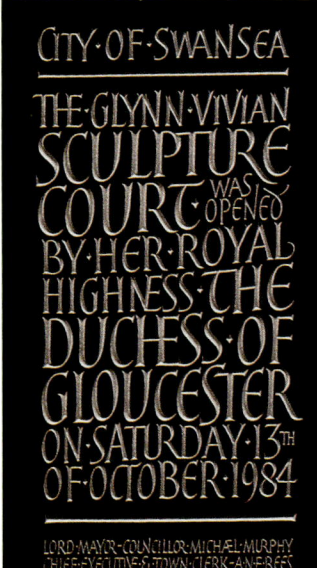

▲ IEUAN REES
Dieses Schriftbild wurde hauptsächlich durch den Wechsel der Schriftgrößen und den eigenartigen Charakter einiger der verwendeten Buchstaben geschaffen, insbesondere derjenigen, die einen Strichzug gemeinsam besitzen.

◀ IEUAN REES
Diese Tafel mit eingravierten Buchstaben ist ein gutes Beispiel für ein dekorativ orientiertes Schriftbild. Es wurden die sichtbaren Kontraste der Buchstabenformen genutzt – die Abstände zwischen den Buchstaben, den Wörtern und den Zeilen und der Wechsel der Schriftgrößen.

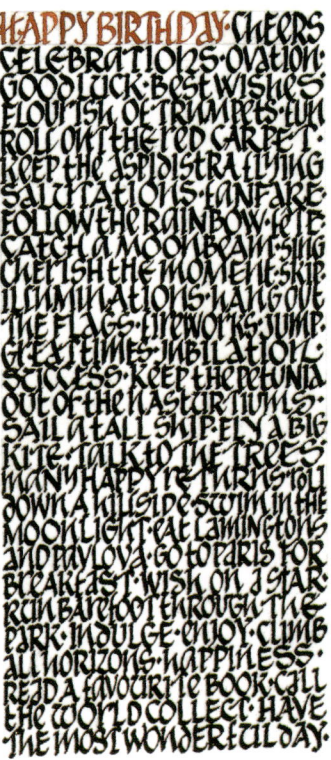

▲ DIANA HARDY WILSON
Die Qualität des Schriftbildes dieser ungezwungen geschriebenen Geburtstagskarte ist sofort zu erkennen. Ein aus schwarzen und weißen Formen bestehendes Rechteck wird wahrgenommen, bevor der Text erschlossen wird.

Unziale und Halbunziale

Es gibt viele frühe griechische Beispiele dieser Buchstabenform der Antike. Der Gebrauch der Unzialschrift breitete sich im Römischen Reich zu einer Zeit aus, in der auch die RÖMISCHEN KAPITALIS und die KAPITALIS RUSTIKA noch genutzt wurden. Die neue Handschrift führte zu einer Verbesserung der Wirtschaftlichkeit der Strichzüge und zu einer höheren Schreibgeschwindigkeit. Die Römer gaben ihr den Namen *uncia* (= 1 Zoll, d.h. zollhoher Buchstabe, diese Bezeichnung hätte, so heißt es, der Kirchenvater Hieronymus erstmalig angewandt). Beim Studium früher christlicher Handschriften wird deutlich, daß die Unzialschrift die hauptsächliche Handschrift in Büchern dieser Periode war.

Die Unzialschrift verläuft senkrecht und kraftvoll, mit vollständigen und gerundet geschriebenen Buchstaben. Sie besitzt einen unkomplizierten Aufbau mit, zur damaligen Zeit nur als reine Andeutung existierenden, Ober- und Unterlängen. Die besten Werkzeuge für das Schreiben der Unzialen sind eine breite Fe-

der oder ein Flachpinsel. Die Feder erzeugt eine sehr saubere, deutlich endende Außenkante der Buchstaben.

Der alte Stil der stark gerundet geschriebenen Unzialschrift wurde mit der fast waagerecht gehaltenen Feder ausgeführt. Dabei betrug die Buchstabenhöhe drei bis vier Federspitzenbreiten. Der moderne offenere Stil wird mit einem Federwinkel von 10° bis

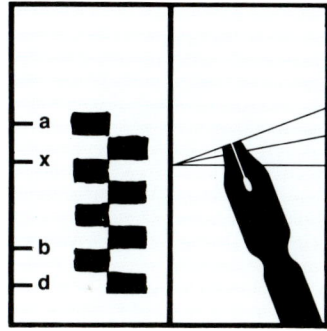

1 Unziale haben ein breites Aussehen. Die Feder wird in einem sehr flachen Winkel von 10° bis 20° gehalten, um breite senkrechte Strichzüge zu erreichen.

2 Die Feder ist vom Papier abzuheben. Danach wird der breite obere Strichzug des G gezogen.

3 Unten erhält die Bogenform noch einen schrägen, leicht in sich gedrehten Abstrich. Die Buchstabenform wird durch vollständig gerundete Linien mit sehr kurzen Ober- und Unterlängen charakterisiert.

Das Unzialalphabet

Diese Majuskeln wurden mit einer Feder geschrieben, die in einem sehr flachen Winkel von 10° bis 20° zur Waagerechten gehalten wurde. Es kann jedoch sehr schwierig sein, diesen Winkel einzuhalten. Die Buchstaben sind gerundet, gedrungen und kompakt. Sie besitzen nur minimale Ober- und Unterlängen. Die Serife ist ein kleiner Keil, der durch einen leicht gebogenen Strichzug, der sich an den abwärtsführenden anschließt, gebildet wird. Verwenden Sie eine breite Feder oder einen Flachpinsel, um diese Buchstaben zu formen.

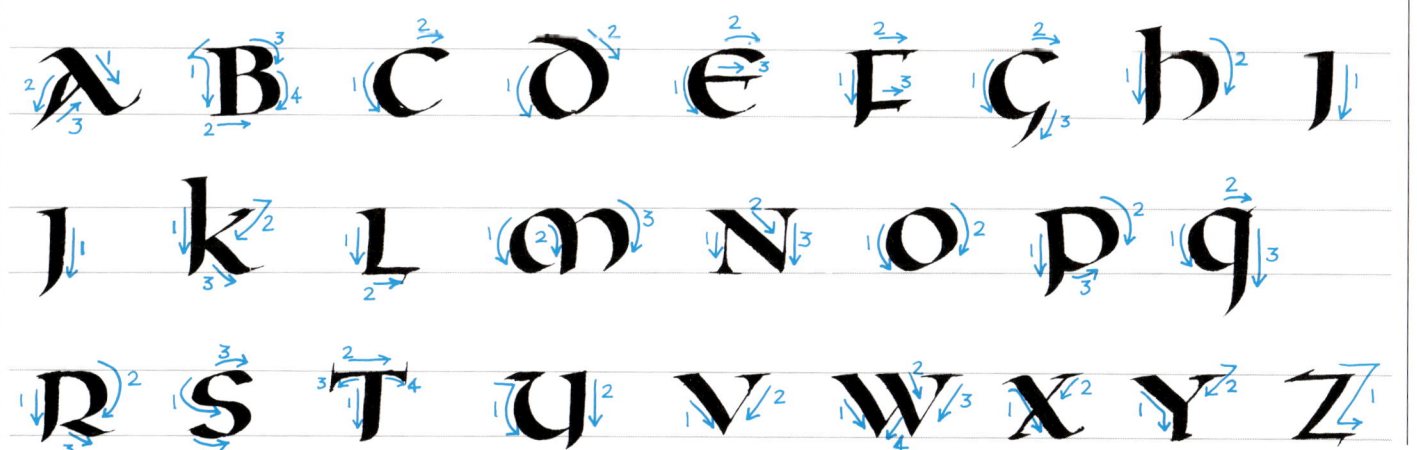

20° und einer Höhe von fünf Federspitzenbreiten geschrieben. Die Formung der Serifen erfolgt durch einen kleinen, entsprechend ausgerichteten Strichzug, der sich an den senkrecht ausgeführten Strich anschließt. Einigen Unzialen kann eine Haarlinienserife als Erweiterung angefügt werden.

Achten Sie darauf, daß die Abstände zwischen den Buchstaben dieser rundlichen Handschrift erhalten bleiben. Jeder Buchstabe sollte »atmen« können. Versuchen Sie, ein Gleichgewicht zwischen schwarz und weiß zu erreichen, vergrößern Sie bei Bedarf die Abstände zwischen den Wörtern und den Zeilen.

Die Halbunzialschrift

Die Unzialschrift mit ihren minimalen Ober- und Unterlängen wird als Majuskelhandschrift betrachtet. Die Halbunzialschrift, die zwar noch als Majuskelschrift einzuordnen ist, gilt als Vorläufer der meisten Minuskeln. Die Ober- und Unterlängen steigen am Buchstabenkörper deutlich an und fallen ebenso.

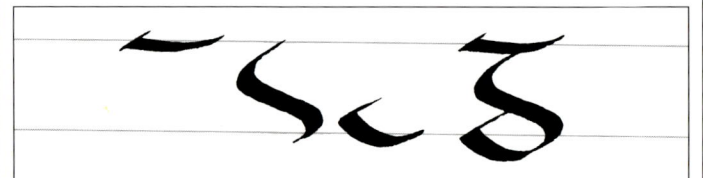

Wenn es Ihnen schwerfällt, den ersten Strichzug auszuführen, sollte diese Aufgabe in zwei Strichzüge aufgeteilt werden. Ziehen Sie den langen waagerechten Strich zuerst, und fügen Sie dann die kleine Linie am linken oberen Rand hinzu. Das Schreiben des Hauptstrichzuges des Buchstabens dürfte einige Praxis verlangen, um die korrekte Ausgewogenheit der Binnenräume und Gegenflächen zu erhalten.

Das Halbunzialalphabet

Die Halbunziale sind mit der angelsächsischen und der irischen Handschrift nahezu gleichzusetzen. Die Buchstabenhöhe beträgt vier bis viereinhalb Federspitzenbreiten. Der Federwinkel ist flach. Die Buchstabenformen sind rundlich, besitzen kurze Ober- und Unterlängen und zum Teil keilförmige Serifen. Die Zeilenabstände können minimal gehalten werden. Wohlüberlegte Abstände zwischen den Zeilen vermitteln allerdings einen schönen Gesamteindruck. Der Zeilenabstand von vier oder mehr Federspitzenbreiten bietet beispielsweise genügend Fläche für einen am Satzanfang stehenden Einzelbuchstaben, der vergrößert und verziert werden könnte.

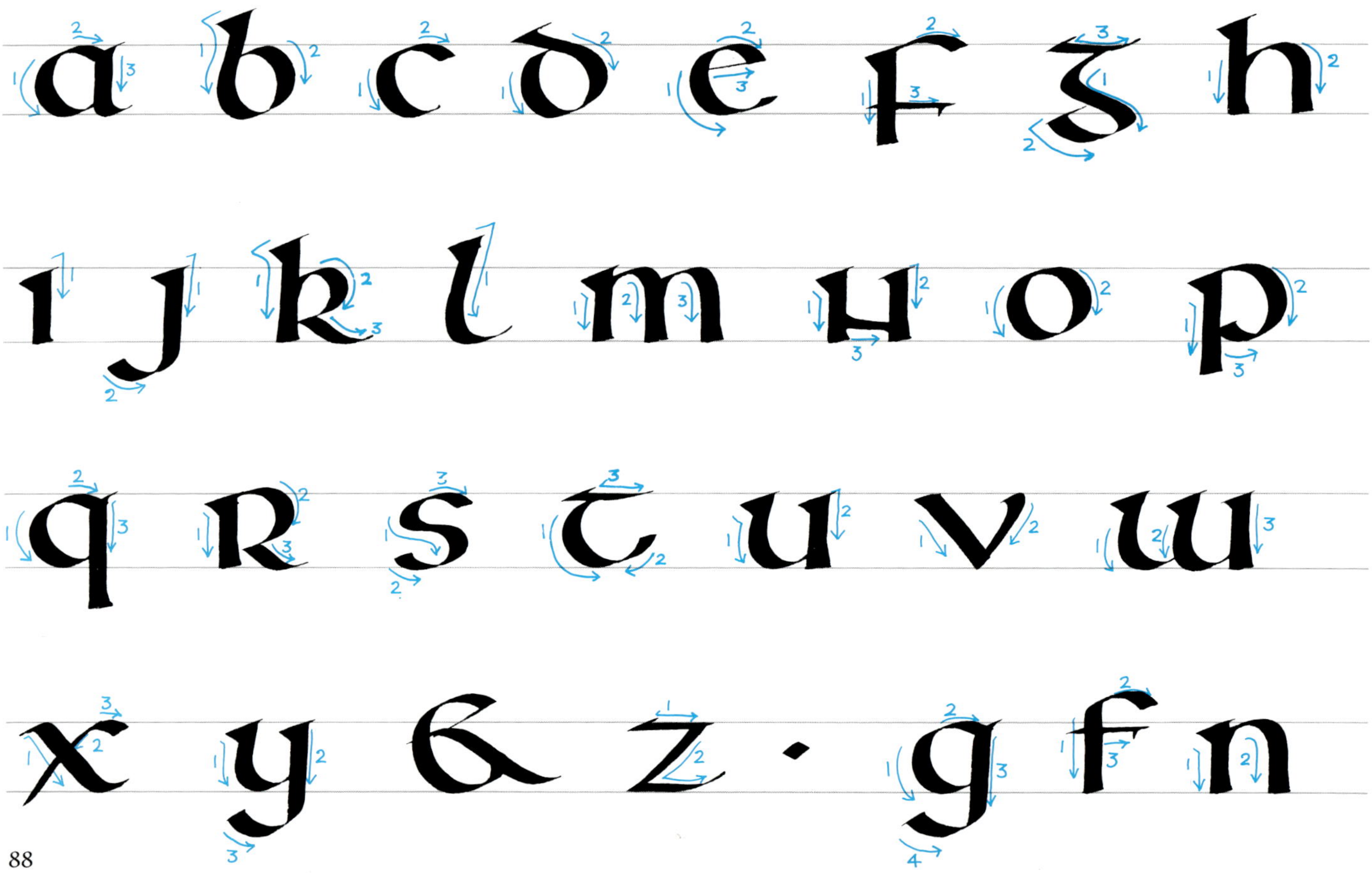

Das moderne Unzialalphabet

Die heutigen Modifikationen der Unziale wurden von den traditionellen Unzialmajuskeln abgeleitet. Die Buchstaben sind recht schwerfällig, wahren aber die Rundheit anderer Unzialformen. Die Buchstaben wurden mit einem flachen Winkel von 15° zur Waagerechten geschrieben, obwohl ein Winkel von 30° akzeptabel wäre. Die Buchstabenhöhe beträgt viereinhalb bis fünf Federspitzenbreiten. Die kurzen Ober- und Unterlängen der Unzialschrift wurden beibehalten. Viele der senkrechten Strichzüge und Unterlängen verlaufen nach links, verjüngen sich dabei und enden ohne Serife.

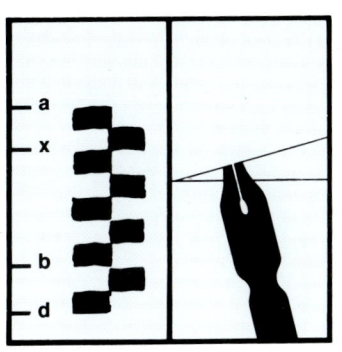

Der erste Strichzug für diesen Buchstaben soll die auf der Form des O basierende Rundheit vorgeben. Der zweite Strichzug komplettiert die runde Buchstabenform. Zum Schluß wird dem Buchstaben der gebogene Abstrich hinzugefügt.

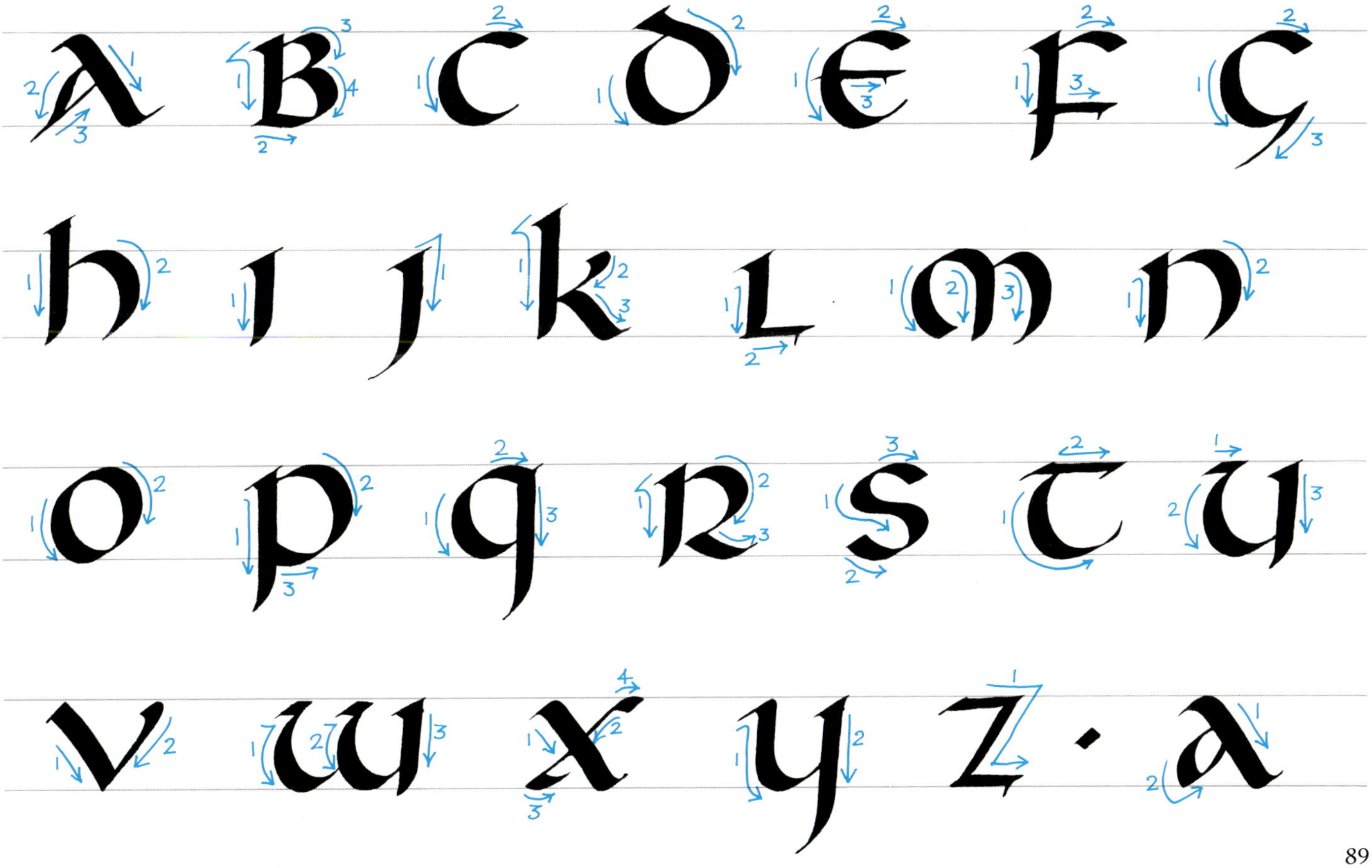

Versalbuchstaben

Diese eleganten Großbuchstaben erscheinen überall in den früheren Handschriften, wurden aber selten verwendet, um einen vollständigen Textblock zu bilden. Sie dienten hauptsächlich als Anfang bzw. Eröffnung eines Kapitels. Außerdem sollten sie die Aufmerksamkeit des Lesers auf einen bedeutenden Textabschnitt, den Beginn eines Absatzes oder eine Strophe lenken. Standen die Versalbuchstaben in einer dieser eben genannten beherrschenden Position auf einer Seite, so wurden diese außergewöhnlichen Buchstaben damals fast so sehr verziert, daß sie nicht wiederzuerkennen waren.

Ein, für die Kalligraphie ungewöhnliches Merkmal der Versalien besteht darin, daß diese Buchstaben aufgebaut werden und nicht geschrieben. Die meisten Strichzüge werden in der gleichen Weise gebildet, unabhängig davon, ob sie kurvenförmig oder gerade sind. Als Richtwert für die Höhe gilt das acht- bis zehnfache der Breite des Grundstrichs des Buchstabens.

Zu Beginn der Arbeit ist es empfehlenswert, die Umrisse der Buchstaben mit einer dünnen Bleistiftlinie vorzuzeichnen, um auf diese Weise die korrekten Winkel und Gegenformen zu sichern. Danach können Sie den Buchstaben Strich für Strich ausarbeiten. Verwenden Sie dafür eine mittelstarke Feder. Beginnen Sie mit den Senkrechtstrichen. Diese werden nach innen gehend leicht zusammengedrückt ausgeführt, verjüngen sich zur Mitte hin und verbreitern sich dann wieder etwas in Richtung des Buchstabenfußes. Die Diagonalstriche sind

ähnlich konstruiert. Wenn Sie die Buchstabenfläche nicht mit Farbe ergänzen, sollten sie diese mit einzelnen Strichzügen der Feder ausfüllen, so, wie die Umrißlinien gezogen wurden. Die leicht erweiterte Haarlinienserife wird mit der flach gehaltenen Feder geformt.

Buchstaben mit gerundeten Binnenräumen und Gegenflächen sollten normal auf der Grundlinie der Zeile aufsitzen, aber in der Höhe gegenüber den anderen Buchstaben etwas reduziert sein. Wenn Sie diese Buchstaben konstruieren, muß zuerst die innere Linie der Gegenfläche komplettiert werden. Dadurch gewährleisten Sie das Erreichen der korrekten Proportionen. Die größeren äußeren Wölbungen der Buchstaben besitzen eine geringfügig größere Krümmung als die inneren Linien. In Buchstaben mit Mittelstegen werden diese Mittelstege ein wenig oberhalb der Buchstabenmitte angeordnet.

Die »Geräumigkeit« dieser gefälligen Buchstabenformen bietet viele Entfaltungsmöglichkeiten für Verzierungen. Sie können die Buchstaben mit einer kontrastierenden Farbe ergänzen, indem sie einfach mit Hilfe einer Feder oder eines Pinsels die Flächen zwischen den Strichen ausfüllen. Eine Überschrift oder das erste Wort eines Textes erregen die Aufmerksamkeit, wenn sie reichlich mit Farbe geschmückt wurden, hinzugefügte Haarlinien und kunstvolle in verwickelte Muster hineinwirbelnde Schnörkelverzierungen besitzen.

1 Bei diesem Versalbuchstaben wird der innere Strichzug zuerst ausgeführt, um die Binnenform zu festigen. Danach ist der äußere Strichzug zu ziehen. (Gerade Abwärtsstriche im Mittelbereich leicht konkav zeichnen).

2 Die zwei Querstriche im Mittelteil des Buchstabens beginnen mit der Breite der Federspitze und spreizen sich dann allmählich voneinander in zwei selbständige Strichzüge. Damit bilden sie eine sich nach links verjüngende Keilform.

3 Jetzt wird der abschließende Senkrechtstrich gezogen. Dieser Haarlinienstrichzug soll mit wenig Druck ausgeführt werden. Die Feder ist dabei in einem Winkel von 90° zum Papier zu halten.

4 Die »gerippeartige« Schrift kann mit einzelnen Strichzügen der Feder ausgefüllt (»ausgemalt«) werden. Dieses kann auch mit einem feinen spitzen Pinsel erfolgen.

A B C D E F G H
I J K L M N O
P Q R S T U V
W X Y Z · o

Das Versalalphabet

Diese Großbuchstaben sind hervorragend für Überschriften und Verzierungen geeignet. Sie wirken
auch meist gut, wenn sie gemeinsam mit anderen kalligraphischen
Schriften verwendet werden. Die inneren Strichzüge werden zuerst
vollendet, um die richtigen Proportionen der Binnenräume oder Gegenflächen zu sichern. Die leicht
konkav zu zeichnenden Senkrechtstriche sind mit großer Sorgfalt aus-

zuführen. Die Kehlung der senkrechten Doppelstriche darf nicht
übertrieben werden, damit die Striche in ihrere Mitte nicht zu dünn
und ihre Anfänge und Endungen
nicht zu dick erscheinen. Als Ar-
beitsmittel eignen sich eine Metallfeder, ein dünner spitzer Pinsel oder
ein Federkiel. Diese Instrumente
werden bei unterschiedlichen Winkeln gehandhabt, so wird die Ausgewogenheit von dünnen und dik-
ken Strichzügen erreicht.

Die im mittleren Buchstabenbereich
leicht zusammengedrängten, senkrechten Strichzüge wurden zuerst
gezogen. Drehen Sie die Feder auf
0° zur waagerechten Schreiblinie

und ziehen Sie die Serifen. Der innere Strichzug der Binnenform wird
zuerst ausgeführt, danach der äußere hinzugefügt.

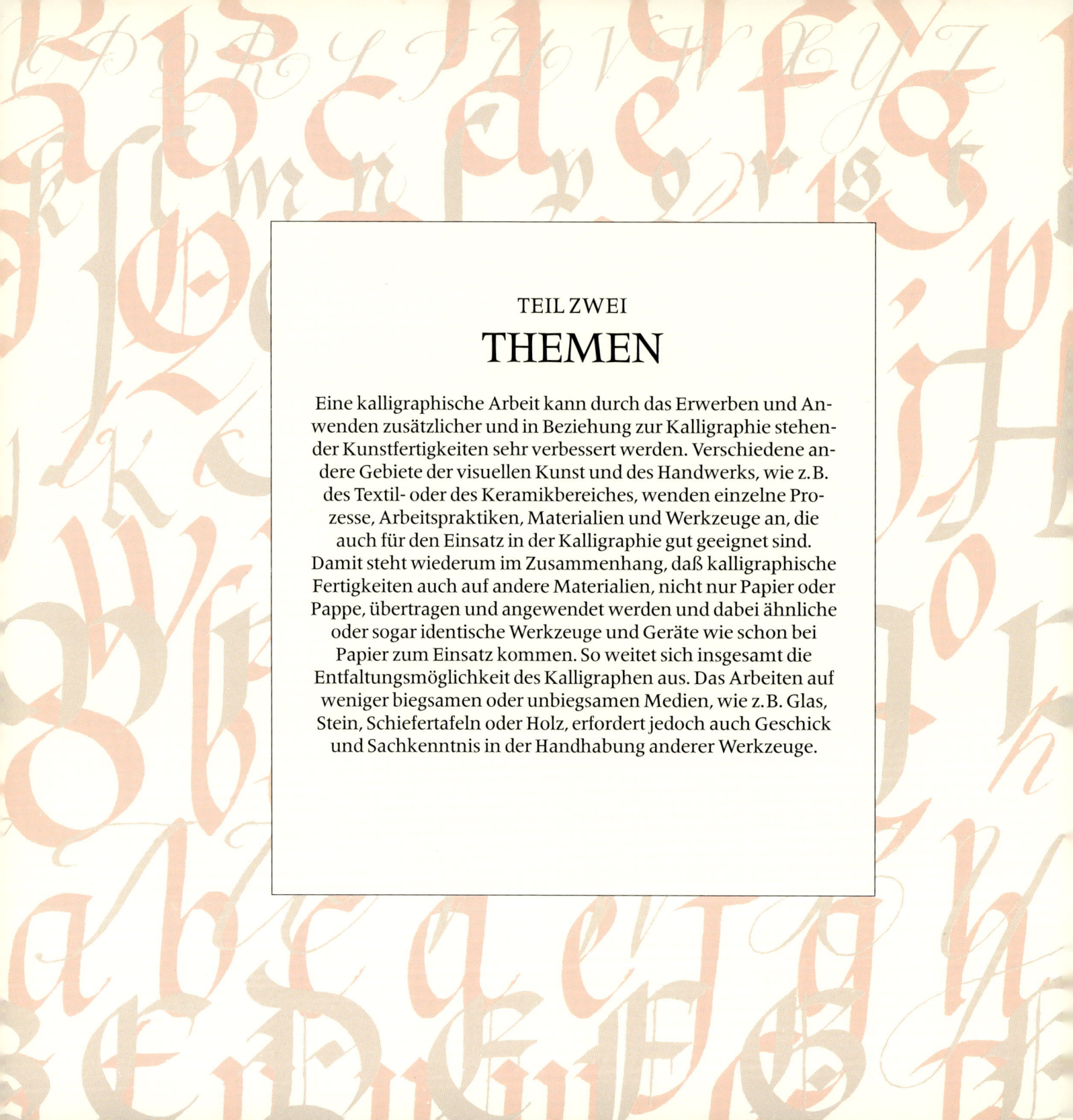

TEIL ZWEI

THEMEN

Eine kalligraphische Arbeit kann durch das Erwerben und Anwenden zusätzlicher und in Beziehung zur Kalligraphie stehender Kunstfertigkeiten sehr verbessert werden. Verschiedene andere Gebiete der visuellen Kunst und des Handwerks, wie z. B. des Textil- oder des Keramikbereiches, wenden einzelne Prozesse, Arbeitspraktiken, Materialien und Werkzeuge an, die auch für den Einsatz in der Kalligraphie gut geeignet sind. Damit steht wiederum im Zusammenhang, daß kalligraphische Fertigkeiten auch auf andere Materialien, nicht nur Papier oder Pappe, übertragen und angewendet werden und dabei ähnliche oder sogar identische Werkzeuge und Geräte wie schon bei Papier zum Einsatz kommen. So weitet sich insgesamt die Entfaltungsmöglichkeit des Kalligraphen aus. Das Arbeiten auf weniger biegsamen oder unbiegsamen Medien, wie z. B. Glas, Stein, Schiefertafeln oder Holz, erfordert jedoch auch Geschick und Sachkenntnis in der Handhabung anderer Werkzeuge.

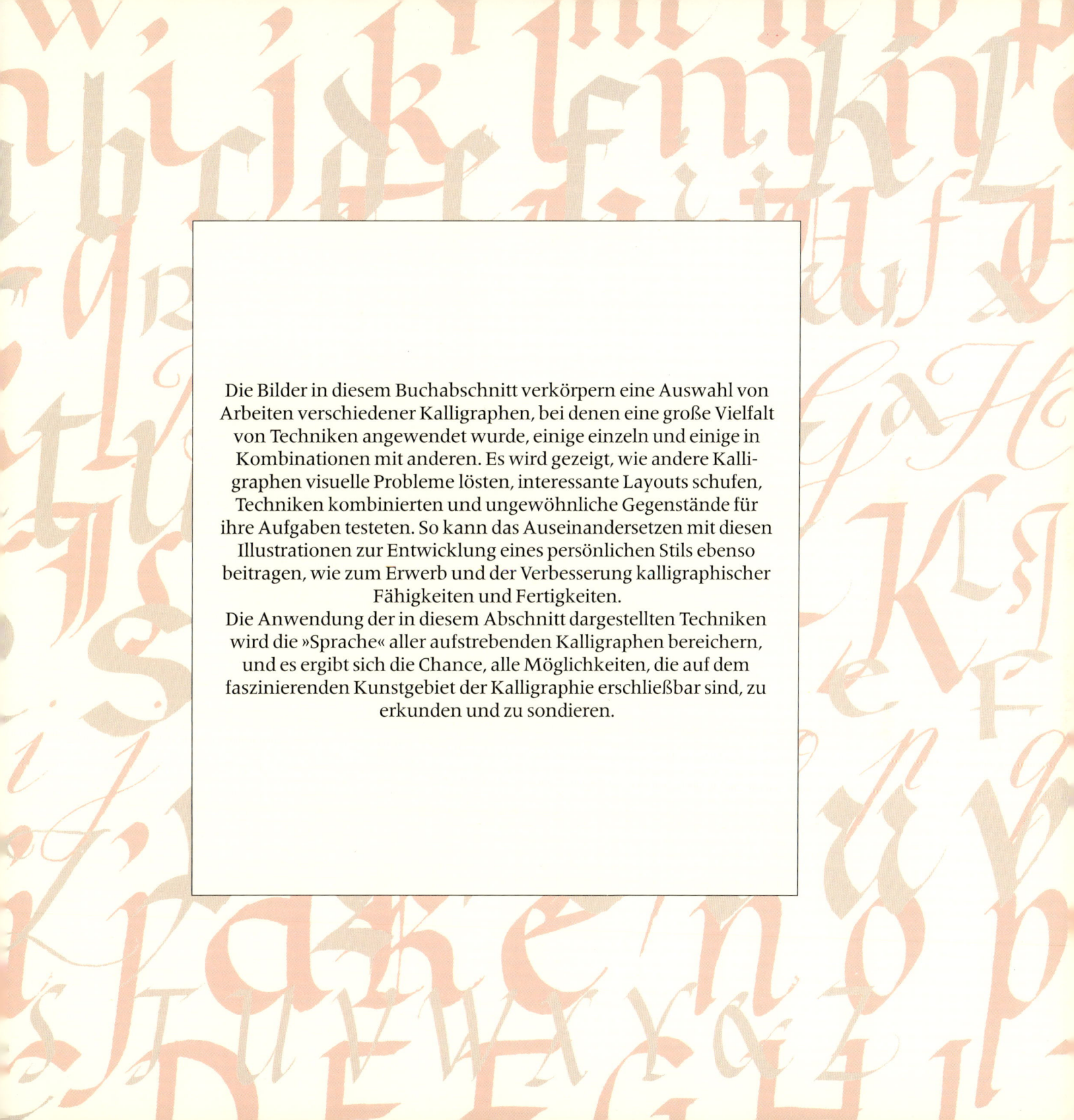

Die Bilder in diesem Buchabschnitt verkörpern eine Auswahl von Arbeiten verschiedener Kalligraphen, bei denen eine große Vielfalt von Techniken angewendet wurde, einige einzeln und einige in Kombinationen mit anderen. Es wird gezeigt, wie andere Kalligraphen visuelle Probleme lösten, interessante Layouts schufen, Techniken kombinierten und ungewöhnliche Gegenstände für ihre Aufgaben testeten. So kann das Auseinandersetzen mit diesen Illustrationen zur Entwicklung eines persönlichen Stils ebenso beitragen, wie zum Erwerb und der Verbesserung kalligraphischer Fähigkeiten und Fertigkeiten.

Die Anwendung der in diesem Abschnitt dargestellten Techniken wird die »Sprache« aller aufstrebenden Kalligraphen bereichern, und es ergibt sich die Chance, alle Möglichkeiten, die auf dem faszinierenden Kunstgebiet der Kalligraphie erschließbar sind, zu erkunden und zu sondieren.

Buchstabenformen

Die sechsundzwanzig Buchstaben des westlichen Alphabetes liefern unbegrenzte Möglichkeiten, so z.B. für die Untersuchung individueller graphischer Formen, und bilden, wenn sie aneinandergruppiert werden, eine Basis für die Kommunikation. Die allmähliche Entwicklung des Alphabetes bezüglich der erkennbaren Formen, die heute angewendet werden, erstreckt sich über einen Zeitraum von mehr als zweitausend Jahren. Die Hauptbeiträge stammen von der eingravierten klassischen römischen Kapitalis, der karolingischen Handschrift des 8. Jh. und der humanistischen Buchhandschrift der italienischen Renaissance.

Ein Einzelbuchstabe kann für sich ein sehr schönes Element sein, und es ist möglich, daß eine grundlegende Buchstabenform mit ausgeglichenen Proportionen, die sich auf einem Blatt gut gewählten Papiers befindet, ebensoviel Interesse hervorruft wie ein verzierter Buchstabe. Die Kalligraphie, wie auch viele andere Aktivitäten, erfordert beständige Aufmerksamkeit und praktische Übung. Einzelne Buchstaben, die mit sorgfältiger Kunstfertigkeit hergestellt wurden, eignen sich zum Ausarbeiten von Verzierungen. Viele interessante Einblicke sind dabei möglich. Es ist wichtig, die Gewißheit zu haben, daß die Buchstabenformen gut sind. Die Formen sollen dem Kalligraphen vertraut sein, und er muß ein gründliches Wissen über ihre Gestaltung besitzen. Das Verständnis, wie und weshalb Buchstaben in besonderer Weise gestaltet werden, ist ein Grunderfordernis.

Alle diese Informationen lassen sich nicht allein durch das Lernen kalligraphischer Alphabete aneignen, sondern das Verständnis und der Sinn für Buchstabenformen wird sich mit zunehmender Praxis durch kontinuierliche Impulse von Entdeckungen und Wiederentdeckungen verbessern. Die Freude, die ein Kalligraph an der Kunstfertigkeit exzellenter Buchstabenformen finden kann, soll in seiner Arbeit zum Ausdruck kommen und vom Betrachter nachempfindbar sein.

So wie sich Ihr Verständnis für die Buchstabengestaltungen entwickelt, können Sie nach und nach eine scheinbar grenzenlose Welt erkunden, die aus nur sechsundzwanzig Buchstaben besteht. Während dies geschieht, ist es möglich, einen individuellen Stil zu finden und sich Sachkenntnis, vergleichbar der einer anderen Kunst, anzueignen.

Das Drogo-Sakramentar (eines der Hauptwerke der karolingischen Buchmalerei, um 850), in einer schönen Handschrift geschrieben, enthält Seiten mit kunstwissenschaftlich relevanten Anfangsbuchstaben. Die romanischen Großbuchstaben wurden klar gestaltet und sind sowohl waagerecht als auch senkrecht visuell ausgeglichen. Die Buchstaben stellen eine mit Laubwerk verzierte Inschrift dar. Die Umrisse der Buchstaben bleiben durchweg gleichmäßig deutlich. Sie werden als Stütze genutzt, an der sich die Schnörkel des Laubwerkes ineinanderwinden. In den Buchstabenformen sind außerdem Miniaturbilder mit erzählender Bedeutung enthalten.

Buchstaben

Die Arbeit mit einzelnen Buchstaben bietet eine gute Basis für das Ausprobieren unterschiedlicher Darstellungsvarianten. Zeichnen Sie einige Quadrate auf einem Blatt von oben beginnend mit einer Seitenlänge von etwa 100 mm. Verwenden Sie eine breite Feder und irgendeinen Beschriftungsstil. Schreiben Sie einen einzelnen Buchstaben in einer beliebigen Größe an eine beliebige Stelle jedes Quadrats. Es ist zu erwarten, daß einige Buchstaben in den quadratischen Flächen dominieren. Bei anderen Buchstaben ist mit einer ausgleichenden Wirkung bezüglich der schwarzen und weißen Flächenteile zu rechnen. Diese Buchstaben können als Basis für die Anwendung einfacher Verzierungen benutzt werden.

Eine weitere Übung ist das Experimentieren mit negativen Buchstaben (Umkehr der Zeichendarstellung von dunklem auf hellen Hintergrund und umgekehrt). Legen Sie einen Bogen Transparentpapier oder Layoutpapier über die Arbeit. Füllen Sie dann die Flächen, die etwa quadratische Formen besitzen sollen, innerhalb und in der Umgebung der Buchstaben mit Farbe aus.

Eine andere gute Lösung bietet sich an, wenn Sie eine Erweiterung eines Buchstabens zulassen, und diese aus der den Buchstaben umgebenden, willkürlich festgelegten Fläche »ausbrechen« kann. Verwenden Sie Kombinationen und günstige Nebeneinanderstellungen von Buchstaben. Auf diese Weise ist es möglich, ein Monogramm oder ein Logo zu entwickeln.

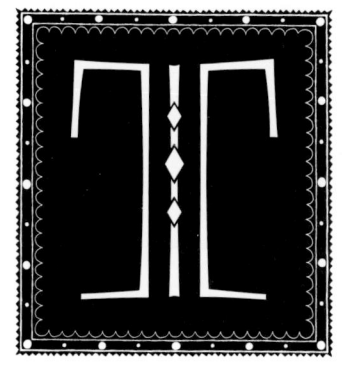

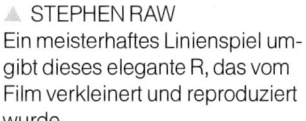
▲ STEPHEN RAW
Ein meisterhaftes Linienspiel umgibt dieses elegante R, das vom Film verkleinert und reproduziert wurde.

Das Reiben von Wachsmalstiften über ein aus Pappe ausgeschnittenes r führt auf dem darunterliegenden Layoutpapier zu dieser Struktur.

Das S auf der hier gezeigten Abbildung wurde mit einer Feder auf grobes Aquarellpapier geschrieben.

◄◄ STEPHEN RAW
Dieser Buchstabe wurde mit einer »kratzenden« Feder gezeichnet, danach gefaxt. Das Faxgerät tastet das Bild als eine Folge kleiner Quadrate ab. Durch Vergrößerung entsteht die zackenförmige Kontur.

◄ STEPHEN RAW
Das Zeichnen der Randleiste und der Buchstabenform erfolgte mit Hilfe einer Metallfeder und schwarzer Tinte auf weißem Papier. Während eines fotomechanischen Prozesses wurde das Bild vom Positiv in ein Negativ umgewandelt.

◄◄ STEPHEN RAW
Hier werden mit zwei unterschiedlichen Pinseln geschriebene Buchstaben dargestellt, in der Mitte der Großbuchstabe T der serifenlosen Linearantiqua.

◄ STEPHEN RAW
Nach dem Zeichnen des Buchstabens mit einem Filzstift erfolgte die Inversion der Flächen. Anschließend wurde die Darstellung auf einem Fotokopiergerät vergrößert.

Schmuckbuchstaben

Um zu lernen, wie Buchstaben verziert werden, ist es zunächst erforderlich, sich das notwendige Wissen dafür anzueignen. Beim Betrachten der Handschriften vergangener Jahrhunderte kann viel Interessantes entdeckt werden, wenn Sie, bei aller Bewunderung für den Erfindungsreichtum und das Geschick der früheren Schreiber, über das Geleistete hinausgehen. Sie müssen beginnen, die vorhandenen historischen Arbeiten zu analysieren. Dabei ist es ratsam, eine persönliche Methode für das Besichtigen dieser Dinge zu entwickeln. Finden Sie ein Verfahren, um sich auf einzelne Komponenten zu konzentrieren und folgen Sie den eingeschlagenen Wegen bei allen Ihren Erkundungsvorhaben.

Ein häufig zur Verzierung verwendetes Mittel war der einfache Punkt. Dieser kam wiederholt zum Einsatz, um Buchstaben vollständig zu umgeben, entweder nur in einer Reihe oder in zwei Reihen. Dabei sollen sie sorgsam jeder Linie, jedem Binnenraum, jeder Gegenfläche und Serife folgen. Manchmal füllen die Punkte die Gegenform komplett aus oder bilden sogar ihre eigene Form rund um die Buchstaben des ersten Wortes. Wenn Sie entschlüsseln, wie diese Effekte geschaffen wurden, werden Sie herausfinden, daß die Punkte wahrscheinlich nicht willkürlich angeordnet sind. Die erste Punktreihe umrandet den Buchstaben. Dann befinden sich weitere Punktlinien neben der ersten Reihe. Für linienförmige Zeichen wäre die Vorgehensweise ähnlich.

Eine einzelne Farbe, die in die eingeschlossene oder halb-eingeschlossene Gegenform eingebracht wird, dient häufig dazu, die Aufmerksamkeit auf einen Anfangsbuchstaben zu lenken. Vergessen Sie jedoch nicht, die tatsächliche Buchstabenform, die gut gestaltet sein muß, ausreichend zu beachten. So sind beispielsweise VERSALBUCHSTABEN gut für verzierte Motive geeignet, aber sehr schwer zu erlernen und auszuführen.

Es kann einige Zeit dauern, bis das notwendige Selbstvertrauen für das Verzieren der Buchstaben erreicht wird. Aber auch das Realisieren einfacher Lösungen in der Anfangsphase solcher Tätigkeiten bewirkt eine Bereicherung der praktischen Erfahrungen. Die Freude und Befriedigung, die aus den erarbeiteten und gut gelungenen dekorativen Buchstaben gewonnen werden kann, sollte Kraft und Anregung für weitere Unternehmungen liefern.

Das Ausfüllen einer Buchstabenform mit zarten Mustern dürfte eine schwierige Herausforderung darstellen. Also beginnen Sie mit Flächen einheitlicher Färbung, mit Linien, Punkten und Kombinationen einfacher Zeichen. Alle diese Motive können so ausgearbeitet und wiederholt werden, daß sie ein Randleistenmuster bilden.

Wenn Sie die Möglichkeiten für die Verzierung einzelner Buchstaben abwägen, gehen Sie von ganzen Wörtern aus. Das erste Wort eines Textes kann einen farbig ausgemalten Anfangsbuchstaben besitzen. Es muß allerdings eine Beziehung zu den verbleibenden Buchstaben des Wortes gefunden werden.

▲ Das Evangeliar von Lindisfarne des späten 7. Jh. wurde in angelsächsischen Majuskeln geschrieben, die aus den in Irland verwendeten insularen Halbunzialschriften entstanden. Die Buchstaben weisen Merkmale der Halbunzialschriften auf – die Rundheit, die keilförmigen Serifen und einen flachen Federwinkel. Die in angelsächsischen Handschriften oder Codizes vorkommenden Anmerkungen zwischen den Zeilen wurden im 10. Jh. hinzugefügt. Das verzierte erste Wort enthält Grundelemente der Verzierung: Punkte, Linien, ausgefüllte Binnenräume und Gegenflächen, Verflechtungen, einfache Tierformen und Farben.

▶ Diese Titelseite des Buches »Cartae Antiquae« aus dem 15. Jh. zeigt eine verzierte Unzialform mit einem Miniaturgemälde im Binnenraum. Die Buchstabenverzierung besteht aus Punkten, Linien und einem farblichen, wie ein Schatten wirkenden Effekt. Die Enden der Serifen wurden vollständig in die Gestaltung einbezogen. In der Hauptrandleiste wird die Pflanzenwelt dargestellt. In dieser äußeren Randleiste ähnelt das Laubwerk Pfauenfedern und scheint in seiner Art der ungezwungenen kursiven und gotisch inspirierten Schrift angemessen zu sein.

Die Titelseite des Evangeliums nach Matthäus in dem Evangeliar von Kells enthält diese großartige Verzierung. Sie drückt das größte Selbstvertrauen und die höchste Vitalität des Stils aus, die von den keltischen Illuminatoren erzielt wurde. Eine verschwenderische Fülle geometrischer Formen ist in komplizierter Weise in das winzige Muster eingeflochten worden.

Die Buchstabenformen besitzen dunkle Umrißlinien, die ihre Ränder kennzeichnen. Dicke dunkelrote und orangefarbene Linien säumen die Buchstabenformen und bilden ein Grundgerüst, in dem sich die Verzierungen befinden. Die Flächen der Verzierungen sind darüberhinaus durch die breite Linie der Randleiste markiert, wodurch der Buchstabe in Abschnitte unterschiedlicher Muster geteilt wird. Die Vielfalt der Muster erstreckt sich von verwickelten Spiralen, Kreisen und Knoten bis hin zu einfachen, sich wiederholenden Mustern. Der erste Buchstabe enthält mehrere rechteckähnliche Gebilde. Der Binnenraum des zweiten Buchstabens, des P, wird durch den Kopf eines Engels beherrscht. Das gelbblonde, rote Linien besitzende Haar, erhält durch angrenzende Formen, die ein einfaches Flechtmuster darstellen, eine Ergänzung.

Die den Buchstaben umgebenden, ihn bildenden und sein Inneres ausfüllenden Muster repräsentieren eine weitere Welt der Symbole. Jeder Knoten wurde aus einer durchgehenden Linie konstruiert, die damit als Symbol für das ewige Leben gelten soll. Nach unten, entlang der erweiterten Diagonale des Hauptbuchstabens, sind menschliche Figuren dargestellt. Im Inneren seiner Form enthält der Buchstabe eine verschwenderische Fülle wirbelnder Motive. Diese Motive sind Elemente der aus tierähnlichen Gebilden bestehenden Verzierung.

MICHAEL HARVEY
Elegant proportionierte und flüssig präsentierte Buchstaben der römischen Kapitalis werden in dieser Abbildung durch blockförmige Randleisten ideal ergänzt. Diese Randleisten umrahmen die Anfangsbuchstaben und bieten eine günstige Gelegenheit um Farben einzusetzen. Die locker ausgeführte Schrift in der linken Spalte wurde in einem freien Rhythmus geschrieben. Einige Buchstaben durchbrechen die x-Höhe und tragen somit zur visuellen Bewegung innerhalb des Schriftbildes bei. In der rechten Spalte bildet die Großbuchstabenschrift ein ungleichmäßig rhythmisches Muster, welches durch die Winkel der Buchstaben und das Einfügen einiger Minuskelbuchstaben hervorgerufen und beeinflußt wird.

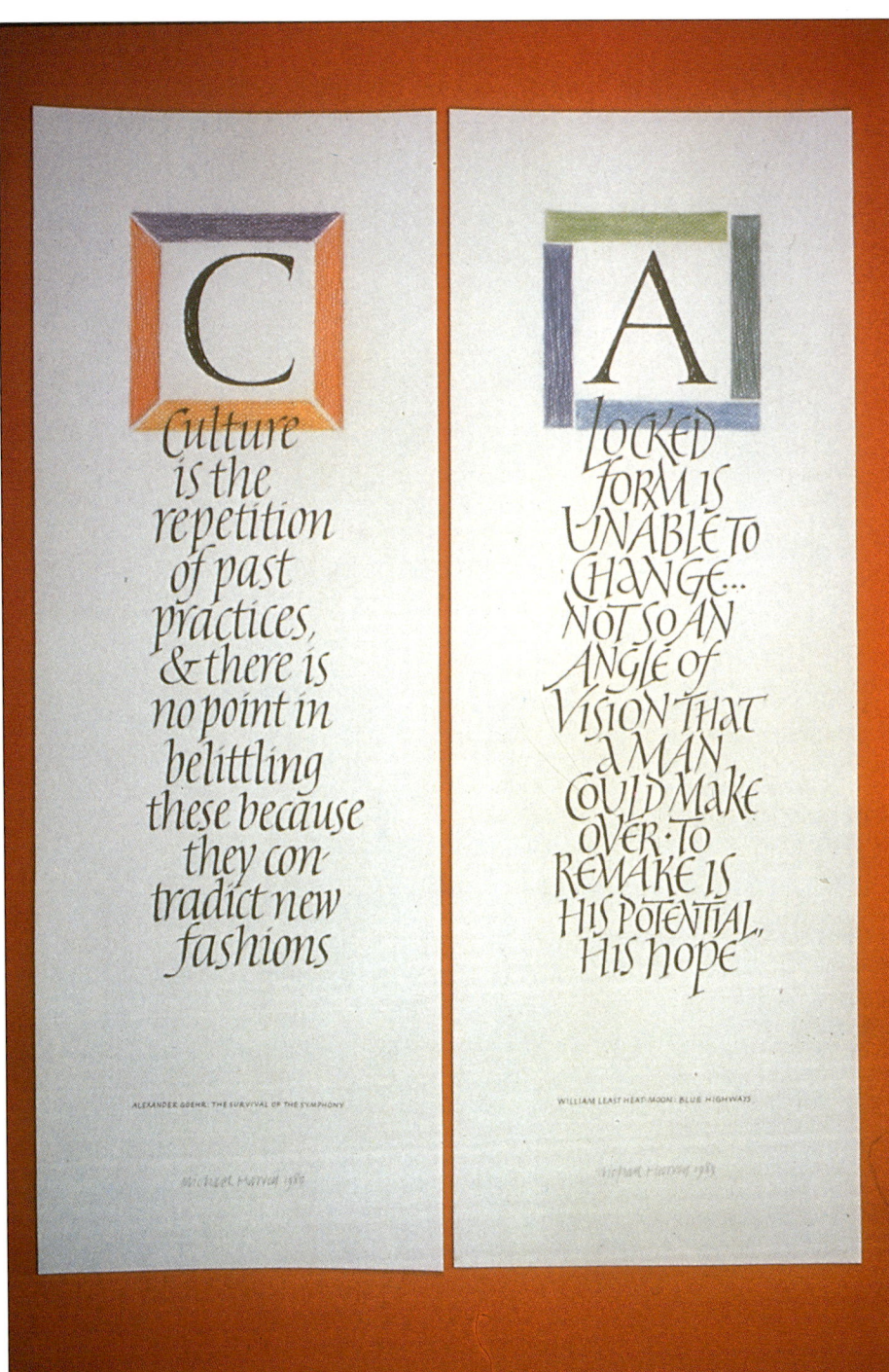

98

◄ DAVE WOOD
Diese flüssig und dynamisch geschriebenen Buchstabenformen (mit Pinsel und Feder geschrieben, gezeichnet und verziert) sind in einer Montagestruktur dargestellt, die das Thema des handschriftlichen Textes ergänzen.

▼ ISABELLE SPENCER
Ein gotischer Buchstabe mit einer betonten Doppellinie und dünnen Haarlinienerweiterungen, die aus dekorativen Zwecken hinzugefügt wurden, ist hier abgebildet.

► CHARLES HUGHES
In einem kursiv geschriebenen Monogramm sind verschiedene Buchstaben des Alphabetes dargestellt. Beachten Sie den Strichzug, den die Buchstaben c und z gemeinsam besitzen und der sie auf diese Weise verbindet. Die schwungvolle Erweiterung des x stellt die Verbindung zum z her.

► SUZANNE GUEST
Für dieses Beispiel wurden mehrere Schreibgeräte verwendet. Das Ausführen der Strichzüge erfolgte mit Buntstift, Spaltfeder und gewöhnlicher Feder. Die mit dem Stift gezeichneten Formen simulieren eine Stein- oder Metallarbeit. Elemente des Bildes schwingen in den rechten Teil der Fläche aus.

▶ DAVE WOOD
In diesem Beispiel wird die waagerechte Hauptachse durch eine
weiße Kursivschrift mit langen Ober-
und Unterlängen gebildet. Die als
Ornamente verwendeten verzierten
Buchstaben wurden sorgfältig außermittig plaziert, um so einen ausgewogenen visuellen Gesamteindruck zu gewährleisten.

◀ DAVE WOOD
Der Ausschnitt zeigt, welch phantastischen Effekt weiße Tinte auf
schwarzem Papier bewirkt und sich
damit von der Buntstiftarbeit ab-
hebt. Das A ist grob gezeichnet,
aber sorgsam mit wirbelnden Blatt-
formen verziert worden. Die Struktur
der mit dem Stift gezeichneten
Schattierung trägt zur Vitalität der
Gestaltung bei. Oberhalb der Text-
linie wurden verschiedene Formen
und Stile des Buchstabens A überlagert. Diese sich durch bemer-
kenswerte Ausdruckskraft und Bewegung auszeichnenden Buchstabenformen und -stile sind von einer
formalen Randleiste umgeben.
Diese Randleiste besteht aus den
Buchstaben des Alphabetes und
hat die Form eines auf einer Ecke
stehenden Vierecks. Entlang der
geschriebenen weißen Zeile wurden kleine Rautenformen unterschiedlicher Farbe angeordnet und
stellen damit die Verbindung zu
dem am meisten verzierten Buchstaben her.
Die Positionierung des Textes und

der verzierten Form sind ebenso
wichtig, wie die Auswahl der Farben. Hier wurde die weiße Schrift
durch blaue und lila Schattierungen
ergänzt, komplettiert durch die etwas kühne Anwendung gelber
Farbe im oberen Teil der Verzierung.

▶ GEORGE THOMSON

Dieses Beispiel eines verzierten Buchstabens und der entsprechenden Schrift zeigt den historischen Einfluß des Evangeliars von Kells und der Illuminatoren des Evangeliars von Lindisfarne. Die Schrift entspricht dem Unzialstil. Die größeren Buchstaben am Beginn des Textes fallen durch farbig ausgefüllte Binnenräume und Gegenflächen auf. Die keilförmigen Serifen geben auch visuell die Art der angewendeten Verzierung wieder. Hier hat die Verzierung runde Formen und wirkt ein- und umschließend.

Die Farbausführung des Anfangsbuchstabens kann als zart und gedämpft bezeichnet werden. Es befinden sich allerdings im Muster auch Flächen, die die Farbe Schwarz enthalten. Sie sollen einen Kontrast schaffen. Der Hauptteil der Buchstabenform enthält zwei schwarze Umrißlinien, die eine blaue Randleiste umschließen. Der kreisförmige Strichzug des P wird in einem weiten Bogen geführt, dann durch den Schlitz des abwärtsführenden Buchstabenteils gelenkt und endet mit elegantem Schwung in einer 180°-Krümmung. Der gesamte Buchstabe ist von dreilappigen Blättern, einfachen Blättern und kreisförmigen Gebilden umgeben.

◀ MARTIN WENHAM

Diese Arbeit ist ein interessantes Beispiel für kalligraphische Buchstabenformen, die vom graphischen Design getragen werden. Die Schrift wurde nicht gezeichnet, sondern aus dem Papier ausgeschnitten, um die weißen Formen auf dem fertig bearbeiteten Gestaltungsbeispiel zu zeigen. Schwarze Strichzüge in den Flächen der kontrastarmen Farbsegmente komplettieren die negativen Formen rings um die serifenlosen Buchstaben und innerhalb der Binnenräume und Gegenformen des B, C, D und G. Die Binnenräume und Gegenformen dieser vier Buchstaben sind so gestaltet, daß sie auch insgesamt ein gutes Bild ergeben. Beachten Sie, wie die Buchstaben C und D aneinandergefügt wurden. Eine größere weiße Fläche trägt den Namen des Künstlers. Das ganze Design wurde leicht schräg angeordnet, um die dynamischen und scharf geschnittenen Buchstabenformen mit verbessertem Effekt wiederzugeben.

MARTIN WENHAM

Alphabete

Häufig werden von Kalligraphen ganze Alphabete in verschiedenen Schriftstilen geschrieben. Sie können in ihrer ureigensten Form bereits kleine Kunstwerke sein. Das Layout für ein Alphabet, das als Kunstwerk gestaltet werden soll, wird allerdings durch die tatsächlichen Buchstabenformen bestimmt, die dem Alphabet bereits innewohnen. Eine gleichmäßige Handschrift, bei der die Buchstaben normalerweise eine bestimmte Fläche beanspruchen, wie bei der UNZIALSCHRIFT, bietet weniger Möglichkeiten, als eine frei gestaltete und mit dem Pinsel ausgeführte Schrift. Weitere Möglichkeiten ergeben sich außerdem mit einer kursiven Handschrift, die auch verziert sein kann. Soll ein ganzes Alphabet dargestellt werden, ist das Herstellen enger Verbindungen zwischen den Buchstaben eine ganz besondere Herausforderung.

Besondere Aufmerksamkeit ist den Flächen im Inneren des Buchstabens und den ihn umgebenden Flächen zu widmen. Eine verschlungene Darstellung läßt sich durch Nebeneinanderstellen und gleichzeitiges Darüberstellen von Buchstaben erreichen. Um diese Darstellungsart zu ermöglichen, können auch zwei nebeneinanderbefindliche Buchstaben einen klammernden oder verbindenden Strichzug erhalten.

Häufig umfaßt das Layout eines Alphabetes einen Bereich von fünf bis acht Zeilen. Das Hinzufügen kleiner Motive, z.B. von rautenförmigen Bildern in einer Kontrast hervorrufenden oder markierend wirkenden Farbe, kann den Gesamteindruck eines Stückes noch verbessern.

Wird das Alphabet von einer Randleiste umrahmt, kann es dadurch noch interessanter wirken. Das Nachdenken über Gestaltungselemente für die Randleiste muß sich dabei nicht nur auf einfache Zeichen, wie Punkte und Linien, beschränken. Elemente können auch sich wiederholende Buchstaben des aktuellen Alphabetes oder mit diesen Buchstaben gebildete Wörter sein.

Anregende Eindrücke können Sie aus der Anwendung folgender Technik erhalten: Feuchte Farbe wird auf andere feuchte Farbe aufgetragen. Die Farben werden ineinander laufen, ineinander übergehen und dabei sehr interessante Effekte hervorrufen.

▷ STUART BARRIE
Überlagerte Buchstabenformen in schwarz und grau bilden ein dynamisches Muster dieses Alphabetes. Als erstes wurde ein grauer Filzmarkierstift sehr locker angewendet, danach folgte ein schwarzer Kalligraphie-Markierstift. Die groben Strichzüge der Schrift fließen schnell über das Papier.

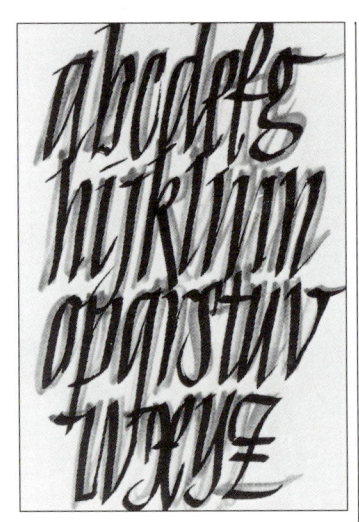

▽ DENIS BROWN
Dieses ist eine wunderschöne Präsentation gotischer Textura mit Variationen. Das Grundalphabet wurde sorgfältig in grauem Farbton ausgeführt. Die Attraktivität des Designs wurde zusätzlich durch gut plazierte Textblöcke, eine kleine, rote Buchstaben enthaltende Rautenform und die Abbildung erhöht.

◄ PAUL SHAW
Die gerundeten Buchstaben der Unzialformen sind die inspirativen Quellen für dieses Alphabet. Es wurde mit Kalligraphietinte geschrieben. Das persönliche Zeichen des Kalligraphen – das S in dem umrandeten Kästchen – unterbricht das lineare Arrangement. Das »Ausfransen« der Ränder und Strichzüge einiger Buchstaben bewirkt einen zusätzlichen interessanten Effekt.

◄ ▲ KENNETH BREESE
Die kräftigen, leuchtenden Farben dieser einzelnen, auf eine Tafel gemalten Buchstaben ziehen sofort den Blick des Betrachters auf sich. Erst danach erschließt sich die Gestaltung dieser Buchstaben. Immanent mit den Buchstaben verbundene Formen wellen sich, schlingen sich ineinander und tragen so zur gesamten Erscheinungsform der Buchstaben bei. Jeder Platz der Buchstaben hebt sich gegenüber einem individuellen Hintergrund ab. Der Hintergrund führt das Thema der Verzierung mit feineren Details weiter, oder er ergänzt es. Das Detailbild des Buchstabens H verkörpert eine hoheitsvolle Form. Das aus dünnen Linien bestehende wirbelnde Laubwerk und die begleitenden Blumen bilden den Hintergrund. So ließ sich ein angenehmer Kontrast zur Massivität des Buchstabens mit seinem gemalten Schatten herstellen.

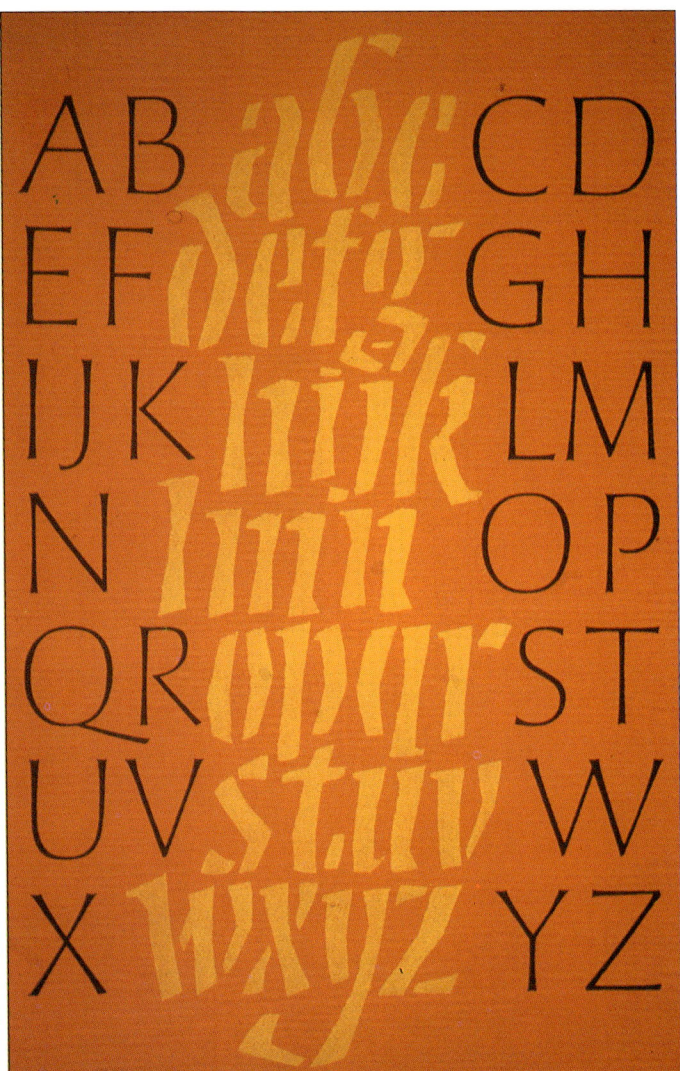

▶ MICHAEL HARVEY

Es gibt viele Möglichkeiten, in ein einfaches Werk Kontrastmomente einzubringen. Die Nebeneinanderstellung eines ungezwungenen und eines formalen Schriftstils erzeugt sowohl Spannung als auch Harmonie. In dem nebenstehenden Bild werden kräftig ausgeführte und kursiv mit einer Schablone gezeichnete Buchstabenformen mit gelber Farbe dargestellt. Die Buchstaben nehmen den mittleren Bereich der Seite von oben bis unten ein. Die Zeilen fließen, beginnend an der imaginären Mittellinie, nach rechts und links und bewirken dabei das Entstehen interessanter graphischer Formen auf beiden Seiten. In diese Formen hinein bewegen sich die eleganten und formalen Versalbuchstaben. Ihr klassisches Wesen bietet einen guten Kontrast zur Bedeutungsdimension und Struktur der mit der Schablone gezeichneten Formen.

▲ MICHAEL HARVEY

Kombinierte Techniken werden nicht immer zum Erfolg führen, doch mit Beharrlichkeit sollten akzeptable Lösungen erreichbar sein. Hier lieferte die Farbe-auf-Farbe-Behandlung der Seite sowohl einen Hintergrund für das Gesamtwerk als auch eine Grundfläche für die geschriebenen Buchstaben. Die Konsonanten werden in einem Versalstil, einschließlich einiger innovativer Kleinbuchstabenversionen, präsentiert. Die Binnenräume der deutlich positionierten Kleinbuchstaben wurden mit roter Farbe ausgemalt. Dies ist eine grundlegende Methode für die Verzierung eines Buchstabens.

▽ PAUL SHAW

Eine originell und gut gestaltete Visitenkarte ist ein fast lebensnotwendiger Gegenstand. Für diese mittels Seidensiebdruck hergestellte Karte dient ein zweckmäßig genutztes kalligraphisches Alphabet als Hauptbild. Die weißen Buchstaben verdeutlichen den Stil der lateinischen Schrift gut: Feine dünne Strichzüge und kraftvolle Schleifen. Das rote S in dem umrandeten Kästchen unterbricht das Muster und gilt gleichzeitig als persönliches Zeichen des Kalligraphen.

◁ MEIC MORGAN-FINCH

Die Buchstaben des walisischen Alphabetes wurden hier in einem Stil geschrieben, der Erinnerungen an die sehr dünnen Strichzüge der humanistischen Kursivschrift hervorruft. Ein walisisches Volksgedicht rahmt das Alphabet ein, welches von Anfang bis Ende rhythmisch über die Seite läuft.

105

ISABELLE SPENCER
Hier experimentierte eine Kalligraphin ausdrucksvoll mit unterschiedlichen Techniken und Materialien. Die Arbeit wurde mit Feder und Tusche vorzüglich ausgeführt. Das diesem Experiment dienende Alphabet gleitet »tanzend« auf der Seite von oben nach unten. Längliche Buchstabenformen und Verzierungen, die kräftig gezeichnete rautenförmige Gebilde enthalten, wurden zum Teil ineinander verwoben, um für das Layout ein interessantes Schriftbild zu schaffen. Die Ausgeglichenheit und Komplexität der Arbeit konnte durch den Einsatz verzierter Bezugspunkte aus poliertem Gold erhöht werden.

▲ ISABELLE SPENCER
Das Schriftbild ist ein bedeutsames Merkmal dieser Arbeit. Die ausgewählten federgeschriebenen Buchstaben wurden mit unterschiedlichen Materialien, z.B. Pastellstiften und Gold-Gouache, behandelt. Gerade das wenig intensive Überstreichen der Oberfläche des langfaserig strukturierten Papiers kann genügen, um diese Struktur für die Arbeit auszunutzen. Polierte goldfarbene Flächen und dünne weiße Senkrechtlinien runden den Gesamteindruck des Werkes ab.

◄ ARTHUR BAKER
Ein einfacher Punkt, der mehrfach angewendet eine Struktur erzeugt, wird hier wirksam für die Binnenräume und Gegenflächen einiger Buchstaben und einiger Buchstabenabstände genutzt. Diese abgestufte Struktur liefert einen deutlichen Kontrast zur Massivität der verlängerten Ober- und Unterlängen mit ihren Haarlinienerweiterungen.

Kalligraphie für öffentliche Anlässe

Wenn das Gespräch auf die Kalligraphie kommt, sind die bekannteren Bereiche dieser Arbeit verzierte Handschriften, bürgerliche und königliche Schriftstücke, Urkunden und Arbeiten für religiöse Institutionen. Die Arbeit des Illuminators wird oft eher anerkannt als die Sachkenntnis und die Kunstfertigkeit des Schreibers. Manchmal äußert sich auch zur Arbeit des Schreibers überhaupt niemand. Museen, Nationalbibliotheken und religiöse Einrichtungen zeigen (und besitzen auch) große und geniale Handschriften, die in erster Linie durch ihren Reichtum an Verzierung und Buchmalerei auffallen. So ist dieses spezifische Gebiet der traditionellen Kalligraphie für ein umfangreiches und dankbares Publikum gut zugänglich.

Ein Student der Kalligraphie kann beim Studieren der großen kalligraphischen Werke unbegrenzt viel lernen. Edward Johnston, der das Interesse an der Kalligraphie im Vereinigten Königreich im 20. Jh. wiedererweckte, verbrachte Stunden über kalligraphischen Arbeiten, machte sich Notizen und erkundete die Buchstabenformen. Wenn Sie sich Handschriften ansehen, die herrliche Verzierungen enthalten, weisen Sie diese von den Meisterschreibern ausgeführten Arbeiten nicht sofort als unerreichbar zurück. Wer sich beständig und sorgsam bemüht, wird ebenso in der Lage sein, die schönen Buchstabenformen als Basis der Schrift zu erarbeiten.

Es ist sicher hilfreich, sich ein System für die Betrachtung kalligraphischer Arbeiten zu überlegen. Die Vorgehensweise könnte gegliedert werden in Ansehen der Verzierung und des Musters, danach der Buchstabenformen und ihrer Gestaltung und das Verschaffen eines Überblickes, wie die einzelnen Teile im Layout zusammen funktionieren, sowohl auf der Seite als auch in der ganzen Arbeit.

Beim Besuch von Museen oder Archivsammlungen, Ausstellungen schöner alter Handschriften oder historischer Dokumente sollten Sie immer einen Skizzenblock bereithalten. Machen Sie sich Notizen und Zeichnungen. Konzentrieren Sie sich besonders darauf, die Flächen und Details aufzunehmen, die Ihnen persönlich zusagen. Das könnte beispielsweise das Nebeneinanderstehen einiger Buchstaben und Verzierungen sein, eine einfallsreiche Verbindung zweier Buchstaben oder eine interessante Formenkombination. Beschreiben Sie das Gesehene und lassen Sie dabei persönliche Ideen und Gedanken einfließen, um die jeweilige Arbeit zu durchdringen, die einzelnen Fakten miteinander zu verbinden und zur Kenntnis zu nehmen. Das Untersuchen dieser phantastischen Arbeiten ist eine gute Übung, um zu lernen, Dinge gründlich zu betrachten. Das herrliche Aussehen kalligraphischer Werke wird Sie wahrscheinlich auf den ersten Blick in Erstaunen versetzen. Befolgen Sie deshalb ein grundsätzliches Prinzip – teilen Sie das Bild in leichter zu überschauende Abschnitte ein. Beginnen Sie dann, sich Notizen und Zeichnungen zu machen.

Sollte sich die Möglichkeit ergeben, sich genauer mit sehr alten Handschriften zu befassen, so ist dies eine gute Chance, die einzelnen Buchstabenformen zu studieren. Ebenso ergiebig kann es sein, wenn Sie sich mit Formenvarianten befassen, die einige klassische Handschriften von Schreibern erfahren haben. Dabei ist es wahrscheinlich sogar vorteilhaft, wenn Sie die transkribierte Sprache nicht verstehen, auch wenn vielleicht einige Wörter vertraut sind. Denn in einem solchen Fall können Sie sich ohne Ablenkung vollständig auf die Formen der Buchstaben konzentrieren.

Bei der Überprüfung einer Arbeit, die absolut »perfekt« erscheint, kann es in gewisser Weise beruhigend wirken, Unregelmäßigkeiten und Ungleichmäßigkeiten im Aussehen der Buchstaben zu entdecken. Das ist sogar besser, als wenn die kleinen Mängel in der Arbeit unentdeckt bleiben, denn es gibt der Arbeit einen ganz speziellen Charakter und erinnert den Betrachter an die Fehlbarkeit der Meisterschreiber. Wenn Ihnen die Sprache nicht vertraut ist, sollten Sie nach sich wiederholenden Buchstaben suchen und daran denken, daß diese variieren können. Die Evangeliarien von Durrow, von Kells und von Lindisfarne sind gute Beispiele, um zu erkennen, daß in einer einzigen Handschrift eine Vielfalt von Buchstabenformen für den gleichen Buchstaben eingesetzt werden kann. Oft wurden auch Buchstaben nach rechts erweitert, um eine Zeile zu komplettieren, wenn die verfügbare Fläche für das nächste Wort zu klein war.

Dokumente für feierliche Anlässe

Obwohl es einige anerkannte und standardisierte Layouts für Dokumente gibt, die wahrscheinlich von Schreibern entwickelt wurden und sich auf bereits Vorhandenes beziehen, ist es unwahrscheinlich, daß jemals feste Regeln aufgestellt wurden. So bestand und besteht die

Möglichkeit, immer wieder originale und einmalige Entwürfe zu schaffen. War der Anlaß einer Feierlichkeit bekannt, konnte er sogar noch mit einem ganz speziellen und originellen Layout in schriftlicher Form wiedergegeben und bewahrt werden.

Variationen im Layout treten von Natur aus auf. Sie werden durch die zu schreibenden Informationen vorgegeben. So kann die Arbeit eine Liste mit Namen umfassen, zu denen, zu entsprechender Zeit, weitere Informationen hinzuzufügen sind. Diese Dinge sind natürlich bei der Planung zu beachten.

Einige Arbeiten werden auch eine große Textmenge und Informationen unterschiedlicher Bedeutung enthalten; so sind beispielsweise die Formulierungen auf Urkunden, Diplomen und ähnlichen Dokumenten oft recht lang. Deshalb ist bei der Planung, wie alle Bestandteile auf einer einzigen Seite in attraktiver und lesbarer Weise untergebracht werden können, ausreichend Zeit vorzusehen.

Die Wörter am Beginn eines solchen Dokumentes sind normalerweise die wichtigsten, weil sie den Zweck und die Absicht enthalten. Durch entsprechende Überlegungen zur Gestaltung der Wörter und des Layouts muß deshalb die Aufmerksamkeit des Lesers auf diesen Bereich gelenkt werden. Dabei können Sie auf eine Technik zurückgreifen, die bereits in früheren Handschriften genutzt wurde und welche hilft, die Tragweite dieser Wörter zu verdeutlichen. Diese Technik besteht darin, den ersten Satz oder den ersten Absatz in einem kraftvoller und größer erscheinenden Beschriftungsstil zu schreiben als die Hauptmenge des Textes. Es ist sogar zu erwägen, diesen ersten Teil in unterschiedlichen Farben auszuführen.

Seit der Einführung der Satztechnik ist ein ständiger Nachfragerückgang bei kalligraphischen Leistungen, beispielsweise für feierliche oder juristische Dokumente, Gründungsurkunden und andere offizielle Arbeiten, zu verzeichnen. Viele Faktoren, einschließlich der sozialen, politischen und ökonomischen Veränderungen sind für diesen Rückgang verantwortlich. Andererseits hat der Bedarf an Ausbildungsdiplomen und Qualifikationszeugnissen zugenommen. Das Ausführen aller dieser Schriftstücke komplett von Hand wäre für die Auftraggeber jedoch mit sehr hohen Kosten verbunden. Deshalb werden diese Aufträge mittels Druckvorlagen hergestellt, die

entweder von einem Kalligraphen vorbereitet oder unter Verwendung von kalligraphisch gestalteten Schriftbildern entwickelt wurden. Der Kalligraph erhält dann die Aufgabe, das Datum und den Namen des Empfängers einzuschreiben. Es dürfte jedoch auch noch spezielle Anlässe geben, die ein komplett handgeschriebenes, offizielles Dokument wünschenswert erscheinen lassen.

Die Aufnahme traditioneller Verzierungen in derartige Schriftstücke ist heute eine weit verbreitete Vorgehensweise. Es könnte beispielsweise notwendig werden, in Abhängigkeit vom Zweck der Arbeit, Wappen, heraldische Schilder oder religiöse Motive aufzunehmen. Wurden in der Aufgabenstellung keine Wünsche zur Verzierung geäußert, und ergeben sich auch aus der Art des Schriftstückes keine speziellen Forderungen, so ist es möglich, aus historischen Arbeiten inspirierende Ideen zu entnehmen.

Die Anwendung von Gold, besonders von BELÄGEN AUS GOLD, auf ausgewählte Flächen ist eine Standardmethode, die schon lange vor der Einführung dieser Arbeitsrichtung üblich war. Erhaben aufgebrachtes Gold, gut poliert, verleiht den betreffenden Stücken einen ausgezeichneten Schliff und sollte ernsthaft in die Überlegungen bei der Planung einbezogen werden.

JOAN PILSBURY
Meist sind es viele Einzelinformationen, die in solch einer Arbeit für feierliche Anlässe untergebracht werden müssen. Doch auch hier kann ein exaktes und ausgeglichenes Layout erreicht werden. Als Beispiel dafür dient die abgebildete Stadtrechtsurkunde der englischen Stadt Rochester. Alle Informationen wurden entsprechend dem Grad ihrer Bedeutung sortiert. Im Endergebnis besitzen sie alle ihre eigenen Flächen, beziehen sich aufeinander, aber konkurrieren nicht miteinander um die Aufmerksamkeit des Betrachters. Dieses Ergebnis wurde durch Variieren der Farbe, der Schriftgröße und des Stils erreicht.

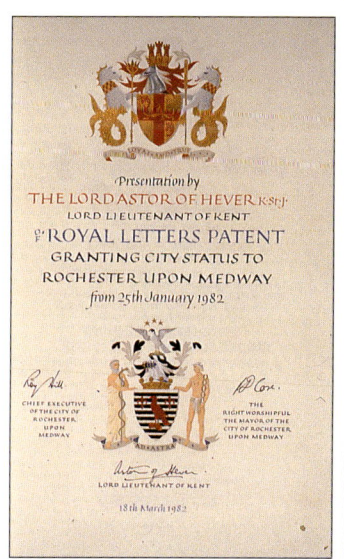

▶ HARRY MEADOWS

Das Aufkommen der Wappen in Wales ist ein sehr gutes Thema für diese Arbeit. Das gut durchdachte Layout umfaßt 36 einzelne Schilde und eine zusammenfassende Darstellung zur Wappenentwicklung in Wales. Die Buchstaben des Titels wurden in einer Spaltform geschrieben. Schwungvolle Erweiterungen an einigen Buchstaben gehören zu diesem Teil des Layouts. Eine wirkungsvolle und einfache Methode des Verzierens von Buchstaben ist das Füllen der Binnenräume und Gegenformen mit Farbe. Im vorliegenden Beispiel wurden die Farben Blau, Rot und Gold verwendet. Der erste Satz ist in blauen Großbuchstaben ausgeführt. Er erstreckt sich über die gesamte Breite der Arbeit. Sowohl für die Überschrift als auch für den Untertitel kamen sehr interessante Buchstabenformen zum Einsatz, einschließlich des A mit dem halbrautenförmigen Querstrich. Die kursive Handschrift des Haupttextes besitzt leicht übertrieben geschriebene Unterlängen, die das Schriftbild in seiner Erscheinungsform ergänzen und zur Formgebung der ganzen Arbeit beitragen.

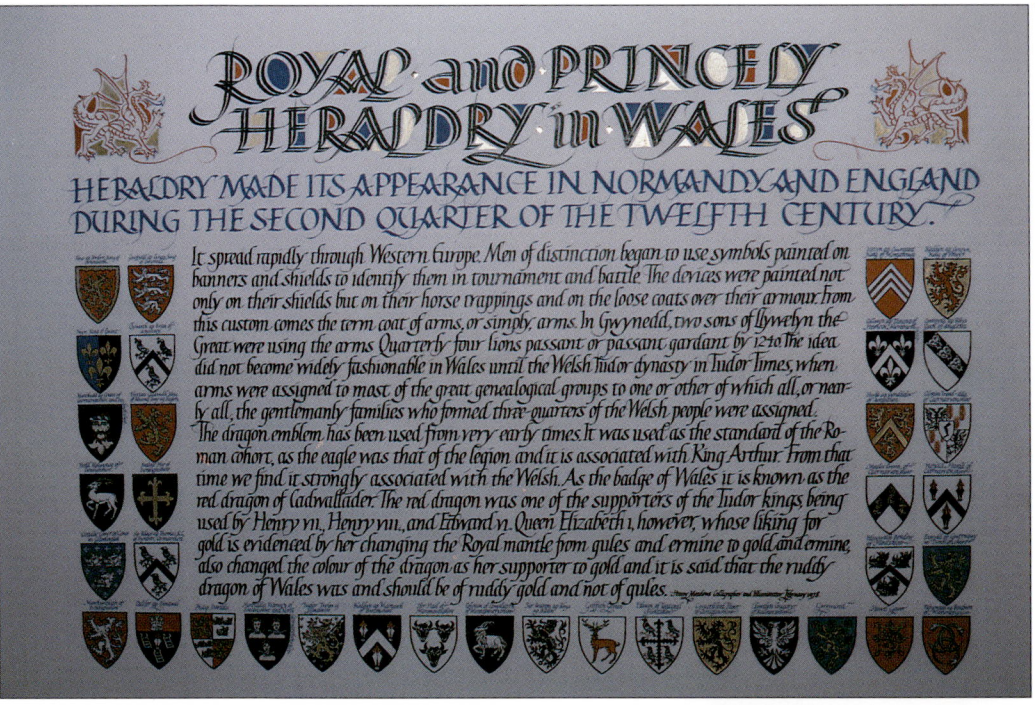

▶ HARRY MEADOWS

Das Detailbild zeigt deutlich die feinen Schwungbuchstaben und die Haarlinienerweiterungen an einigen Buchstabenstrichen der Überschrift und des Untertitels. Interessante Formen wurden außerdem durch die überlappende Darstellung der Buchstabenpaare MA, LA und RY im Untertitel erzeugt. Der Schild ist das wichtigste Teil eines Wappens. Hier sind an den Schilden prächtiges Gold und detaillierte Designmotive zu sehen. Die Überschriften für die Schilde wurden mit einer dünnen Feder und einer kleinen Schrift geschrieben, sie sind ein wichtiges Merkmal des Layouts. Die zwei Zeilen über jedem Schild bewirken die Verankerung der Schilde auf der Seite und betten sie in das gesamte Design ein.

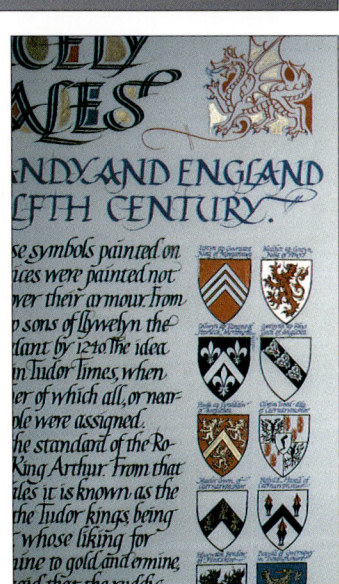

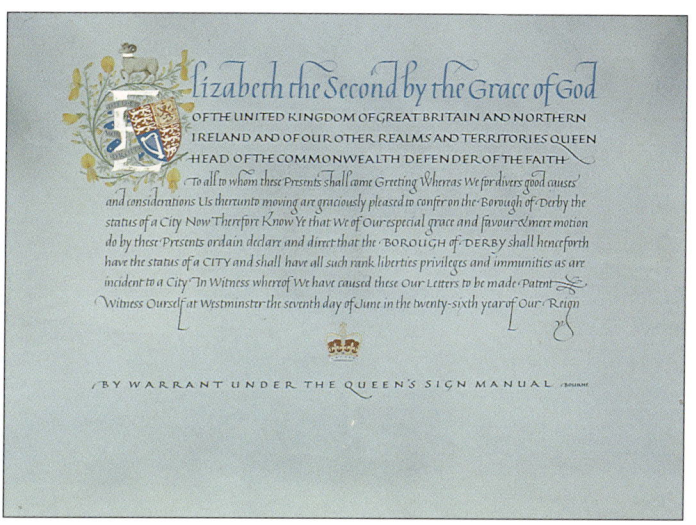

▼ GEORGE THOMSON
Die Schriftrolle ist eine uralte aber brauchbare Form, um den Wunsch nach einer sehr repräsentativ wirkenden Urkundengestaltung zu erfüllen. Diese Pergamentschriftrolle beginnt mit einem Motto, das über ein herrlich gezeichnetes Wappen geschrieben wurde. Das zum Wappen gehörende, schräg stehende Schild dringt in die Textfläche ein.

Unzialbuchstaben werden in Originalform verwendet. Der Text beginnt mit den ersten zwei links angeordneten Wörtern. Eine Erweiterung des Buchstabens T komplettiert die zweite Zeile des Haupttextes. Die waagerechte Begrenzung der Schriftrolle bilden rote Bänder, die, wie hier ersichtlich, durch den oberen und unteren Rand der Rolle gezogen wurden.

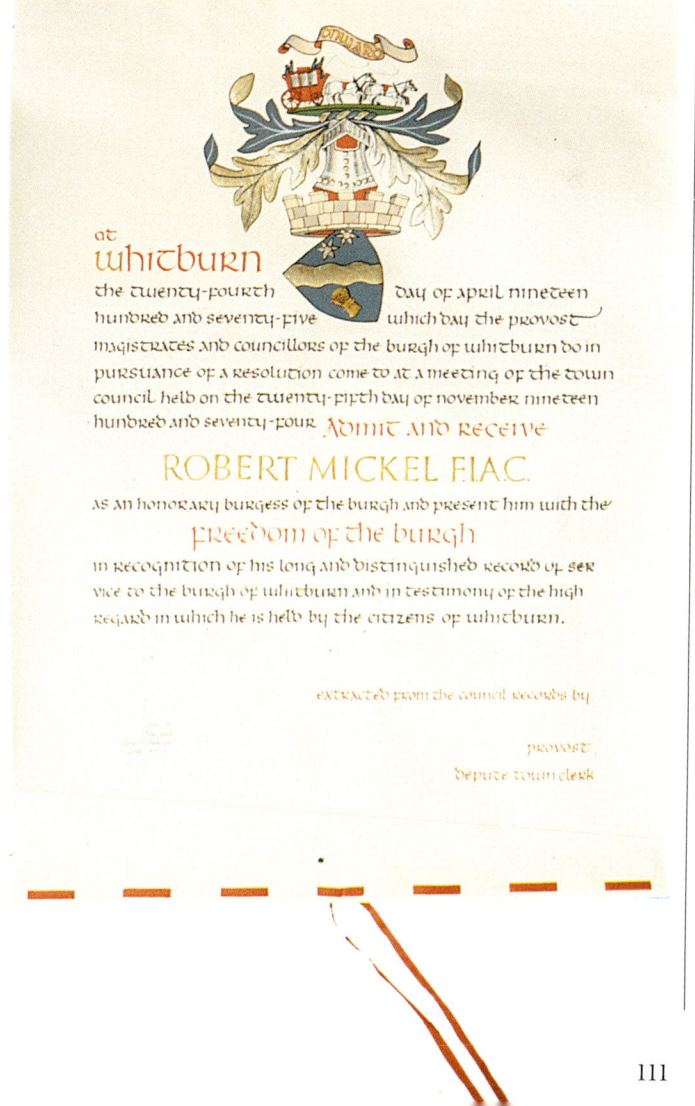

▲ JOAN PILSBURY
Die Klarheit des Layouts dieser Arbeit zieht sofort den Blick an. Es handelt sich um eine Urkunde, mit der dem Ort Derby in England im Jahre 1977 der Stadtstatus zugesprochen wurde. Die Ausfertigung erfolgte auf Pergament. Sie beginnt mit einem vergrößerten, goldverzierten Buchstaben, der unter Berücksichtigung der Gesamtgestaltung der Seite etwas zu dominant wirken dürfte. Andererseits erscheinen das für die Umgebungsfläche des Buchstabens verwendete Laubwerk und die Blumen, das sich am senkrechten Teil des Buchstabens

nach unten entfaltende Spruchband und das schräg im Buchstaben angeordnete Schild auffällig, aber nicht von anderen Details ablenkend. Die Kursivschrift der Eröffnungszeile des Textes besitzt einen gut gewählten Abstand von den erweiterten Oberlängen zu den darüber befindlichen Buchstaben. Weil diese erweiterten Oberlängen auch im weiteren Text auftreten, wurden auch die Zeilenabstände entsprechend großzügig gewählt. Die reichlichen Abstände verleihen der Urkunde ein angemessenes förmliches Aussehen.

▶ IEUAN REES

In dieser Urkunde zur Städtepartnerschaft spricht das Layout sofort an, ohne daß man schon Näheres über die Information weiß. Das Layout bereitet den Leser auf die Aufnahme der Information vor. Auf diese Weise wird die Arbeit gut zugänglich und angenehm erschließbar – Eigenschaften, die für diesen Zweck sehr passend sind. Der Titel der Arbeit wurde in einem gotisch inspirierten Stil geschrieben und mit maßvollen Verzierungen, besonders an den Großbuchstaben und Oberlängen bedacht. Der Haupttext ist klar geschrieben, mit sehr feinen Haarlinienerweiterungen an einigen Buchstaben. Jede der Textflächen wirkt für sich allein, aber ebenso im Gesamtzusammenhang. Einige, sowohl in Anzahl als auch in der flächenmäßigen Ausdehnung geringe Verzierungen verbinden die drei, heraldische Motive enthaltenden Kreise. Die Verzierungen verankern diese Motive sowohl auf der Seite als auch in Beziehung zu den einzelnen Texten. Die Ausgewogenheit des Gesamtlayouts wird schließlich durch die Darstellung der rechten Textspalte erreicht.

◀ HARRY MEADOWS

Der in diese Arbeit einführende Teil ist zentriert angeordnet und erzeugt dadurch ein harmonisches Verhältnis zur Gesamtgestaltung. Die verschiedenen Schriftstile – Versalschrift, Basishandschrift und Kursivschrift wirken gut zusammen und wurden für die Darstellung der Information sorgfältig ausgewählt. Die engen Buchstabenabstände der mit erhaben aufgebrachtem Gold verzierten Buchstaben schaffen eine Verzierung, die das Licht sehr schön reflektiert. Das Wort »Greetings« (= Grüße) wurde mit einer Spaltfeder geschrieben. Es enthält leicht schwungvoll geschriebene Buchstabenformen und zarte Haarlinienerweiterungen. Das rot geschriebene W, welches sich unter dem G von »Greetings« befindet, dient als passendes, koppelndes Element zwischen den zwei betreffenden Zeilen.

IEUAN REES

Eine kurze Geschichte des Zusammenhanges zwischen der Dynevor-Familie und den Raben mit dem dazugehörigen Wappen wird in diesem Beispiel auf farbigem Papier dargestellt. Die gewählte Papierfarbe gewährleistet, daß die schwarze Tinte und die Farben der Schrift und Verzierung rings um den Kreis kräftig und undurchsichtig erscheinen. Die Arbeit wird durch die ausgezeichnete Wiedergabe des Familienschildes beherrscht, das vom kreisförmig angeordneten Titel dieser Arbeit umgeben ist. Die Anordnung der Geschichte erfolgte in zwei Textblöcken, wobei auf der linken Seite der walisische Text geschrieben wurde und die englische Übersetzung auf der rechten Seite.

Beachten Sie in dem Detailbild, die den Unterlängen der Titelschrift hinzugefügten Verzierungen und die Buchstabenerweiterungen in der oberen Hälfte des Kreises. In der unteren Kreishälfte befinden sich komplementäre Verzierungen in der Fläche über den Buchstaben. Dadurch gelang es, einen separaten, aus Verzierungen bestehenden Ring zu schaffen. In diesem Kreis wurden außerdem rautenförmige Punkte angeordnet, die die Fläche zwischen Schild und Titelbeschriftung unterbrechen.

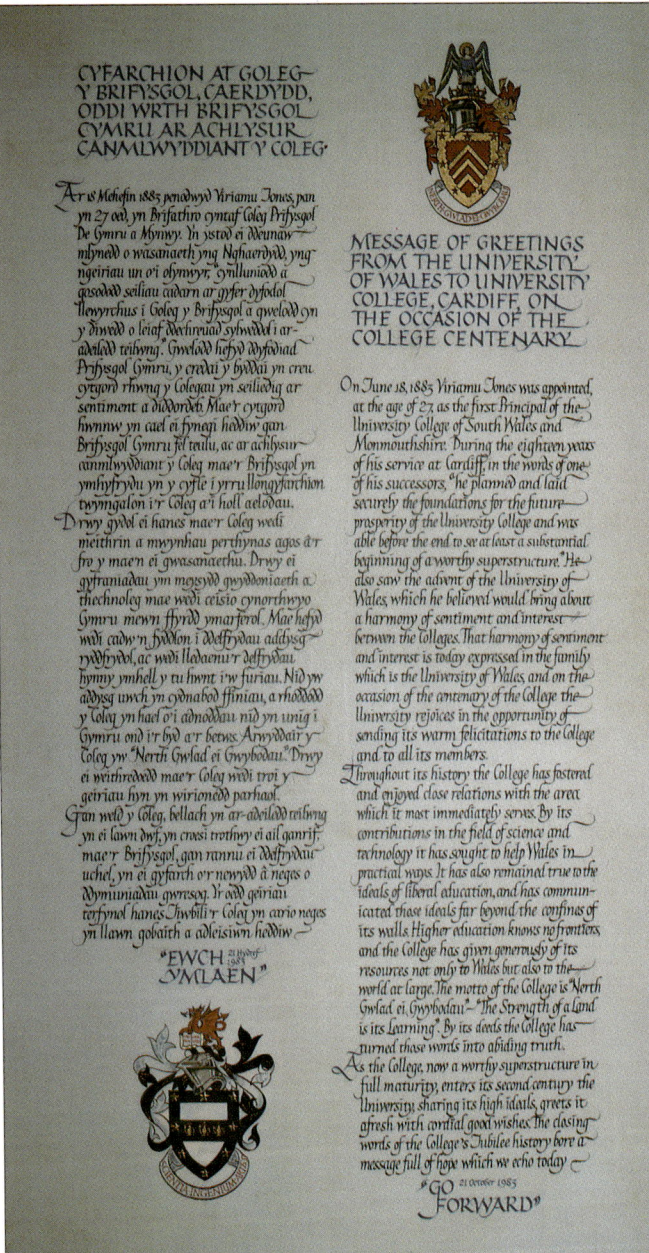

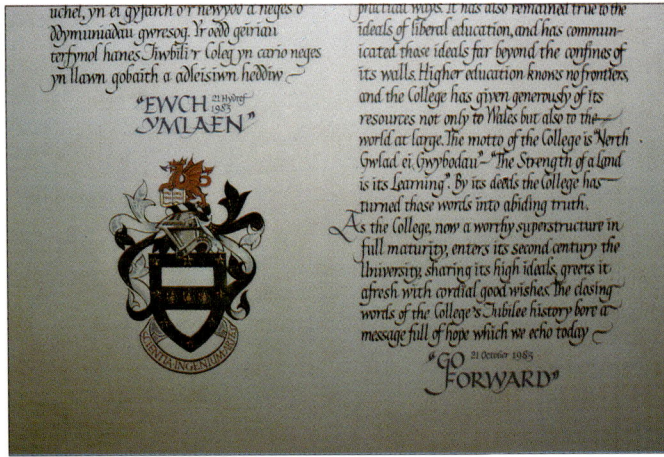

HARRY MEADOWS

Eine Grußbotschaft wurde hier in zwei Spalten angeordnet, auf der linken Seite in Walisisch und die Übersetzung ins Englische auf der rechten Seite. Eine Balance der zwei Spalten konnte durch die Anordnung der College-Helme, in diagonal entgegengesetzten Ecken, hergestellt werden. Die historisch entstandene Methode, einen neuen Absatz mit einem farbigen und vergrößerten Großbuchstaben zu beginnen, kam im vorliegenden Beispiel erfolgreich zum Einsatz. Die Großbuchstaben wurden in den Randbereich gezogen, um ihre Wirksamkeit zu erhöhen. Sowohl in den Überschriften als auch im Textkörper treten solche erweiterten Buchstaben an mehreren Stellen zum Füllen von Zeilen auf. Diese Erweiterungen erscheinen außerdem auf der rechten Seite der Überschriften und auf der rechten Seite des Haupttextes, wodurch eine bezüglich des Gesamtlayouts ausgleichende Wirkung erzielt wird, obwohl die Zeilen am rechten Ende der Spalten weiterhin flattern. Die Kursivschrift des Textkörpers besitzt einige erweiterte Ober- und Unterlängen, die aber die klare Lesbarkeit der Wörter nicht unterbrechen. Im Detailbild sind die Beläge aus Gold auf dem College-Wappen besser zu erkennen. Außerdem sollte die Anordnung des Datums mit den abschließenden Wörtern beachtet werden.

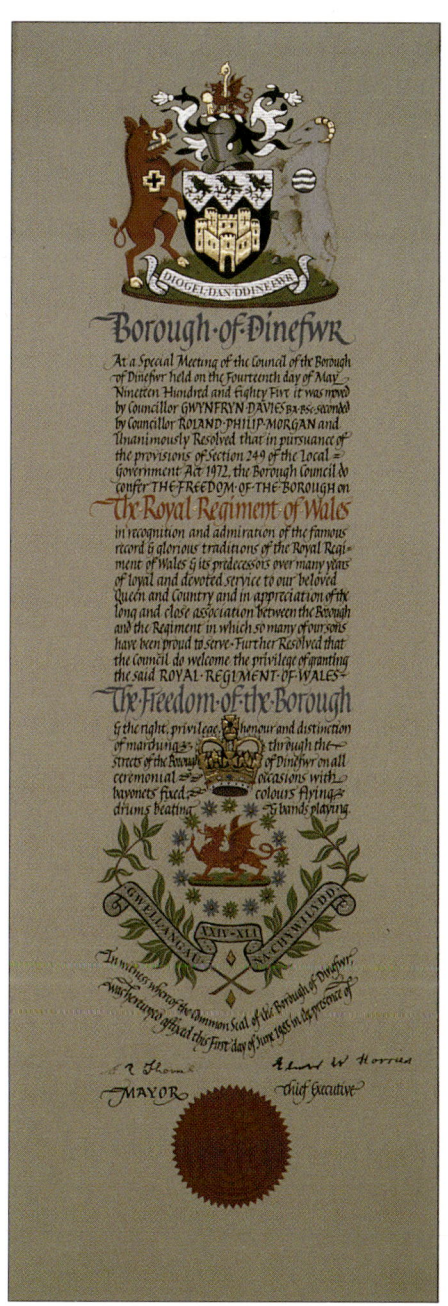

IEUAN REES

Ein betont langes Hochformat wird hier genutzt, um diese sehr der Tradition verbundene Arbeit zu präsentieren. Alle Merkmale eines historischen Werkes sind vorhanden, beginnend mit dem Stadtwappen, das sowohl mit viel Farbe als auch mit Gold und Silber verziert wiedergegeben wird. Einzelne Zeilen mit wichtigen Informationen und deshalb mit in rot und blau hervorgehobenen Wörtern teilen den schwarz geschriebenen Text zweckmäßig in überschaubare Abschnitte. Jede dieser Zeilen beginnt mit einer einzelnen kleinen Verzierung, die ihren Ausgangspunkt auf dem Rand neben dem Text hat. Die »Störung« des letzten Textabschnittes durch die aus erhaben aufgebrachtem Gold bestehende Krone dient dazu, einen guten Übergang zwischen Text und Abbildung zu schaffen. Das Wappen ist nicht isoliert und für sich allein angeordnet, sondern von Zeichen umhüllt. Die zwei Endzeilen sind ähnlich wie das mit Blättern geschmückte Spruchband ausgerichtet. Das ist sehr einfallsreich, um Informationen darzubieten, die eine scheinbar geringe Bedeutung besitzen. Die Gesamtarbeit erreicht ihren Höhepunkt in dem geprägten roten Siegel. Es erweckt den Anschein einer Auszeichnung, vergleichbar mit einer Medaille auf ihrem Streifenband.

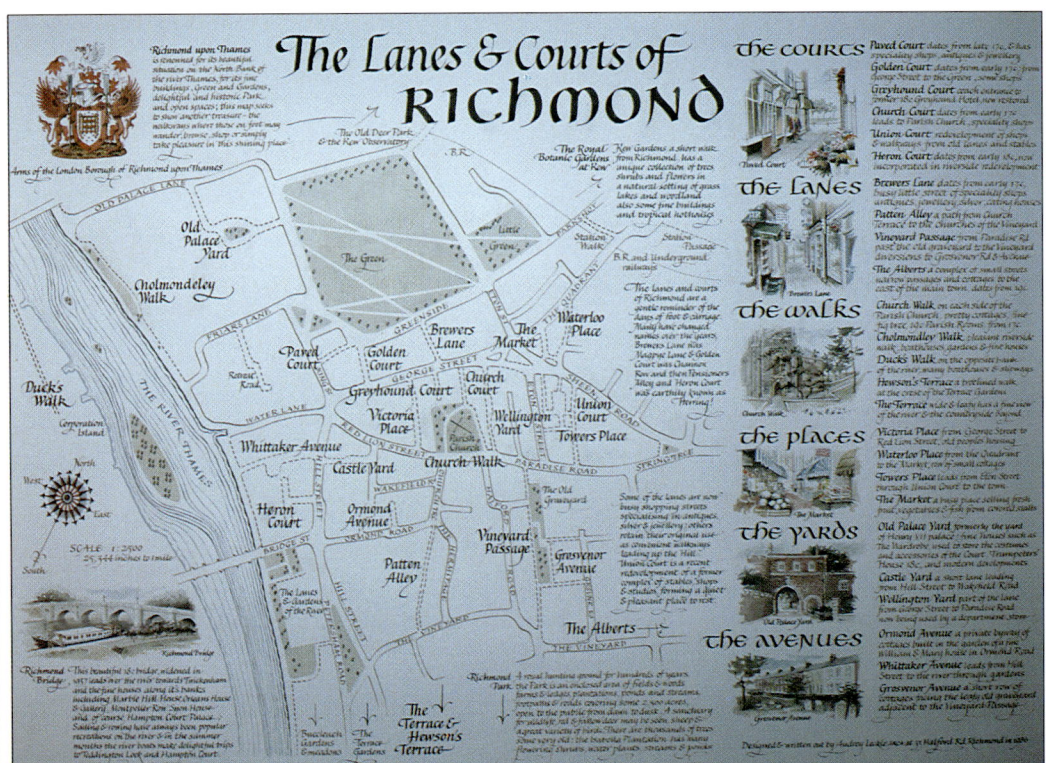

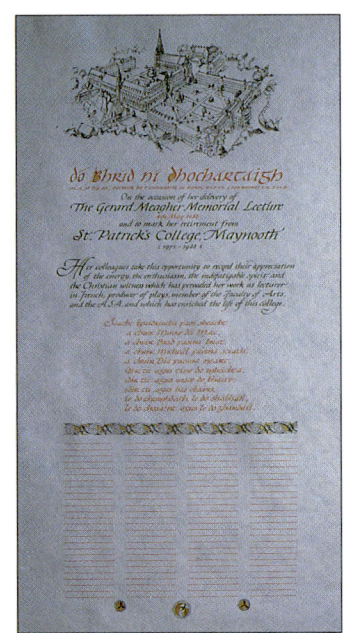

▲ AUDREY LECKIE
Wie so viele andere Beispiele in diesem Kapitel hat auch dieses Werk für seine Fertigstellung viel Zeit erfordert. Dieser Aufwand war notwendig, um ein ausgeglichenes, angenehmes Layout zu schaffen. Alle Informationen mußten zusammengebaut werden. Dabei war die Reihenfolge ihrer Bedeutung einzuschätzen, um die jeweilige Position innerhalb oder auf der Präsentation festlegen zu können und um daraufhin die Schriftgröße zu bestimmen. Unterschiedliche Schriftcharaktere und Farben wurden aufgewandt, um die Bekanntheit und Beliebtheit einiger Fakten trotz begrenzter Fläche hervorheben zu können.

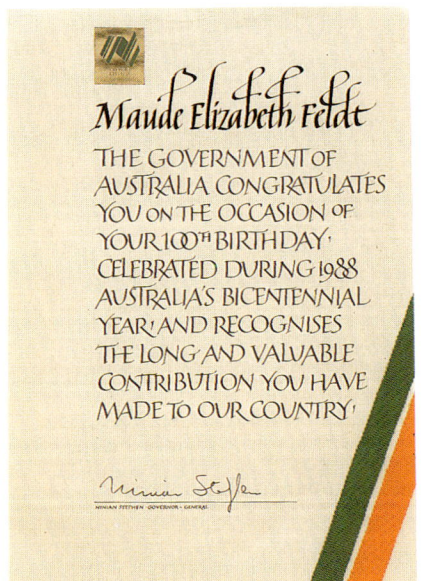

◄ DAVE WOOD
Die Originalität dieser Arbeit widerspiegelt in passender Form beide Anlässe der Grußadresse. Die beweglich und locker geschriebenen Versalbuchstaben besitzen einen bestimmten Rhythmus. Viele Buchstaben teilen ihre Fläche mit Strichzügen benachbarter Buchstaben, wobei Buchstabenelemente verbunden sind, gemeinsam genutzt werden oder sich einander kreuzen. Gerippte Bänder in den Farben des Landes unterstreichen den feierlichen Charakter der Arbeit.

◀ FRANCES BREEN

Die dargestellte Arbeit wurde unter Verwendung einer Kielfeder und einer Mitchell-Feder geschrieben. Chinesische Tinte, Gouachefarbe und Blattgold fanden dabei Verwendung. Das Papier besitzt eine marmorierte Oberfläche. Die gezeichnete Luftbildansicht des College und seines umgebenden Geländes zeigt einen neuen Weg, wie man an eine derartige Arbeit herangehen kann. Die roten Buchstaben der irischen Schrift wurden sehr gut dargestellt. In der ersten Zeile war es sogar recht einfach möglich, Farbe in die Binnenräume der verzierten Buchstaben einzubringen. Ein eleganter vergrößerter Buchstabe dient als Beginn des Haupttextblockes. Die ersten zwei Zeilen des Textblockes mußten jedoch aufgrund der Größe des Anfangsbuchstabens nach rechts eingerückt werden.

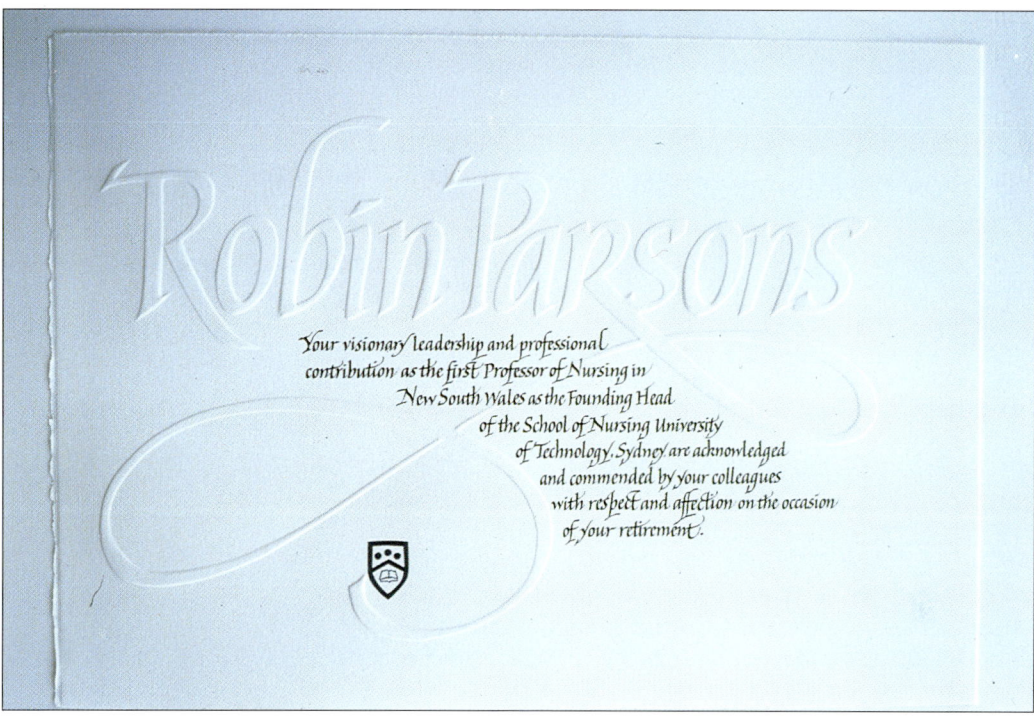

▶ DOROTHY AVERY

Gezeigt wird hier eine kleine, durch Traditionen beeinflußte Arbeit, deren Grundfläche die Fensterform des Gebäudes besitzt, in dem sie aufgehängt wurde. Als Schreibmaterial diente gestrafftes und gerahmtes Pergament. Der Stil der verzierten Buchstaben in der Titelüberschrift soll beim Betrachter kirchlich orientierte Vorstellungen oder Eindrücke hervorrufen, wozu die mit Punkten gefüllten, prächtig kastanienbraunen Formen beitragen mögen. Die Buchstaben sind von gotischer Herkunft. Die Massivität dieser Buchstaben wird durch den hellen Hintergrund und die feingezeichneten Blätter und Blumen neben dem Schild gemildert. Weitere Verzierungselemente sind in regelmäßigen Abständen auf der Linie zu finden, die die Namensspalten voneinander trennt.

▲ DAVE WOOD

Die Aufmachung dieser außergewöhnlichen Präsentation anläßlich einer Pensionierung ist kreativ und originell. Sie zerstreut jede Vorstellung an ein etwa zugrunde gelegtes Standardkonzept für das Layout. Der Name des Empfängers wurde in geprägter Kursivschrift ausgeführt. Die weit ausgedehnte Verzierung des Buchstaben R spielt eine wichtige Rolle. Sie liefert zwischen den zwei Schleifen eine natürliche Fläche zum Einfügen eines Textes. Am Ende des verzierenden Strichzuges, dort wo er schließlich zur Ruhe kommt, befindet sich das Signet der Ausbildungseinrichtung. Es wurde an dieser Stelle wie ein Punkt plaziert. Die gebrochene Schrift wurde recht zurückhaltend geschrieben, mit wenigen betonten Buchstabenerweiterungen.

Wörter

In der Geschichte und Entwicklung der westlichen Kalligraphie war seit Beginn der römischen Zeit der Einzelne verantwortlich für das Geschriebene. Vor der Erfindung des Druckens gab es im Prinzip nur Schreiber, die für das Bereitstellen von Schriftstücken allein verantwortlich zeichneten. Mit der Verbreitung der Druckverfahren änderten sich die Einstellung und der Zugang zur Kommunikation sehr schnell. Schreiber und Kopisten (Abschreiber und Nachzeichner) waren nicht länger für Aufträge erforderlich, die in großen Mengen auf Druckpressen hergestellt werden konnten, sie führten nur noch Tätigkeiten für Einzel- und Kleinaufträge aus.

Mit den damaligen Holzstock- und Schriftsatzseiten der Bücher wurden das Seitenlayout und der Stil der Schreiber nachgestaltet. Das Ausfüllen von Flächen mit farbigen Ornamenten und Anfangsbuchstaben erfolgte nach wie vor von Hand. Große Mühe wurde darauf verwendet, die gedruckte Arbeit wie ein handschriftliches Manuskript herzustellen. Trotzdem unterschied sich das Aussehen der Seiten von gedruckten Büchern recht bald von dem der kunsthandwerklich geschriebenen Buchexemplare. Verglichen mit den kunstvoll verzierten Handschriften der vorangegangenen Zeit waren die gedruckten Seiten klar und einfach gestaltet. Eine Zeit lang versuchten sogar die Schreiber, dieser neuen Form nachzueifern.

Die Schreiber fanden jedoch einen neuen Tätigkeitsaspekt für ihr Leben. Denn durch Einführung der neuen Technologie des Druckens wuchs das Interesse, Lesen und Schreiben zu lernen und schuf eine wachsende Nachfrage nach Menschen, die diese Fähigkeiten lehren konnten. Ein noch größerer Interessentenkreis ließ sich durch das Herstellen von Schönschreibheften erreichen. In diesen Heften war es den Schreibern möglich, ihre eigenen Stile und Vorzugsvarianten darzulegen. Diese Bücher mit Beispielalphabeten, Anleitungen zur Handhabung der erforderlichen Geräte und Einzelheiten über Buchstabengestaltungen waren die Vorläufer vieler moderner Anleitungsbücher über Schrift und Kalligraphie.

Die modernen Kalligraphen können von einigen dieser Umwälzungen, mit denen die Schreiber während der Zeit des Überganges zu den Druckverfahren konfrontiert wurden, lernen. Der Zweck des Schönschreibens änderte sich zwangsläufig wegen der zunehmenden Dominanz des gedruckten Wortes. Aber der Kalligraph stellt etwas von großer Schönheit her, eine kunsthandwerkliche Arbeit von individueller Qualität, die genau dadurch bestimmt wird, daß sie handgefertigt ist. Das Abenteuer der Kalligraphie besteht darin, ein Original zu schaffen.

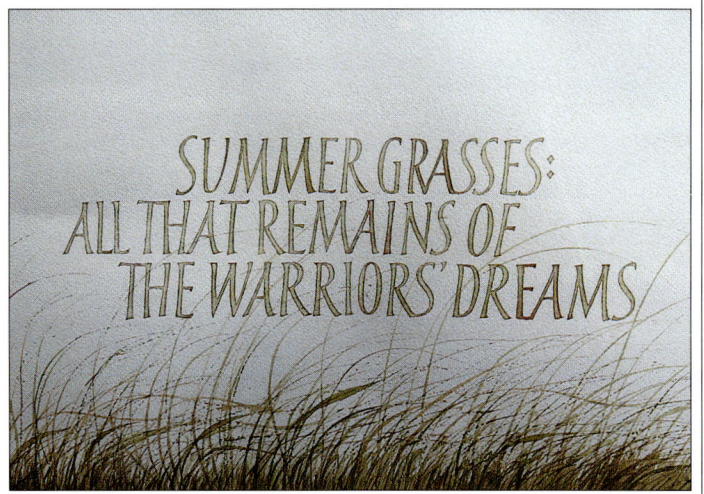

MARTIN WENHAM
Die Schrift wurde mit spitzer Feder konturiert und der Schriftspiegel mit Aquarellfarben ausgelegt. Die sich dabei ergebenden Farbtönungen erwecken beim Betrachter Vorstellungen oder Erlebnisse vom Dunst der Sommerhitze, der über langen Grashalmen liegt. Die großen dünnen Buchstaben flackern an ihren Enden, sie veranschaulichen und betonen durch ihre Schreibweise (insbesondere die Schräge) den darunter in das Gras hineinblasenden Wind. Diese Arbeit trägt den Titel: Natsukusa (Huldigung an Basho). Basho ist das Pseudonym für den japanischen Poeten Matsuo Munefusa, der von 1644 bis 1694 lebte.

RENATE FUHRMANN
Diese außergewöhnliche Arbeit auf schwarzem Untergrund und geschrieben mit Temperafarbe ruft einerseits einen etwas altertümlichen, aber andererseits auch einen modernen Eindruck hervor. Die herrliche Patina auf der Oberfläche der Buchstaben verleiht der Arbeit einen altertümlichen Hauch. Die Formen der Buchstaben besitzen die Eckigkeit des gotischen Stils, gemischt mit einigen Merkmalen der Unzialformen. Das großzügig gehandhabte Schreibgerät hinterließ an den Stellen, wo das flüssige Medium knapp wurde oder zu Ende ging, interessante Effekte. Dies führte zu einem Netzwerk dünner Linien, welches die gründliche Behandlung der Buchstaben unterstreicht.

Zitate und Gedichte

Im 16. Jh. nahmen die Schreiber häufig Zitate der Klassiker und ausgewählte Sätze oder Abschnitte lateinischer Texte in ihre Arbeiten auf. Nach allgemeinen Schreibübungen und auch dem Schreiben von Alphabeten wurden diese Textteile empfohlen, um die Schreibleistung beim Abschreiben zu fördern. Dieses methodische Herangehen ist noch heute in einigen Anleitungsbüchern für das Schreiben zu finden. So soll beispielsweise ein Student anhand einiger knapper Textpassagen die neu erworbenen Fähigkeiten ausprobieren. Vielleicht ist es möglich, Schriftformen und -größen zu wählen, die für den Stil des Autors charakteristisch sind. Auch das Gesamtlayout vermittelt Assoziationen, die dem Autor oder seinen Intentionen gerecht werden sollen.

Als das Verzieren literarischer Arbeiten ab dem Ende des Mittelalters in Mode kam, war auch eine gute Handschrift sehr gefragt. Während der folgenden Jahrhunderte wurde deshalb die Praxis des Schreibens gepflegt und sehr geschätzt. Bis zum 19. Jh. erfolgte die Anwendung als Ausbildungsbestandteil in den Schulen, nicht nur als praktische und notwendige Fähigkeit, sondern auch, um die Disziplin zu prägen. Man glaubte damit, den persönlichen Charakter formen und festigen zu können.

Heute ist es übliche Praxis, Zitate und Verse gedruckt herzustellen. Die Texte haben oft Humor und finden vielfach ihren Platz an Wänden, auf Tischen oder sogar an manchem Autofenster. Bedauerlicherweise sehen wir selten kalligraphische Gestaltungen.

Die Kalligraphie bietet uns eine sehr gute Möglichkeit, um einfache und oft recht bewegende Aussprüche oder Passagen der Prosa oder aus Gedichten zu präsentieren. Der Kalligraph hat dabei zunächst das Vergnügen, ein entsprechendes Textstück auszuwählen und dann zu erwägen, wie die Wörter dargestellt werden könnten. Dabei sind sehr viele Entscheidungen zu treffen – zum Papier, zum kalligraphischen Stil und zur Größe und Farbe der Schrift. Einige Wörter können auch ohne Verzierung oder Schnörkel, ohne Schmuck und ohne Bebilderung sehr schön wiedergegeben werden, denn eine mit großer Kunstfertigkeit und zu einem wohlüberlegten Layout ausgeführte Arbeit lebt durch ihre eigene Ausstrahlung.

Bei diesem Typ der Arbeit sollte jedoch einige Zeit für Rohentwürfe verwendet werden, wobei zuerst mit einer beliebigen Größe gearbeitet wird. Danach läßt sich mit der Größe, die der Endform der Arbeit entspricht, experimieren oder mit einer Größe, die dem Vorhaben angemessen scheint. Außerdem sind die üblichen gestalterischen Erwägungen für kalligraphische Arbeiten anzustellen: Zeilenunterbrechungen, Zeilenabstände, Ränder, Zeilenanordnung auf der Seite usw. Das Anfertigen eines kompletten Rohentwurfs in Farbe ist, soweit er sich herstellen läßt, zu empfehlen.

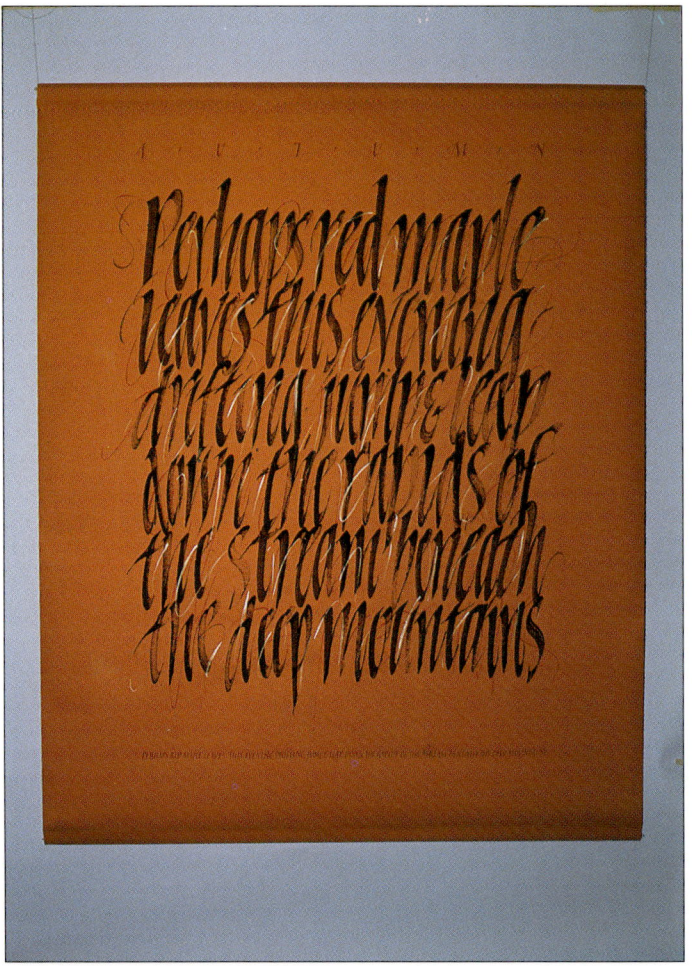

◄ DENIS BROWN
Die Arbeit »Über den Herbst« gehört zu einem vierteiligen Gesamtwerk, worin jede einzelne Darstellung einer Jahreszeit gewidmet ist. Die Hintergrundfarbe glüht wie die im Text beschriebenen fallenden Blätter der Bäume. Die Buchstaben sind locker und beweglich geschrieben und vermitteln ein weiches Schriftbild. Die einzelne Zeile, in der die Wörter auf dem unteren Rand der Seite wiederholt werden, verankert das Layout. Im Detailbild ist die Struktur der Schrift deutlich sichtbar.

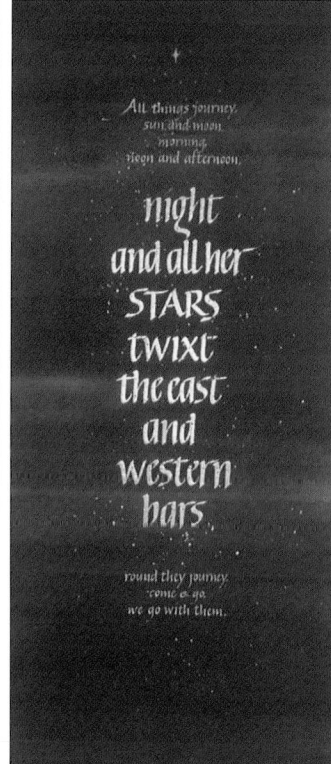

▲ ANGELA HICKEY
Mit Metallfedern sowie mit Gouachefarbe, Aquarellfarbe und Schutzlack wurde diese Arbeit einfach und wortgewandt gestaltet.

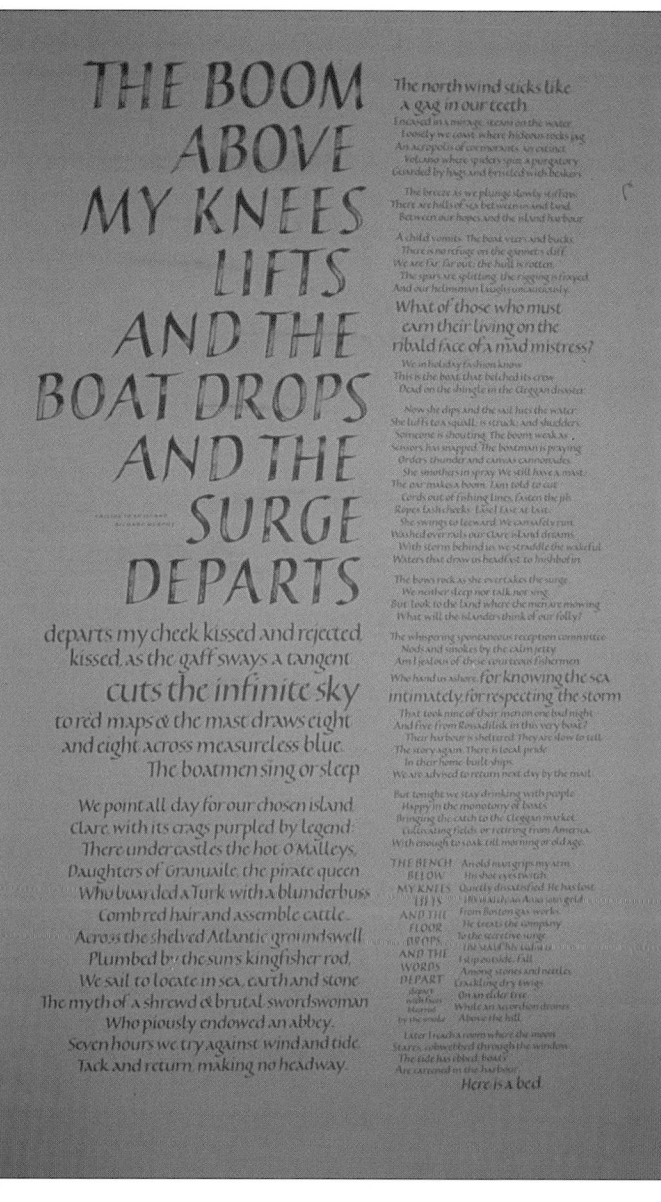

◄ ANGELA HICKEY
Handgeschöpftes Papier dient als Untergrund für das kalligraphisch aufbereitete Gedicht »Sailing to an Island« (= Segeln zu einer Insel) von Richard Murphy. Durch die Verwendung von metallenen Schreibfedern und Gouachefarbe ergab sich ein ungleichmäßiger Farbauftrag bei den Großbuchstaben, die im linken oberen Viertel der Arbeit angeordnet sind. Dies führt zu einem eigenartigen Effekt, wenn das Licht auf die Buchstaben fällt. Das Einteilen des Layouts für ein langes Gedicht ist nicht einfach. In dieser Arbeit wirken die zwei Spalten mit ungleicher Breite sehr gut. Durch die Einführung unterschiedlicher Buchstabengrößen wird der Textablauf unterbrochen und strukturiert. Das Zentrieren der senkrecht verlaufenden Wortgruppen in der unteren rechten Spalte erfolgte nach Augenmaß. Aufgrund dieser wirksamen Methode ergibt sich ein Schriftbild, welches das Interesse auf die letzte Zeile rechts unten zu lenken vermag.

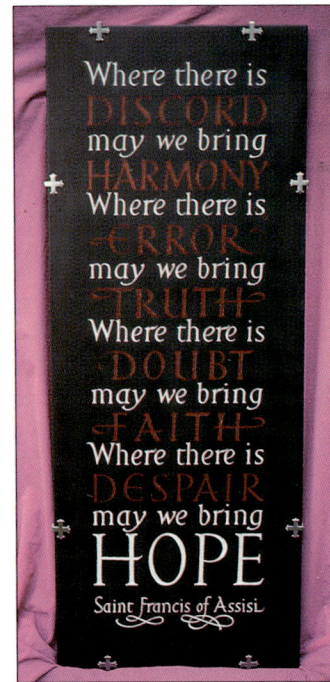

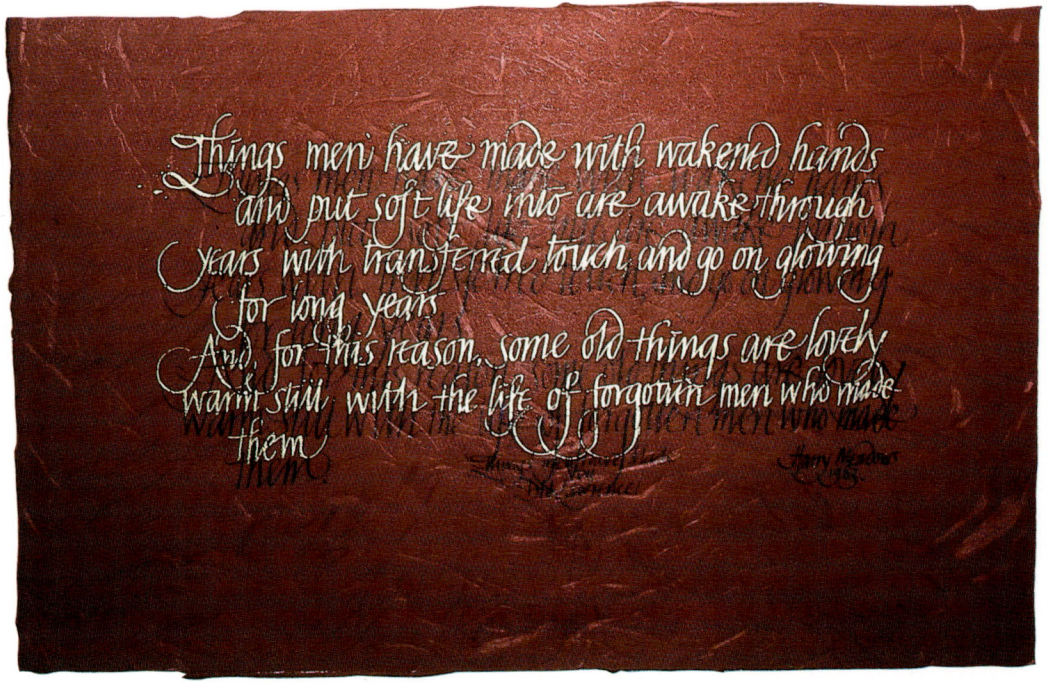

HARRY MEADOWS
Für die Abschrift eines knappen Zitates des heiligen Franz von Assisi wurde eine wohlüberlegte Auswahl des Schriftstils und der Farbe vorgenommen. Durch diese abgestimmte Kombination erscheint die Arbeit wohlgesetzt. Die sorgfältige Planung einschließlich der ganz offensichtlich gut berücksichtigten Zeilenabstände führt zu einem exzellenten Layout. Mehrere der rot geschriebenen Wörter besitzen sehr einfache Buchstabenerweiterungen. Diese füllen die Zeile und erzeugen gegenüber dem übrigen zentrierten Text eine gewisse Ausgewogenheit. Einige der Erweiterungen, die sich an den Querstrichen der Buchstaben fortsetzen, sind ebenfalls recht effektvoll.

HARRY MEADOWS
Rotes, handgeschöpftes Papier wurde als Grundlage für die Arbeit und damit für das Zitat ausgewählt. Es liefert einen dichten und satten Hintergrund für ein interessantes Zusammenspiel der Buchstaben. Die Struktur ist ein bedeutender Faktor in dieser Arbeit, bezüglich des Papiers, der visuellen Qualität des Textes – wo Wörter schattenbildend übereinander geschrieben wurden – und der Auswahl des Schriftstils. Die kalligraphische Ausführung erfolgte in einer locker geschriebenen Kursivschrift. Die gerundeten Enden der Unterlängen und auch einiger Oberlängen bilden einen Kontrast zur leichten Eckigkeit der Buchstabenkörper. Durch das Aufbringen einer Goldbeschriftung auf den Text, vor dem roten Hintergrund, läßt sich eine insgesamt sehr attraktive Präsentation erzielen.

FRESH SPRING
THE HERALD OF LOVE'S MIGHTY
KING, IN WHOSE COAT ARMOUR
RICHLY ARE DISPLAY'D ALL
SORTS OF FLOWERS THE WHICH
ON EARTH DO SPRING IN
GOODLY COLOURS
GLORIOUSLY
ARRAY'D   *Edmund Spenser*

JOHN SMITH
Die dieses Zitat von Edmund Spenser einleitende Pinselbeschriftung wirkt kraftvoll und zuversichtlich. Ein besonderes Merkmal dieser Arbeit ist die Struktur; die Wörter wurden meisterhaft auf schwarzes Papier geschrieben. In dem durch minimale Zeilenabstände gekennzeichneten Text erzeugt die Rundheit der Buchstaben ein rhythmisches Muster. Sehr dünne Linien und Serifen lockern hin und wieder die Zwischenräume auf und schaffen dadurch eine andere strukturelle Qualität.

DOROTHY AVERY
Ein Papierfächer dient als originelle Präsentation für ein Shakespeare-Zitat. Jede Zeile beginnt mit einer einfachen Form, die aus einigen Federstrichzügen besteht. Die Zeilen enden mit farbigen Verzierungen. Als Verzierungselemente wurden dabei einfache Blumen und sich rankende Blätter verwendet, deren Gestaltung mit Gouachefarbe und Blattgold erfolgte. Die gebrochene Schrift wurde mit chinesischer Tinte geschrieben.

HARRY MEADOWS
In dieser Darstellung eines Zitates von Francis Bacon gibt es viele originelle Merkmale. Fehlende Zeilenabstände ermöglichen es den Buchstaben, einander zu berühren oder fast zu berühren, wodurch eine Spannung aufgebaut wird. Die starken Diagonalen des A und der mit einem leichten Neigungswinkel ausgeführte Querstrich des T verdienen weiteres Interesse. Auch das Verbinden der ersten vier Zeilen durch geeignete senkrechte Strichzüge der Buchstaben ist eine interessante Variante, die für die Zeilen sieben und acht ebenfalls Anwendung fand. Einen Ruhepunkt erhält die Arbeit durch den das Et-Zeichen ergänzenden plastisch vergoldeten Vogel und die anderen Verzierungen.

MICHAEL HARVEY
Ein Zitat in leserlicher Form und gleichzeitig in einem angenehmen Seitenarrangement zu präsentieren, ist nicht so einfach, wie es auf den ersten Blick erscheinen könnte. Für die vorliegende Arbeit wurden Versalbuchstaben in drei verschiedenen Farben auf einen dunklen Hintergrund übertragen, um so einen auffälligen Effekt zu bewirken. Das Layout und die Verwendung der Farben erforderten eine sorgfältige Planung.

Einige Zitate werden durch ihre natürliche Wortfolge die Zeilenunterbrechungen mehr diktieren als andere. Drei Methoden der Ausrichtung eines Textes kamen in dieser Arbeit zur Anwendung. Die ersten drei Zeilen sind linksbündig ausgerichtet, die nächsten drei Zeilen rechtsbündig, die das Zitat abschließenden vier Zeilen wurden zentriert angeordnet. So wird das notwendige Interesse für den gesamten Textverlauf geschaffen. Der dreifarbige Buchstabe T vereint die verwendeten Farben in sich. Er vermittelt gleich zu Beginn des Textes ein Gefühl für die Zusammengehörigkeit der drei Farben und folglich auch für die Untrennbarkeit der drei Textabschnitte.

Verzierte und illustrierte Zitate

Zusätzliche Illustrationen und Verzierungen, die mit einem originellen Layout kombiniert sind, binden die Aufmerksamkeit des Lesers. Um diese zu erreichen, können zwei Wege beschritten werden – entweder erfolgt das Einfügen der Verzierung als Anhängsel der Kalligraphie oder als integrierter Bestandteil des Textes. Soll der erste Weg beschritten werden – ein den Text begleitendes »Anhängsel« als illustratives Material einzusetzen, so läßt sich damit eine völlig andere Bedeutungsdimension der Arbeit erzielen. In diesem Fall ist die Anordnung nicht anders als in illustrierten Büchern, wo Zeichnungen die Texte begleiten und somit eine gute visuelle Ausgeglichenheit auf der Seite bewirken.

Um dies zu erreichen, können viele Wege beschritten werden. Einer besteht darin, ein Thema aufzugreifen und es in Verzierungen und Illustrationen einzubauen. Dieses Thema könnte ein konkretes visuelles Motto erzeugen. Wird Farbe in die Arbeit eingebracht oder eine Verzierungsmethode gefunden, die die kalligraphische Handschrift reflektiert, so läßt sich damit ebenfalls die Sinnrichtung der Arbeit bestimmen. Der alternative Weg erscheint überraschender. Durch gründliches Überlegen, Planen und Probieren ist eine illustrative Methode zu finden, die einen bestimmten Kontrast zur bereits bestehenden kalligraphischen Arbeit liefert. Es existieren somit zwei sehr unterschiedliche Designlösungen, mit denen bei gut durchdachter Anwendung mehr als eine mittelmäßige visuelle Präsentation erreichbar ist.

Eine Arbeit herzustellen, in der die illustrativen Bestandteile als integrierter Teil des Textes betrachtet werden, kann ein recht schwieriges Unterfangen sein. Eine umfassende Planung einschließlich eines fertigen kolorierten Rohentwurfs ist deshalb unbedingt zu empfehlen. Eine Variante für diese Methode besteht darin, das Layout des Textes durch ein regelmäßig angewendetes Muster zu unterbrechen. Dadurch ergeben sich Textunterbrechungen mit Flächen, auf denen Verzierungen darstellbar sind. Die Gestaltung der Flächen kann unter Berücksichtigung der kalligraphischen Erfordernisse erfolgen, und es ist möglich, die Buchstaben in unterschiedlicher Größe auszuführen. So läßt sich eine visuelle Struktur erzeugen, wobei auch noch der Einsatz von mehr als einem handschriftlichen Stil in Erwägung zu ziehen wäre.

HARRY MEADOWS
Diese Version des Zitates von Francis Bacon wurde anders geschrieben, als die bereits auf der vorherigen Seite gezeigte Darstellung. Sie hat nur geringe Abstände zwischen den Buchstaben und gar keine zwischen den Zeilen. Die übereinander angeordneten Großbuchstaben schaffen durch senkrechte Strichzüge Verbindungen zwischen den Zeilen. Einige der Flächen zwischen den Buchstaben sind eingeschlossen und bilden interessante Formen. Manche Buchstaben überlappen einander. Erhaben aufgebrachtes Gold, das zu brillantem Glanz poliert wurde, fand häufig für das Ausfüllen von Binnenräumen oder Gegenflächen der Buchstaben Verwendung.

▽ KENNEDY SMITH

Die Illustration, die dieses Zitat begleitet, erhielt ihren Platz gesondert von den Wörtern. Bedingt durch ihr Wesen ist sie jedoch unlösbar mit dem Text verbunden und verleiht der Arbeit einen dominierenden Effekt. Die organische Form der Illustration ermöglicht es, das Zitat rings um das Bild verteilt anzuordnen. Glücklicherweise sind die allgemein bekannten Wörter für diese Darstellung sehr gut geeignet. Die ungegliederte Struktur der Illustration wurde mit feinen fossilienähnlichen Markierungen verziert.

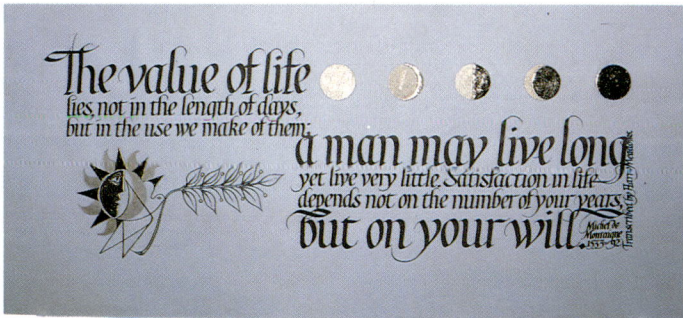

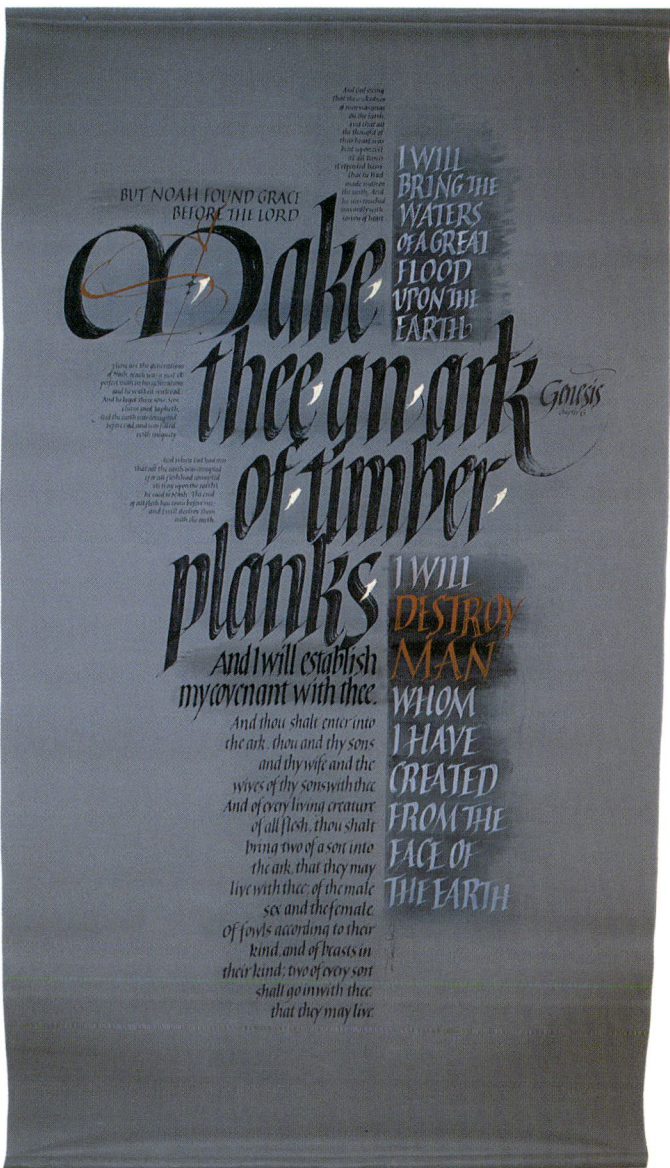

▲ HARRY MEADOWS

Illustrative Elemente können getrennt von den Wörtern erscheinen und dadurch für ein Gleichgewicht im Layout sorgen. Hier veranschaulichen Beläge aus Gold, die sich durch hohen Glanz auszeichnen, den Verlauf der Zeit. Auf diese Weise wird das Thema des Textes reflektiert. Die Anwendung der Textschrift in zwei Größen verbessert die strukturelle Qualität der Arbeit. Durch die feinen Haarlinien, um die einige Strichzüge erweitert werden, gewinnt die Struktur des Schriftbildes an Dichte.

▲ DENIS BROWN

Dieses Zitat der Genesis (Schöpfungsgeschichte) bot die Gelegenheit, unterschiedliche Techniken darzustellen, um jedem Teiltext seine eigene Fläche zu geben und damit die jeweilige Bedeutung gegenüber den anderen Teilen abzugrenzen. In dieser Arbeit wurden viele Techniken angewendet, z.B. das Variieren der Buchstabengröße, der Einsatz von Farbe, die Wechsel von Groß- zu Kleinbuchstaben und das Anwenden eines farbigen Hintergrundes, um so einige Textpassagen hervorzuheben.

MEIC MORGAN-FINCH
Diese wunderschön verzierten Versalbuchstaben erinnern mit ihren abwechslungsreichen Strukturierungen an Holzschnittbuchstaben. Das Schriftbild wurde durch gut ausgeführte Federstriche erzeugt. Viele der Muster bestehen aus einfachen, sich wiederholenden Zeichen, die ein dekoratives Arrangement bilden, das den Buchstabenkörper füllt. Die jeweilige Art der Verzierung ergänzt die Buchstabenformen perfekt. In der zweiten Buchstabenreihe wurden die Abstände zwischen den Buchstaben sowie die Binnenräume und Gegenflächen mit Linienformen ausgefüllt. Diese erinnern an die Struktur einer Holzmaserung, die natürlich auch dazu beiträgt, der Arbeit den Charakter eines Holzschnittes zu verleihen.

MEIC MORGAN-FINCH
Dies ist eine Variante des vorherigen Bildes, wobei die Worte anders angeordnet wurden. Das Ausfüllen der konturierten Buchstaben erfolgte wieder mit einfachen Mustern. Die verzierten Versalbuchstaben besitzen sehr feine Linienerweiterungen an den Serifen. Auf diese Weise wird der Arbeit eine weitere gestalterische Komponente hinzugefügt.

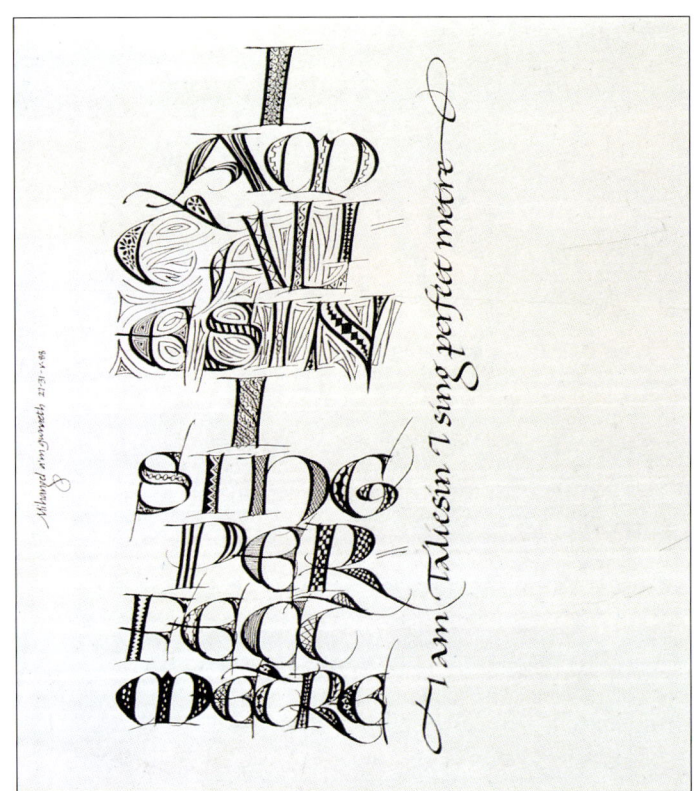

THEY ARE ILL DISCOVERERS THAT THINK THERE IS NO LAND WHEN THEY CAN SEE NOTHING BUT THE SEA

FRANCIS BACON

ISABELLE SPENCER
Eine den Textinhalt beschreibende Illustration ist nicht die einzige Möglichkeit, um die Wiedergabe eines Zitates kalligraphisch aufzuwerten. Hier schuf die Kalligraphin einen interessanten Untergrund, auf dem die Wörter geschrieben wurden. Zur Herstellung des Untergrundes diente auf eine Rasterkopie aufgebrachtes Gold. Die Herstellungsmethode, die Farbauswahl und das Hinzufügen des Goldes führen zu einem beispielhaften Ergebnis für diese Vorgehensweise. Der scheinbare Mangel der Arbeit an bestimmenden Merkmalen unterstützt in Wirklichkeit das Thema des Textes.

PAUL SHAW
Die Technik des Verzierens von Buchstaben durch Ausfüllen der Binnenformen oder Zwischenräume oder von beiden bestimmt entscheidend die dekorative Qualität dieser Arbeit. Bei diesem Zitat von Ezra Pound erscheint es zunächst, als wären die gestalteten Gegenflächen aufs Geratewohl ausgewählt worden. Bei näherer Betrachtung zeigt sich, daß für spezifische Buchstabenformen eine ausgewählte Farbe zur Anwendung kam. Dieses Prinzip wird über die ganze Arbeit hinweg beibehalten.

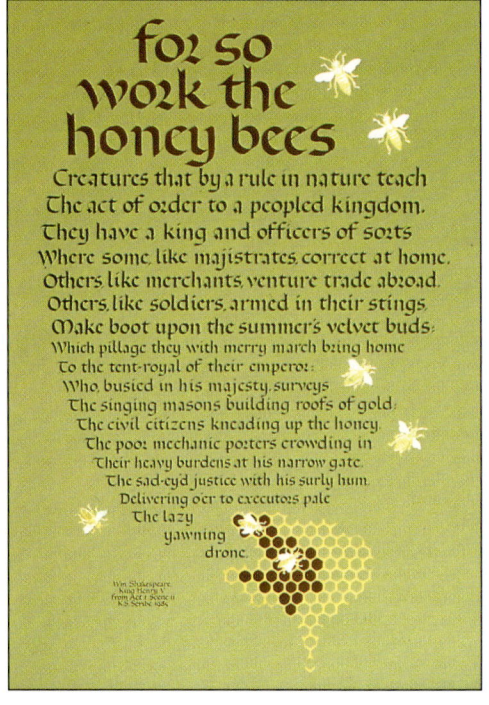

▲ KENNEDY SMITH
Im dichten und straffen Layout dieser Arbeit zeigt sich eine gute Planung. Das Zitat von William Shakespeare's »König Heinrich V.« wurde mit Buchstaben geschrieben, die auf der Rotunda-Schrift beruhen. Die Bienen haben Körper aus Blattgold und Flügel aus Weißgold. Das Hervorheben der Bienenwabe erfolgte durch das Auftragen von pulverisiertem Gold.

◄ JOHN SMITH
Der Ozean wirkt in dieser Präsentation des Gedichtes »The Ancient Mariner« (= Die alten Seefahrer« von S.T. Coleridge allgegenwärtig. Auf das handgeschöpfte Papier wurde Aquarellfarbe aufgebracht. Die farbige Gestaltung stellt eine gedankliche Verbindung zur Tiefe des Meeres her. Eine Meerespflanze, die in die Zeilen einführen soll, wurde mit Gouachefarbe gezeichnet.

HARRY MEADOWS
Diese Vielfalt der zum Thema »Meer« geschriebenen Gedichte liefert einen hervorragend geeigneten Manuskriptstoff für diese kalligraphische Arbeit. Es bestand die Gelegenheit, den natürlichen und erkennbaren Rhythmus des unruhigen Ozeans mit der rhythmischen Qualität der Formung und Anordnung der Zeilen darzustellen, was eine echte Herausforderung für den Kalligraphen bedeutete. Die Wechsel der Buchstabengrößen und des Stils, zusätzlich von Verzierungen und Segelschiffabbildungen unterbrochen, vermitteln sehr treffend die beabsichtigte Stimmung.

JOHN SMITH
Die Titelzeile dieser etwas überschwenglich dargestellten Wörter von Edmund Spenser wurde mit einer für das Notenschreiben bestimmten Feder geschrieben (bezeichnet als Notenlinienzieher oder Rastral). Solch ein Notenlinienzieher erzeugt bei entsprechender Handhabung fünf parallele Linien gleichzeitig. Die zum Thema passende Stimmung wird durch die Farben, den Beschriftungsstil und das Layout einwandfrei wiedergegeben, wobei die den Frühling beschreibenden Zeilen aus der Titelzeile hervorbrechen. Die Titelzeile ist fest und sicher auf ihrem aus vier Textzeilen bestehenden Sockel verankert. Diese Zeilen besitzen untereinander minimale Abstände. Mit ihren erdähnlichen Farben und der Massivität der Form tragen sie jedoch die gesamte Arbeit.

DAVE WOOD
Ideal ist es, wenn Text und Illustrationen einander in solch großartiger
Weise ergänzen wie bei diesem
Beispiel. Jeder Teil dieser Arbeit bewegt sich innerhalb seiner eigenen
Fläche, dennoch sind die Teile
durch die Stimmung und die Farbe
miteinander verbunden. Die locker
geschriebene Schrift enthält ein
übertrieben ausgeführtes S, welches in die Zeilenabstände ein-
dringt und die Zeilen auf diese
Weise senkrecht verbindet.

FRANCES BREEN
Hier wird die Struktur des Papiers
ausgenutzt, um die Wirkung des Bildes zu erhöhen. Das Bild ergänzt
die kalligraphische Darstellung dieses irischen Gedichtes aus dem
10. Jh. Die Struktur des mit Tinte
und Bleistift gezeichneten Bildes
spiegelt den schön geschriebenen
Text wider. Die Schrift basiert auf
einer irischen Handschrift aus dem
17. Jh. Für diese Schrift wurde eine
Mitchell-Feder und Gouachefarbe
verwendet.

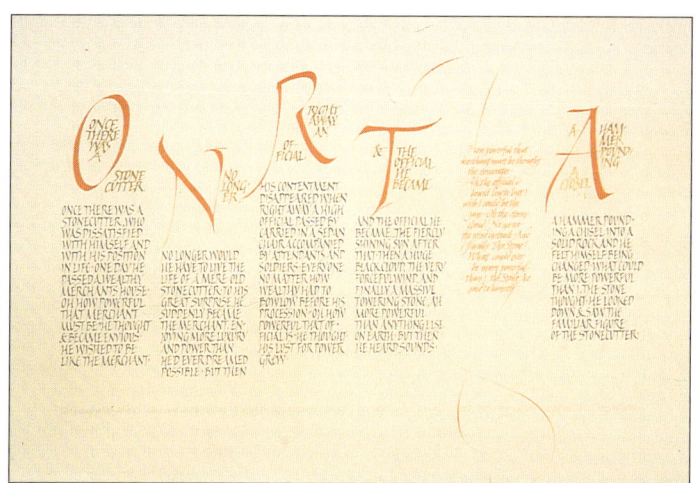

GEORGIA DEAVER
Große, schön geschwungene rote Buchstaben, wofür Kapitalis Rustika als Vorlage dienten, stehen am Anfang dieser Geschichte eines Steinmetzes. Der Text wurde in einer eleganten Version der gleichen Schrift wie die großen Buchstaben geschrieben, mit dünnen senkrechten Strichzügen sowie kräftigen Diagonalen und Waagerechten. Interessanterweise ist zwischen die in der Rustika geschriebenen Kolumnen eine kursiv geschriebene Textgruppe eingefügt.

ANNIE MORING
Seidenpapier in unterschiedlichen blauen Farbtönen wurde glatt aufgeklebt, um einen originellen Hintergrund für die Gestaltung des Gedichtes von Lord Byron zu liefern. Seidenpapier ist ein schwer zu beschreibendes Material und nimmt bei Nutzung einer Feder leicht Schaden. Für die vorliegende Arbeit wurde ein Pinsel verwendet. Die Schrift ist in mehreren Farbtönen aus mit Gouachefarbe sorgfältig gemischtem Blau und Grün dargestellt. Zwischen den Wörtern der ersten sieben Zeilen fand eine verschwenderische Fülle von erhaben aufgebrachten Goldpunkten sehr wirkungsvoll ihren Platz.

133

ANGLO-SAXON RIDDLESONG

shunning silence,
my house is loud
while I am quiet:
we are movement bound
by the shaper's will.
I am swifter,
sometimes stronger
he is longer lasting,
harder running.
sometimes I rest
while he rolls on.
He is the house
that holds me living—
alone I die.

the solution is—   A fish and river

this riddle is one of a collection
that rest in a thousand year old vellum
manuscript known as the Exeter Book
which has resided in Exeter Cathedral
library ('skin songs in a Holy House'),
since its donation, c. 1000 a.d.
by Leofric, the 1st Bishop of Exeter.

TRANSLATION FROM OLD ENGLISH BY CRAIG WILLIAMSON

DENIS BROWN
Die von der Halbunzialschrift inspi-
rierte insulare angelsächsische
Schrift mit ihren keilförmigen Serifen ist ideal für die Wiedergabe
dieses angelsächsischen Rätsellie-
des geeignet. Für die Arbeit wurde
ein Hochformat gewählt und die
Zeilen zentriert angeordnet. Die
knappen Flächen zwischen den
Wörtern helfen, die rhythmische
Qualität des Schriftbildes zu bewahren. Größere Wortabstände würden
diesen Effekt unterbrechen oder
völlig unwirksam machen.

DENIS BROWN
Dieses Detail der Illustration, das
die Lösung des Rätsels enthält, ist
typisch für den keltischen Stil der
Verzierungen. Fisch und Fluß gehen
jeweils ineinander über.

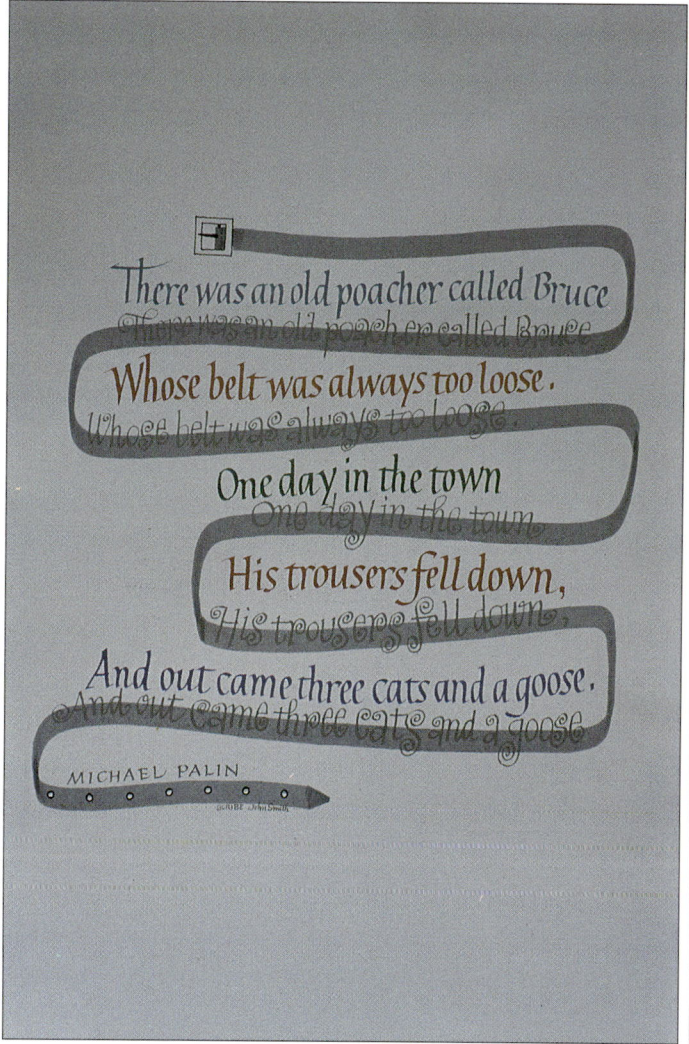

DAVE WOOD
Dieses ungewöhnliche Bild verdeutlicht den starken Einfluß der Arbeiten von Künstlern des frühen 20. Jh., besonders von denjenigen, die in Wien wirkten. Ein solcher Künstler war Gustav Klimt. Er malte Frauen und Paare, deren Gewänder exotische und ornamentale Muster enthielten. Er versuchte, den Übergang zwischen der Figur und dem Hintergrund unkenntlich zu machen oder in seiner visuellen Wirkung zu verringern, wobei ihm die dekorative Darstellungsweise sehr wichtig war.

JOHN SMITH
Manchmal ergibt sich die Bildidee einer Arbeit geradezu zwangsläufig aus dem Wortlaut eines Gedichtes oder eines Zitates bzw. aus dessen Bedeutungsinhalt. Hier, in dieser auf witzige Art präsentierten Arbeit, ergänzen sich Text und Illustration hervorragend. Die Wörter dieses Limerick von Michael Palin wurden mit Gouachefarbe geschrieben. Das Einpassen der Wörter erfolgte in die Zwischenräume des sich auf der Seite nach unten schlängelnden Gürtels.

Handgeschriebene Bücher

Die Herstellung schöner kalligraphischer Werke, besonders handgeschriebene Bücher, bildeten über mehrere Jahrhunderte das Hauptbetätigungsfeld der Schreiber. Seit dem Aufkommen der Drucktechnik änderten sich die Auffassungen und Erwartungen. Zu Änderungen kam es besonders bei der Anwendung der Buchmalerei, der Verzierung, des Seitenlayouts und der Gesamtpräsentation. Die besondere Stellung, die das handgeschriebene Buch als spezielle Kunstform innehatte, war nicht mehr haltbar. Lehrlingen wurden die jahrhundertealten Methoden der Herstellung großer handgeschriebener Bücher nicht länger beigebracht, selbst Menschen, die sich herrliche, von Schreibern verfaßte und Kunsthandwerkern erarbeitete handgeschriebene Bücher leisten konnten, bevorzugten nun die mit der neuen Technologie hergestellten Produkte.

Die den handgeschriebenen Büchern verwandten Verzierungen wurden in späteren Kunstentwicklungen, vor allem im Kunsthandwerk und der Jugendstilperiode des 19. Jh., wieder aufgegriffen. Der moderne Kalligraph, der es wünscht, an der Herstellung handgeschriebener Bücher beteiligt zu werden, kann heute sehr viel durch das Studium schöner Beispiele in nationalen Sammlungen lernen. Vielleicht ist es sogar möglich, durch das wachsende Interesse an den Meisterwerken vergangener Zeiten, das Ansehen dieser einzigartigen Kunstform wiederzubeleben und wiederherzustellen.

Handgeschriebene Bücher waren das Ergebnis der Kunst und der Schöpferkraft früherer Mönche und Schreiber. Das Anfertigen von Büchern allgemein ist eine Kunst, zu der interessante Werkzeuge, Materialien, Techniken, die Sprache, Eindrücke und sogar Düfte gehören, die die Fertigkeiten des Kalligraphen ergänzen. Schon das Herstellen einer einfachen Broschüre kann sehr lohnende Erfahrungen und ein starkes Gefühl für die persönliche Leistung vermitteln. Normalerweise läßt diese Fertigungsart sogar den Wunsch entstehen, mehr zu machen und weitere Möglichkeiten zu erkunden. Bedingt durch ihr historisches Nebeneinander können Bücher und die Kalligraphie gut zusammen funktionieren und wirken.

HARRY MEADOWS
Das Planen, Entwerfen, Anordnen und Übertragen von kalligraphisch gestalteten Texten und Illustrationen für ein handgeschriebenes Buch ist sehr schwierig und unterscheidet sich deutlich von Einzelblattarbeiten. Im vorliegenden Beispiel wurde der Titel sehr sauber, mit konservativen, schwungvollen Schnörkeln auf die Buchdecke geschrieben. Es ergibt sich eine feste und kompakte Präsentation. Auf der Doppelseite wurde der erste Buchstabe jedes Abschnittes in den Rand geschrieben und vergrößert dargestellt, um auf diese Weise erhöhte Aufmerksamkeit zu bewirken. Die herrliche Buchmalerei veranschaulicht das Schicksal von Ikarus, als er zu nahe an die Sonne flog. Gold, dünne Linien und einige Wörter komplettieren das Bild.

Eine der ergiebigsten Perioden in der Entwicklung der handgeschriebenen Bücher begann mit dem Entstehen und der Weiterentwicklung karolingischer Kunst unter dem Patronat von Kaiser Karl dem Großen. Das hier abgebildete Godescalc-Evangelistar (des Schreibers Godescalc) ist ein besonders gutes Beispiel dieser Epoche. Die karolingische Kunst entwickelte sich aus den Ansätzen fränkischer und byzantinischer Kunst. Das hier abgebildete Werk karolingischer Buchkunst besteht auf der rechten Textseite aus abstrakten Mustern (Knotenanordnungen, Verflechtungen und Schnörkeln) als Beitrag von fränkischer Seite. Diese Vorstellungen wurden mit den aus dem Mittelmeerraum herrührenden Kunstströmungen verbunden. Die linke Seite dieses Beispiels verdeutlicht die Inspirationen aus der oben genannten zweiten Quelle, die zu den Figuren und illusionären Darstellungen führten. Der Einfluß des Mittelmeerraumes ist auch bei den großen Buchstaben der römischen Kapitalis, die in Gold auf einem dunkelroten Hintergrund präsentiert werden, spürbar.

JOHN BENTLY
Dies ist eine Darstellung aus dem Künstlerbuch, welches auf der gegenüberliegenden Seite erläutert wird. Die Elemente auf der Seite wurden alle größer gezeichnet als sie für die Endausführung geplant waren. Die Verringerung der Größe erfolgte dann Schritt für Schritt, wobei sich Gelegenheit zum Retuschieren sowie zum Hinzufügen von Bild- und Textelementen bot. Der stark verzierte und vergrößerte Buchstabe I ist einem Buchstaben einer italienischen Handschrift des 15. Jh. nachgebildet. Für diese Arbeit wurde er 300 mm hoch gezeichnet. Nach der Verkleinerung der Arbeit auf die endgültige Größe folgte eine Handkolorierung mit Aquarellfarbe.

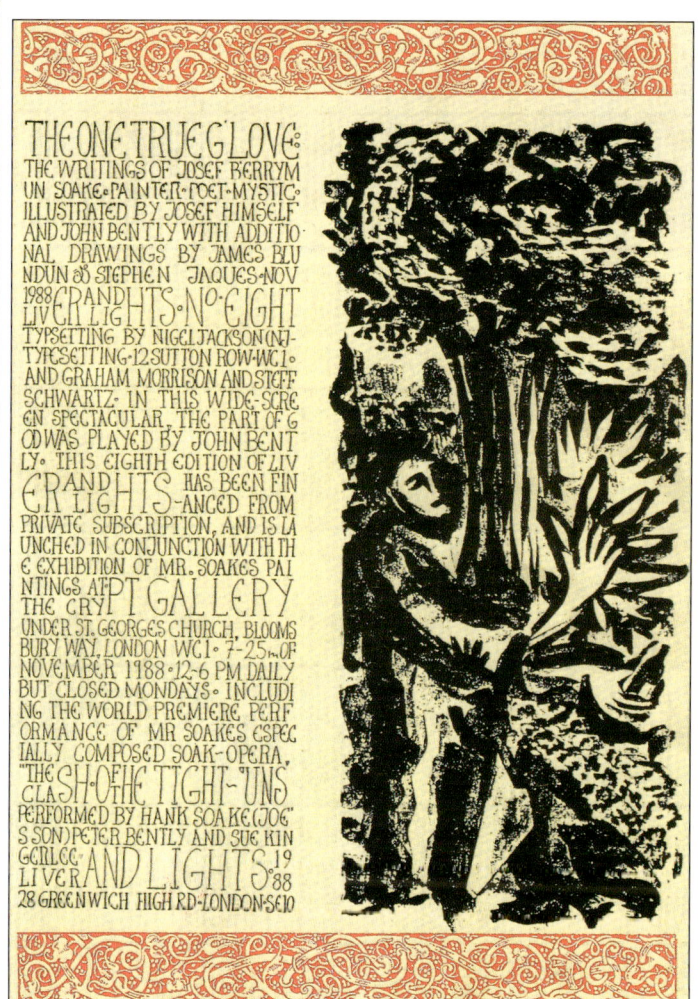

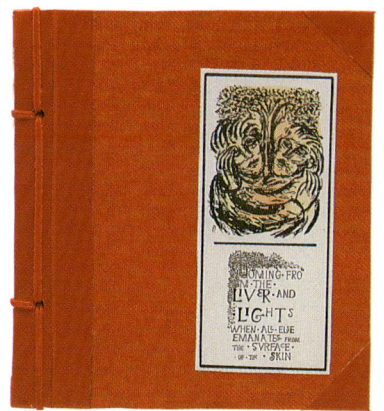

JOHN BENTLY

Die Schrift auf dieser Seite wurde der Handschrift auf einem römischen Graffitto nachgebildet. Zum Schreiben diente ein Filzstift. Die Ausführung des Textes erfolgte am Anfang doppelt so groß, wie es für die Endversion notwendig gewesen wäre. Die Qualität des Schriftbildes ist deutlich zu erkennen und wird durch das Einfügen der größeren Buchstaben, die die homogene flächenhafte Wirkung des Textblockes unterbrechen, noch verbessert. Das mit Tinte gezeichnete Bild wurde zunächst ebenso groß wie der Text erarbeitet und dann in zwei Stufen verkleinert. Die Randleisten oben und unten auf der Seite wurden in traditionell dekorativem Stil entworfen. Die Vorbereitung der ganzen Arbeit erfolgte mit dem Ziel, eine Druckvorlage für den Offsetdruck zu schaffen und sollte die Absicht realisieren, schöne Bücher herzustellen, sie auch vielen Interessenten zugänglich zu machen und die Materialkosten möglichst niedrig zu halten.

▶ JOAN PILSBURY und
WENDY WESTOVER
Dieses elegante handgeschriebene
Buch, das als geöffnetes Buch die
Maße 150 mm × 450 mm hat, bietet
einen Blick auf die Seiten der Geschichte »Hatching Eggs« von Rose
Macaulay. Der Präsentation wurde
hier große Sorgfalt und Fertigkeit
gewidmet. Reichlich bemessene
Randleisten ermöglichen eine groß-
zügige Textentfaltung auf der Seite.
Die Auswahl des gelben Papiers
belebt die Buchseiten, wogegen
sich weißes Papier als zu nüchtern
erweisen dürfte.

◀ ▼ DIANA HARDY WILSON
Das kleine Buch in Leporellofaltung
(Ziehharmonikafaltung) liefert ein
ideales Format für Themen mit sich
wiederholendem Muster, zum Beispiel für Strophen eines Gedichtes
oder, wie hier ersichtlich, den Mo-
natsnamen des Jahres. Das Papier
wurde mit den Farben der Jahreszeiten, die sich mit den Monaten
decken, betupft. Diese besondere
Ausgabe ist für die südliche Erd-
halbkugel gültig. Die Pappe der
Buchdecke wurde mit Buchbinderleinen umhüllt. Das Befestigen des
Bandes erfolgte unter dem Bezugs-
stoff der Buchdecke mit einer sichtbar auf einer Seite herausgeführten
Schleife. Auf der anderen Seite der
gleichen Buchdecke befindet sich
das lange Band. Es wird um das
Buch gebunden und zuletzt durch
die Schleife gesteckt.

▶ DIANA HARDY WILSON
Die Buchstaben für die Wörter auf der Titelseite wurden mit einem Bleistift vorgeschrieben und dann mit einem Pinsel und Gouachefarbe nachgezeichnet. Das Zeichnen der Buchstaben und ihrer Erweiterungen erfolgte mit grünen Farbtönen, die für das Buch passend erscheinen. Die Seiten des aus mehreren Abschnitten bestehenden Buches blieben unbeschnitten, um damit den Büttenrand des Papiers zu betonen.

◀ ▼ ISABELLE SPENCER
Dieses Leporello-Buch trägt eine kunstvolle Verzierung. Rohseide diente als Überzugsstoff für die Buchdecke, worauf ein Muster mit Litze und Fäden unterschiedlicher Farbtönung gestickt wurde. Um das Buch fest schließen zu können, erfolgte das Befestigen von Goldlitze an beiden Seiten der Buchdecke. Entsprechend gefaltetes Aquarellpapier bildet die Buchseiten, auf denen das in Gouachefarbe geschriebene Gedicht zu lesen ist.

Die ersten und letzten Wörter wurden durch wahlloses aber interessantes Einfügen von kolorierten Formen in die Binnenräume und Gegenflächen verziert.

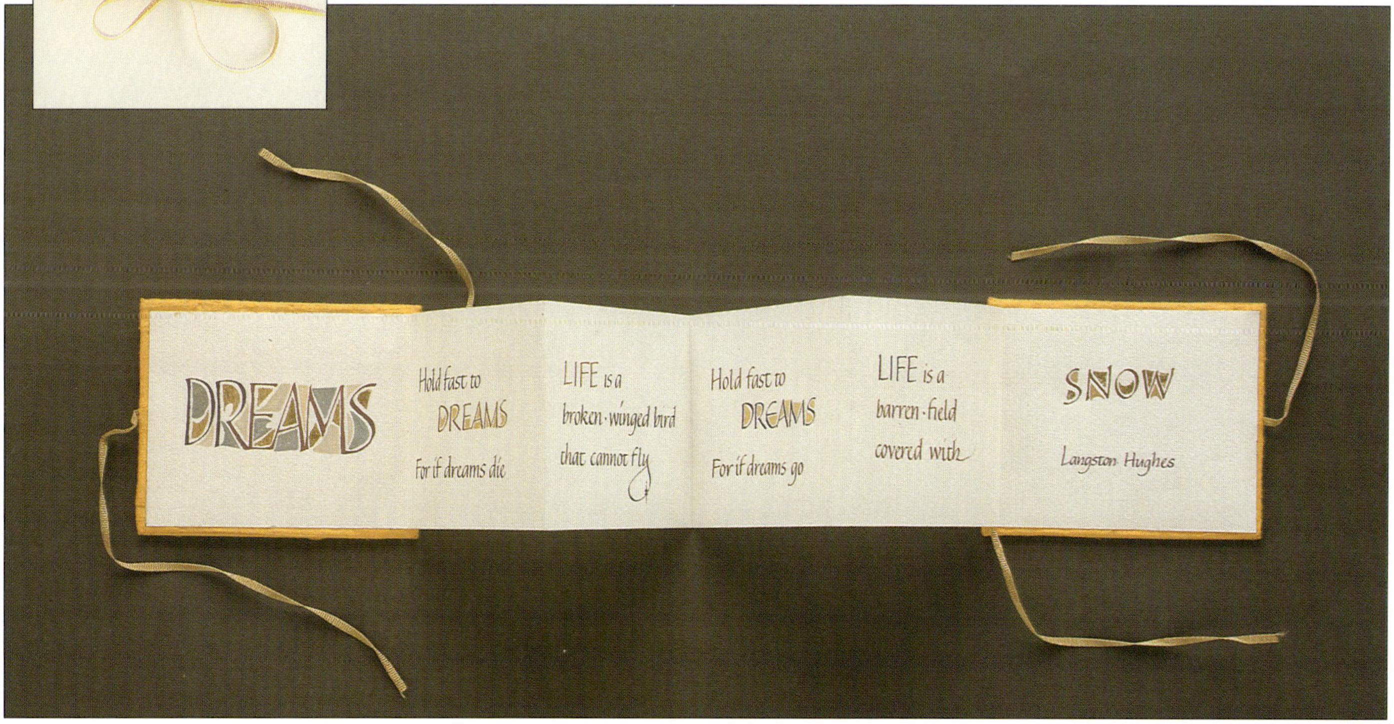

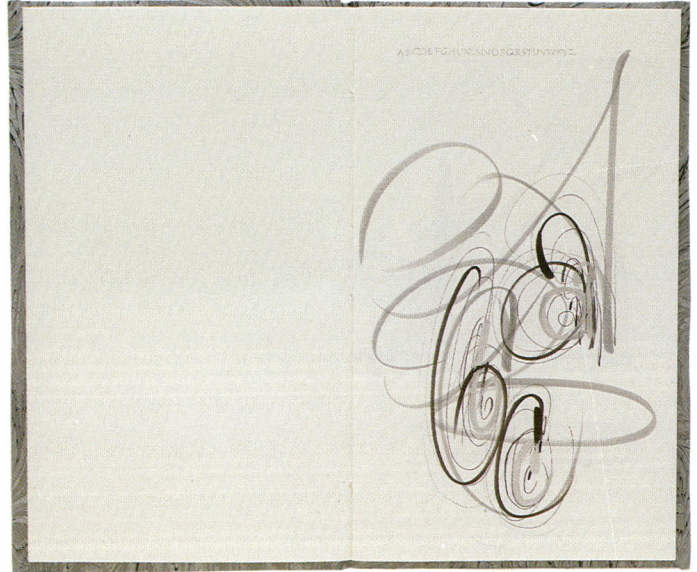

▲ Im Handel sind viele Bücher mit dekorativen Einbänden erhältlich. Die meisten dieser Bücher (Blindbände) werden aus qualitativ gutem Papier hergestellt, wobei die Seiten für spätere kalligraphische Betätigungen leer bleiben, da sich die Kosten einer sachkundigen buchbinderischen Fertigung vorher oft nur schwer abschätzen lassen. Bücher mit dekorativen Einbänden, wie sie hier abgebildet sind, stellen für viele Kalligraphen ein ausgezeichnetes Betätigungsfeld dar.

◀ ▲ KARLGEORG HOEFER Vielleicht würde auch Sie die Großartigkeit dieses Bucheinbandes inspirieren? Buchstaben in Silber, Grau und Schwarz nehmen auf tanzende Weise ihren Weg aus dem vorderen Blickfeld in den Hintergrund. Das Ergebnis ähnelt der Vorgehensweise des Komponierens von Musik – das hierzu passende Thema könnte lauten »Tanzendes Alphabet«. Teilweise ist es schwierig, die Buchstaben zu erkennen, weil sie sich wie in einem Zeichentrickfilm zu bewegen scheinen .

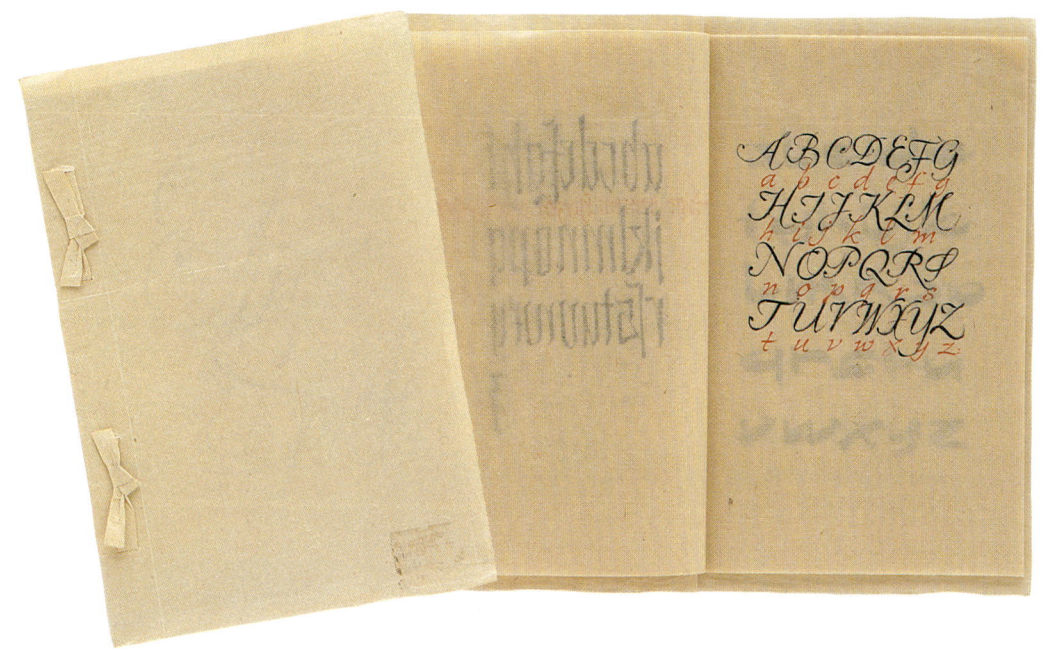

▲ KARLGEORG HOEFER
Einer traditionellen Methode entsprechend wird dieses Buch mit Bändern verschließbar hergestellt. Die Bänder bestehen aus dem gleichen Material wie der Einband – in diesem Fall Papier. Mit den schwarz und rot geschriebenen Alphabeten im Inneren des Buches wird die traditionelle Vorgehensweise fortgesetzt. Das gezeigte Alphabet beruht auf einer Schreibschrift des 17. und 18. Jahrhunderts.

◀ KARLGEORG HOEFER
Die Titelseite dieses kleinen handgeschriebenen Buches widerspiegelt des Künstlers souveränen und phantasievollen Umgang mit dem Pinsel. Für die Herstellung des Buchblockes wurde ein dünnes, leichtes Papier ausgewählt. Durch die Seiten sind vorhergehende und folgende Alphabete etwas sichtbar. Aufgrund seiner sehr persönlichen kalligraphischen Alphabete ist das Buch eine Augenweide für jeden Interessenten. Ein Alphabet-Buch wie dieses sollte das Bücherbord jedes Kalligraphen zieren. Auf gut gestalteten Seiten werden persönliche Erkundungen und Darstellungen eleganter Kalligraphie gezeigt – und dies alles in einem schönen handgefertigten Buch.

Gedruckte Bücher

Die Vorbereitung eines individuell handgefertigten und handgeschriebenen Buches ist eine spannende Herausforderung für den modernen Kalligraphen. Das Interesse an Büchern wird ihn jedoch auch dazu führen, originelles Bildmaterial vorzubereiten, welches zum Drucken in Buchform vorgesehen ist. Gelegenheiten für das Drucken kalligraphisch gestalteten Materials gibt es relativ wenige, handgeschriebener Text ist offensichtlich für die Mehrheit der Publikationen ungeeignet. Gelegentliche Anknüpfungspunkte gibt es im Bereich der Geschenkbücher, zum Beispiel bei kleinformatigen illustrierten Büchern, die auch kurze, unter kalligraphischen Gesichtspunkten attraktive Texte enthalten können. Aufzunehmende Bilder oder Texte werden als individuelle Bildmaterialstücke vorbereitet und dann auf eine Seite reproduziert.

Für die Einbände heutiger Publikationen sind die bei den Verlagshäusern angestellten künstlerischen Leiter verantwortlich. In den Verlagen gibt es eine ganze Reihe von Titeln, die sich für eine kalligraphische Ausführung oder Ergänzung eignen würden. Doch häufig wird ein kalligraphisch gestalteter Einband weniger geschätzt als die teilweise recht seelenlos gestalteten Produkte des modernen Buchdruckes. Dessenungeachtet können Präsentationen kalligraphischer Elemente auf Buchumschlägen, allein oder im Zusammenhang mit Schriftsatz verwendet, auffallend und originell sein.

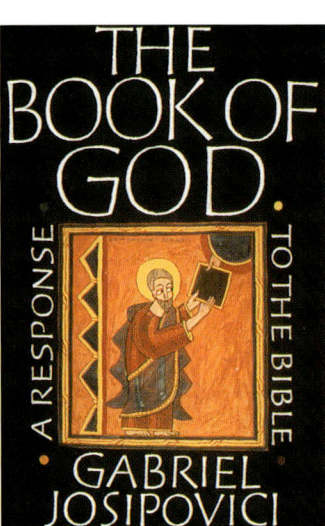

MICHAEL HARVEY
Sicher geschriebene Versalbuchstaben verkünden den Titel dieses Buches. Eindrucksvoll auf schwarzem Hintergrund stehend, ziehen sie aufgrund ihrer hellen Farbe sofort die Aufmerksamkeit auf sich. Die entsprechend dem Stil früherer Schreiber und Illuminatoren geschaffene Illustration wird von Untertitel und Autorennamen umfaßt. Beachten Sie die Änderung der Schriftgröße, die der Bedeutung der zu vermittelnden Information angepaßt wurde.

IEUAN REES
Diese großartige Beschriftung erzeugt eine großstrukturierte Einteilung auf dem Bucheinband. Die Flächen innerhalb der Buchstaben und zwischen den Buchstaben haben scheinbar die gleiche Bedeutung wie die Strichzüge der Buchstaben selbst. Wohlgesetzte Haarlinien treten über, unter und zwischen den Buchstaben in zierlicher gotischer Art auf. Das wundervolle zeilenfüllende Element in der letzten Zeile sieht zunächst wie ein fremder Buchstabe aus. Als Zeilenabschluß komplettiert es jedoch diese schöne ausgewogene Arbeit.

MICHAEL HARVEY
Für diesen Bucheinband liefert die kalligraphische Schrift das illustrative Material. Das erste wahrgenommene Bild ist das rote gotische T, welches auf dem schwarzen Hintergrund ausdrucksvoll angeordnet wurde. Dem roten T ist ein grünes Gitter überlagert, das die grundlegende Struktur für das wohlproportionierte T der römischen Kapitalis vermittelt. Etwas gedreht und leicht vom Drehpunkt versetzt wurde der elegant verzierte Buchstabe angeordnet. Dieses Zierversal und das Gitter mit dem T wurden so gedreht, daß Teile davon angeschnitten sind.

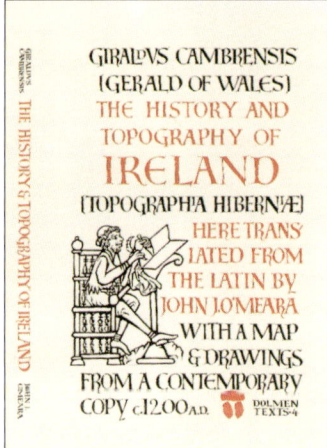

TIM O'NEILL
Die Versalien und das Design dieses Bucheinbandes veranschaulichen die vielen Gesichtspunkte, die in der Kalligraphie eine Rolle spielen. Der Beschriftungsstil paßt gut zum Thema des Buches. Die Größe der Schrift, die Flächen zwischen den Buchstaben und Wörtern, die Farbwechsel und die Zeilenabstände zeigen, wie ein Design bei sorgfältiger Planung und Kombination aller Elemente wirken kann.

TIM O'NEILL
Insulare Halbunziale prägen die Buchstaben mit ihren charakteristischen Keilserifen. Die Binnenräume und Gegenflächen werden mit Farbe gefüllt. Die knotenförmige Verzierung verweist auf den keltischen Einfluß. Das aus Linien bestehende Bild erinnert an die Vögel und Tiere in keltischen Ornamenten. Die Vögel unterbrechen die Linien der roten Randleiste und steigern so die Wirkung noch mehr.

Angewandte Kalligraphie

Aufgrund ihrer Vielseitigkeit in der Hervorbringung von unterschiedlichen Ausdrucksformen kann die Kalligraphie auf einen großen Bereich visueller Arbeiten einschließlich des geschriebenen Wortes angewendet werden. Jahrhundertelang war das Schreiben von Hand die Hauptmethode der geschriebenen Kommunikation, Vervielfältigung und Dokumentation. Der Zugang zu den exquisiten Arbeiten der Meisterschreiber war zum größten Teil nur der Regierungsklasse und der wohlhabenden Bevölkerung möglich. Viele grundlegende und notwendige Texte wurden durch Abschreiben von Hand vervielfältigt, allerdings ohne gleichzeitige Übernahme der Verzierungen. Mit dem Aufkommen beweglicher Lettern gelang es, die schönen Schriften und handgeschriebenen Bücher zu vervielfältigen, handschriftliche Ausführungen wurden nahezu überflüssig. Eine gewisse Zeit paßten die Schreiber sogar das Design und das Layout ihrer Arbeiten den mit der neuen Technologie hergestellten gedruckten Seiten an. Aber die Kunst der Schreiber bestand fort und wurde weiterhin gepflegt, aus Gründen, die damals wie heute kalligraphische Ergebnisse begehrenswert erscheinen lassen: Kunsthandwerklich individuell und in kleinen Mengen oder als Unikat gefertigte Arbeiten sollen nach wie vor mit kalligraphischen Leistungen komplettiert oder ergänzt werden.

Moderne Kalligraphen und Kunstschreiber fanden im kommerziell orientierten Umfeld neue Betätigungsfelder, so ergaben sich beispielsweise Entwicklungsmöglichkeiten in der Werbebranche. Viele Aufträge ermöglichten das Nebeneinanderstehen von kalligraphisch ausgeführten Wörtern oder Slogans (auch als Überschrift) mit mechanisch gesetzten Lettern.

Die Nutzung von Kalligraphie und Buchdrucklettern ermöglichte interessante Ergebnisse. Allerdings ist ein sorgfältiges Abwägen aller Gesichtspunkte vor der Entscheidung für eine derartige Designlösung unbedingt erforderlich. Es gibt natürlich auch einige Anlässe, wo ein Kunde besser einen Schriftsetzer zur Beratung heranzieht als einen Kalligraphen. Der Kalligraph ist keine Maschine, die Einzigartigkeit seiner Arbeit unterstreicht diese Tatsache. Dagegen gibt es Situationen, wo traditionell bedingte Lösungen zur Herausbildung von Standardlösungen führten, die als Richtlinie für das Arbeiten dienen. So können zum Beispiel Einladungen, die früher wahrscheinlich alle auf einmal per Hand geschrieben wurden, jetzt häufig in einer auf SCHRIFTEN DES 17./18. JH. beruhenden Schrift gedruckt werden. Der Kalligraph hat dann noch die Aufgabe, in seiner unübertroffenen Art unterschiedliche Namen in die Einladungen zu schreiben, ganz gleich ob fünfundzwanzig oder zweitausend Namen einzutragen sind. Eine ähnliche Verfahrensweise und Begründung für das Inanspruchnehmen kalligraphischer Leistungen träfe auch bei Urkunden zu.

Der Anwendung der Kalligraphie müssen ernsthafte Überlegungen zum Wesen der Arbeit vorausgehen – ebenso zum Text und seiner Präsentation. Die mit dem Text bzw. durch Hervorhebung einer Textstelle zu erzielende Wirkung muß vor Beginn der Arbeit geklärt sein, denn der Schreibstil und die auszuwählenden Materialien sind von ihr abhängig. Der Kalligraph muß seine Intuition in die Arbeit einfließen lassen und sich dann auch darauf verlassen können. Werden diese Punkte berücksichtigt, lassen sich die grundlegenden Ideen entwickeln.

Das Gebiet visueller Designprobleme, das einzig und allein durch die Kalligraphie oder durch die Aufnahme kalligraphischer Elemente gelöst werden kann, ist sehr groß. Meist ist es der Kalligraph, der diesen Fakt beachten muß. Von Designern, künstlerischen Direktoren oder anderen, die sowohl die Grenzen als auch die Möglichkeiten der Kalligraphie nicht vollständig erfassen und verstehen, kann nicht erwartet werden, daß sie auf alle Probleme eine Antwort finden. Eine zusätzliche Aufgabe des Kalligraphen besteht darin, andere über die kalligraphischen Möglichkeiten zu informieren, was am besten anhand von Beispielen zu realisieren ist. So kann der Kalligraph beispielsweise sehr positiv wirken, indem er sein persönliches Briefpapier und seine Postsachen, einschließlich der Rechnungen, kalligraphisch bearbeitet und präsentiert. Eine Anwendung von Kalligraphie in dieser Weise ist einerseits Werbung für das Vorhandensein dieser Kunstfertigkeit und andererseits eine gute fachliche Praxis. Das Briefpapier und die Karten können vom originalen Bildmaterial gedruckt werden, der direkte und persönliche Stil, der eines der stärksten Merkmale der Kalligraphie ist, bleibt trotzdem erhalten.

▶ DENA SHATAVSKY

Für Kalligraphie bestehen viele Anwendungsmöglichkeiten in der kommerziellen Welt, und es gibt viele schon lange existierende Anwendungsbeispiele, die trotz der Möglichkeiten des Setzens und Druckens fortbestehen. Bei der Vorbereitung von Kunstwerken für den Druck ist es ohne Schwierigkeiten möglich, kalligraphische Elemente hinzuzufügen. Es befinden sich dann Elemente, die nach handgefertigter Technologie und nach Drucktechnologie hergestellt wurden, auf einer Arbeit nebeneinander.

Das Design (von Barbara Biondo) wurde als Gesamtkonzeption entwickelt, denn zu dieser Einladung gehört noch ein speziell entworfener und gefertigter Briefumschlag. Der Briefumschlag wurde innen vollständig mit zartem japanischem handgeschöpftem Papier ausgekleidet. Durch Schlitze gefädelte Bänder dienten zum Verschließen des Umschlages.

Im Briefumschlag befanden sich: die Einladung, die Empfangsmeldung, die Mitteilung des Empfängers zur Annahme der Einladung und ein individuell voradressierter Rückumschlag. Alle diese Dinge wurden als druckbereites Bildmaterial (Reinzeichnung) vorbereitet, ebenso wie das in Form von Umrißlinien vorbereitete Blumenmusterdesign der Randleiste. Die Schrift und die Randleiste wurden dann gedruckt. Abschließend erfolgte das Auftragen der zwei Farbtöne, rosa und dunkelgrün, in die Randleiste von Hand.

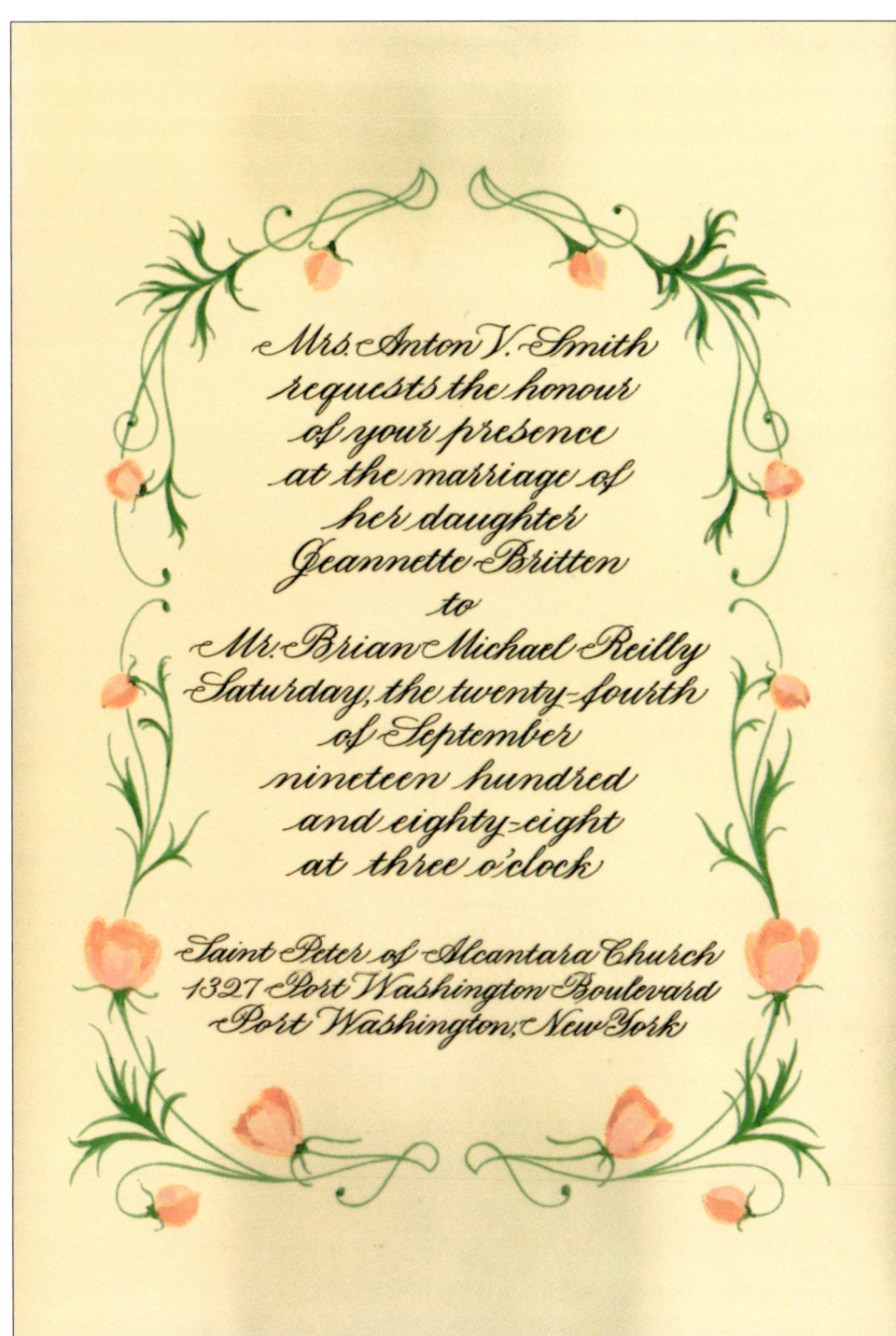

Mrs. Anton V. Smith
requests the honour
of your presence
at the marriage of
her daughter
Jeannette Britten
to
Mr. Brian Michael Reilly
Saturday, the twenty-fourth
of September
nineteen hundred
and eighty-eight
at three o'clock

Saint Peter of Alcantara Church
1327 Port Washington Boulevard
Port Washington, New York

Drucksachen

Das praktisch angewandte graphische Design bzw. die Aufnahme kalligraphischer Elemente in ein Design erfordern spezielle Überlegungen zum mechanischen Reproduzieren. Es ist deshalb sehr nützlich, wenn der Kalligraph einige Grundkenntnisse über die Realisierung graphischer Entwürfe besitzt.

Um ein Designproblem zu lösen, ist es wichtig eine Tätigkeitsliste aufzustellen und später noch eine Liste für besondere Aufgaben. Es ist allerdings nicht ganz einfach zu lernen, schwungvoll und aktiv an das Ausarbeiten der Designlösungen für die Rohform heranzugehen. Eine zwar ungewöhnliche aber einfache Hilfe könnte es für Sie sein, Schreibzeilen, repräsentative Formen und verschiedene Komponenten eines Designs aus Kontrollgründen zu markieren. Wird mit verschiedenen Layouts experimentiert, um dadurch die maximale Ausstrahlungskraft eines Designs zu erreichen, sollten möglichst viele Ideen ausprobiert werden.

Die Kenntnis der Reproduktionsverfahren ist für den Kalligraphen von großem Wert, wenn er Arbeiten für den Druck vorbereitet. Ein Kopiergerät kann nützlich sein, um Entwürfe zu vergrößern, zu verkleinern oder einfache Druckversionen zu liefern. Es ist dann auch möglich, die Kopie unter Zuhilfenahme von Pergamentpapier mittels Durchzeichnen weiter zu entwickeln, d.h. alternative Lösungen zu schaffen, ohne die ganze Arbeit nochmals neu zu fassen.

Im Gegensatz zum Herstellen einer Einzelarbeit kann durch Anfertigen von Repro- duktionen mit mehr Erfolg gearbeitet werden. Es besteht unter anderem die Möglichkeit, bei einem aufgetretenen Fehler das bisher Erreichte zu sichern ohne wieder völlig von neuem beginnen zu müssen. In Abhängigkeit vom Fehler ist es möglich, durch sorgfältiges Ausbessern mit weißer Farbe und einem feinen Pinsel bzw. durch Abdecken mit Papier, die mißlungene Stelle zu beseitigen. Mißglückte zum Beispiel ein Wort vollständig, kann es vorsichtig überklebt und danach neu geschrieben werden. Sollte das neue Wort länger oder kürzer sein und mit der ausgebesserten Fläche nicht übereinstimmen, ist wahrscheinlich ein kompliziertes Schneiden und Schieben des zu überklebenden Teiles und der Zeile die unumgängliche Folge.

Unbedrucktes Papier und Bristolkarton (geklebter Karton aus drei Schichten, wobei die mittlere Schicht aus einer holzhaltigen Einlage besteht) eignen sich am besten für diese Arbeit. Das Bildmaterial wird in schwarz vorbereitet. Für eine Arbeit mit mehr als einer Farbe müssen gegebenenfalls Farbauszüge vorgenommen werden, um sich Gewißheit über die zu erwartenden Farbtöne zu verschaffen, ein Drucker kann dazu Hinweise geben. Bemerkungen und Auszeichnungen (Befehle an den Setzer) zum aufbereiteten Bildmaterial sind mit einem dünnen blauen Stift (nicht mit Bleistift) zu notieren. Diese Notizen werden nicht auf das Klischee (Druckträger für die Wiedergabe von Bildern im Hochdruck) reproduziert.

▼ DIANA HARDY WILSON
Die Weihnachtskarte fängt die Stimmung der Menschen ein, die die langen Feiertage als anstrengend empfinden. Die Arbeit wurde mit einem Füllfederhalter mit aufgesteckter Spaltfeder auf speziell ausgewählter, dünner geprägter Pappe geschrieben.

▲ JEAN LARCHER
Zum Schreiben der 89 diente ein Pinsel. Die 90 mit ihrer linearen Struktur wurde mit einer Linierfeder hergestellt. Der Druck der schwungvoll ausgeführten Ziffern und der Schrift erfolgte invertiert (d.h. als Negativ).

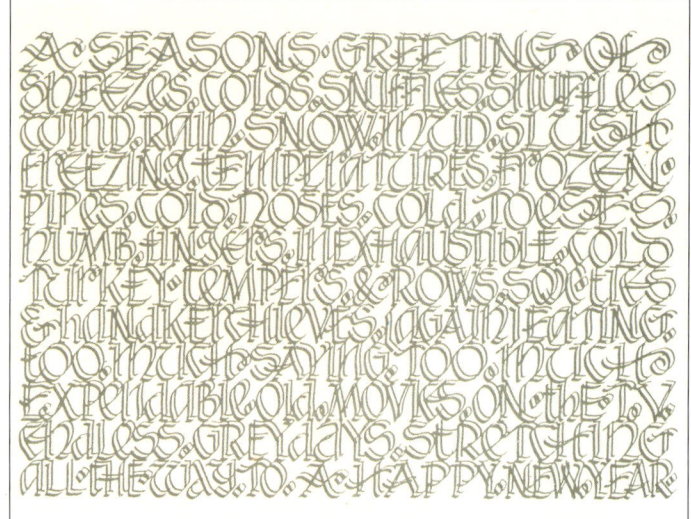

TASMANIA · APRIL · MAY · 1989 ·
AN · ISLAND · STATE · OF · GRANITE · ROCK · ORANGE · GREY ·
GREEN · LICHEN · MOUNTAINS · & · ART · RIVERS · AND ·
CRAFTSHOPS · ARCHITECTURE · WOODS · OF · MINOR · SPE·
CIES · & · HORIZONTAL · SCRUB · GREEN · & · INDEPENDENT ·
GUM · TREES · BLUE · SKIES · SHEEP · SHEEP · SHEEP · DEVONSHIRE · TEAS ·
& · FEDERATION · STYLE · MORE · GUM · TREES · CRUTCHED · SHEEP ·
· TOPIARY · OCEAN · BEACH · BLUE · HILLS · MOUNTAINS · & · BUSH ·
CARNAGE · OF · ANIMALS · ON · THE · ROAD · WHITE · GRAVEL · EDGED ·
ROADS · BRIDGES · MADE · FROM · PLANKS · DORSET · SHEEP ·
& · HEREFORDS · RED · TIN · ROOFS · & · WHERE · FOR · THIS · ·
· TRAVELLER · THE · BUILDINGS · DON'T · LOOK · OLD · ANY ·
· MORE · SANDSTONE · IN · SUNLIGHT · BOOBYALLA · AND ·
LEATHERWOOD · & · PETROL · STATIONS · WITH · FLAT · ROOF ·
BEDECKED · WITH · PLASTIC · BUNTING · WHY? · VELVET · GREEN ·
HILLS · WHERE · DRAWING · IS · AS · WE · FIRST · DREW · WITH · BLUE ·
SKY · BLUES · GREEN · TREE · GREENS · GREEN · GRASS · GREENS · TA·
LL · STRINGY · BARKS · & · CATTLE · SIT · DOWN · & · LOOK · SAGELY ·
BUSH · & · GRANITE · ROCKS · LIKE · OLD · FRIENDS · STILL · THE · SEA ·
WITH · HINT · OF · GREEN · IGNORES · THIS · OLD · FRIEND · IN · ITS ·
RUSH · TO · RUN · OAT · EUCALYPTUS · PLANTATIONS · GRAVEL ·
ROADS · & · GREAT · CLOUDS · MIMOSA · VERTICAL · CURVES ·
& · BLIND · CURVES · & · HILLS · HOP · FIELDS · MUTTON · BIRDS · &·
HORSE · MANURE · RED · LINE · COACHES · & · THE · MAN · THE ·
PLAN · JAPAN · & · INDEPENDENT · GREENS · & · FERNS · AND ·
FRIENDS · OF · 11 · PATERNOSTER · ROW · BILL · ANDRIXUS · DICK ·
BEST · OF · SALAMANCA · PLACE · GALLERY · RUTH · & · GODFREY ·
BURRELL · OF · 51 · WIAMEA · AVENUE · JUNE · & · LLOYD · CHURCH ·
ILL · ROAD · & · GARRY · & · KATHY · FORWARD · AT · 13 · MAC· GOR ·
STREET · UP · ON · MT · NELSON · MARY · & · ROSS · AT · 14 · P··
ROAD · & · JOHN · & · PENNY · AT · THE · 502 · MT · NELSON · RD · AND ·
CHRISTINE · & · JACK · LOM· IN · THE · DERWENT · VALLEY ·
COUNTRY · NEAR · LACH·   ·TILL·&·   · ART·
& · ALEX · & · JOHN · SUTH·   · LAND ·
SOUTH · IN · LESLIE · ROAD · &   · TOM ·
SCHLEGELMILCH · AT · 143 · M·   · LEST ·
BOB · VINCENT · STILL · PLANNIN·   · AND OF ·
COURSE · FORMERLY · OF · BONN ·   · AUTON ·
SQUIRE · SW8 · NIXON · ST · RES·   · PETE ·
WILLMOTT · AND · AWAY · IN·   · NORTH ·
JANE · & · LILY · DEETH · FIND · THE ·   · 52 · DRY ·
STREET · OR · AT · THE · SIGN · OF · THE·   · CK· TOO · AND·
LURKING · ROUND · THE · CORNER·   ·TREST · IS · ALAN ·
LIVERMORE · AT · GALLERY · CLIMITIERE · AT WIN · DWELLING · IN · THE ·
WONDERFUL · ALBION · HOUSE · PATRICIA · & · ERIC · RATCLIFF · & · ALAN ·
MCINTYRE · IN · BELHAVEN · ST · & · ALEC · HEADLAM · IN · BAIN · TERRACE · & · SO ·
MANY · MORE · INCLUDING · BRIDPORT'S · CALLIGRAPHER · TERRY · MARRIOTT ·
KEEP · THE · ISLAND · GREEN · THANK · YOU · WITH · PEACE · & · LOVE ·

◁ DIANA HARDY WILSON

Mit einer bestimmten Anzahl aus-
gelassener Buchstaben wird »ich
danke Dir« gesagt und gleichzeitig
ein Blick auf eine Insel ermöglicht.
Die freie Fläche verkörpert die Insel.
Im Textblock wechseln Groß- und
Kleinbuchstaben verschiedener
Stilrichtungen, je nach Inspiration,
einander in zufälliger Folge ab. Die
Arbeit wurde größer entworfen als
sie jetzt in der Endform vorliegt. Die
Verkleinerung des Bildes erfolgte
mit einem Kopiergerät. Gedruckt
wurde es auf Recycling-Zeichen-
papier.

△ MICHAEL HARVEY

Die Idee für diese persönliche Karte
eines Kalligraphen und Schrift-
künstlers ist einfach und sehr wirksam. Die Buchstabenformen des
oberen Bildes besitzen einige interessante Merkmale. Das P und das O
berühren sich leicht. Der Querstrich
des A führt über die begrenzenden
Diagonalstriche hinaus. Die Binnenräume, Gegenflächen und die dazwischenliegenden Flächen weisen
unterschiedliche Strukturqualitäten
auf, die durch Punkt- und Linien-
applikationen erzielt wurden.

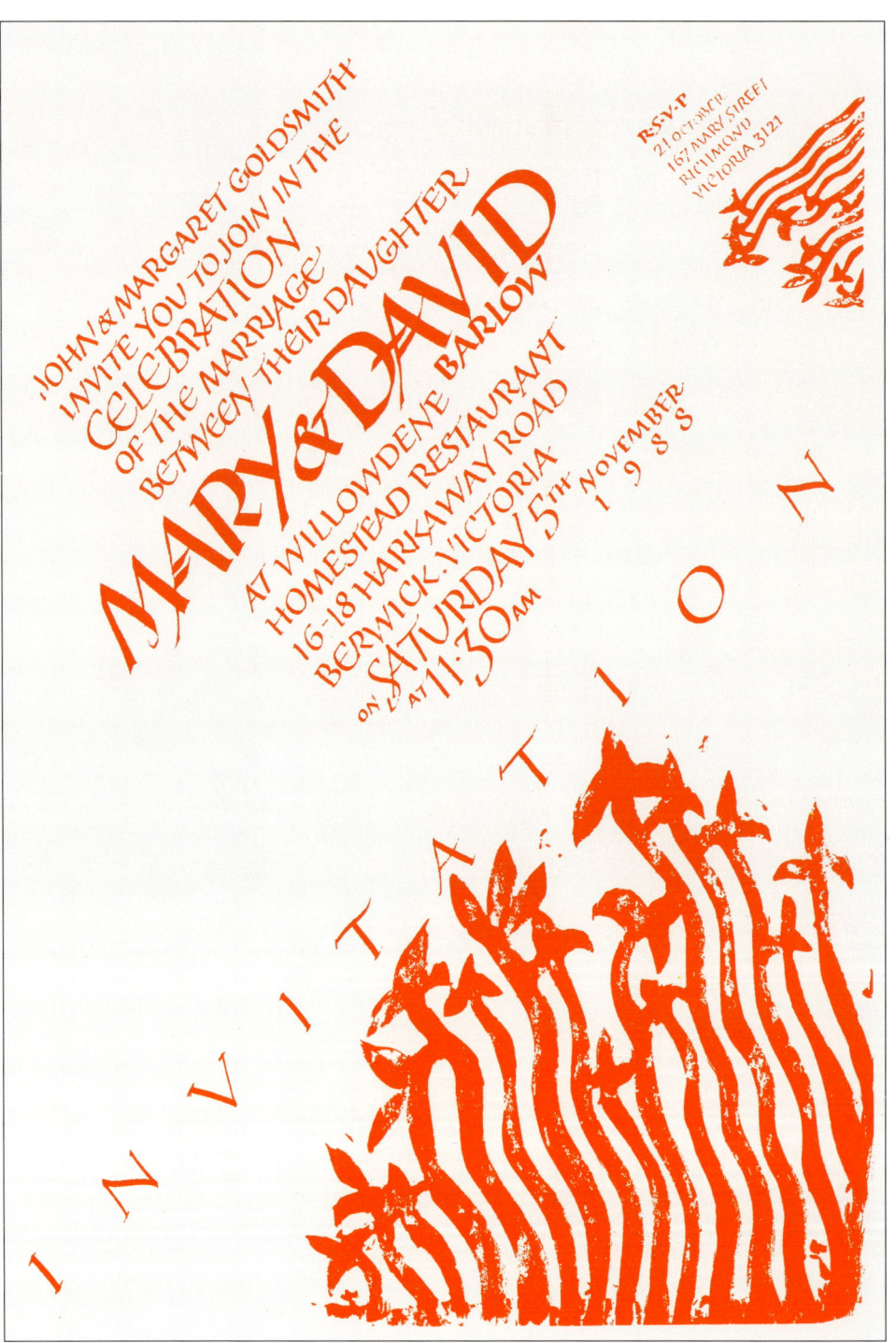

DAVE WOOD
Hier wird eine Einladung für eine Hochzeitsfeier gezeigt. Der schräggestellte Einladungstext stellt ein wichtiges Merkmal im Gesamtdesign dar. Zwei Ränder der Einladung bilden mit dem durch Buchstabenzwischenräume aufgelockerten Wort »INVITATION« (= Einladung) ein Dreieck. Innerhalb dieses Dreiecks befindet sich ein wachsende Pflanzen darstellendes Bild. Das zweite Dreieck auf dieser Arbeit befindet sich rechts oben. Es enthält das RSVP (= u. A. w. g. = um Antwort wird gebeten) und kleine illustrative Elemente. Das dritte Dreieck verläuft von dem Punkt, wo sich die beiden Dreiecke treffen, am rechten Rand waagerecht auf dem Blatt nach links, senkrecht nach unten und entlang des Wortes »INVITATION«. Der Stil der Buchstaben eignet sich gut für das Thema dieser Arbeit, die in rot auf graues Papier gedruckt wurde.

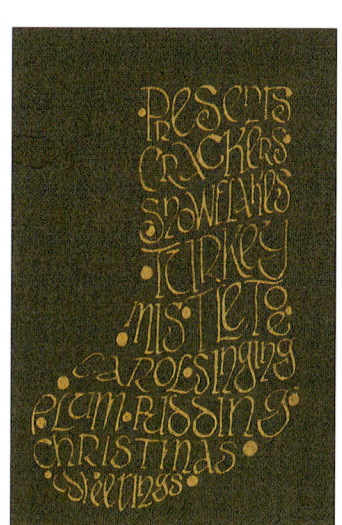

▲ DIANA HARDY WILSON
Kalligraphen sind für das Herstellen interessanter Karten bekannt. Das hier gezeigte Design ist sehr einfach im Stil eines Kalligramms ausgeführt worden. Eine für den Anlaß bedeutsame Form wurde mit Wörtern gefüllt, die in Beziehung zu den Jahreszeiten stehen.

DIANA HARDY WILSON
Das Kalligramm ist sehr gut geeignet, um als Basis oder als komplette Lösung zum Übermitteln von Informationen eingesetzt zu werden. Obgleich es eine große Flexibilität im Design besitzt, kann es problematisch werden, alle Informationen in gut lesbarer und erfaßbarer Weise einzubauen. Insgesamt kann jedoch die von einem Kalligramm ausgehende Wirkung sehr stark sein, so können beispielsweise die Bilder für sich selbst sprechen und der Betrachter kann beim Lesen der Wörter Freude empfinden. Der warme Plumpudding mit seinem aufwärts steigenden Dampf (im oberen Bild) setzt sich aus seinen Zutaten und seinem Herstellungsrezept zusammen.
Der Baum (linkes Bild), der als eine dicht gestaltete Form präsentiert wird, enthält charakteristische Begriffe eines feierlichen Anlasses am Ende des Jahres.

JEAN LARCHER

Dieser beeindruckende Einband einer Werbebroschüre wurde goldfarben auf schwarz gedruckt. Das vorbereitete Bildmaterial besaß die gleiche Größe wie die fertiggestellte Arbeit. Die kalligraphische Ausführung erfolgte mit einer Redisfeder und mit schwarzer Tusche. Die Wörter sind reich und mit großer formaler Sicherheit verziert.

JEAN LARCHER

Kalligraphen, die ihre eigene Visitenkarte entwerfen, haben die Möglichkeit, alle die Ideen zu nutzen, die Auftraggeber mangels Mut nicht angewendet haben möchten. Das Bild dieser exquisiten Karte wurde mit einer Feder, Aquarellfarbe und verschiedenen Tinten vorbereitet und in kompletter Farbausführung im Offsetdruck vollendet.

ISABELLE SPENCER
Die Kalligraphie mit ihren vielen Anwendungsformen ist für regionale Künstlergruppen eine leicht zugängliche Möglichkeit, um mit diesem Mittel für ihre Aktivitäten und ihr Können zu werben. Für die hier als Beispiel dienende, regionale Gruppe mußte eine recht große Informationsmenge auf einem Plakat untergebracht werden. Die endgültige Variante der Arbeit erinnert an ein Design für Notenblätter. Diese Arbeit wurde bereits in der Endgröße vorbereitet und auf schattiertes Papier (spezielles Papier, um künstlerische Effekte hervorzurufen) kopiert.

◀ IEUAN REES

Das Layout für eine kreisförmige Präsentation muß mit strahlenförmig vom Zentrum des Kreises ausgehenden Linien ausgearbeitet werden. An einigen Buchstaben sind aufgrund der kreisförmig verlaufenden Textzeilen Änderungen sinnvoll. Auf dem äußeren Schriftkreis dieser Arbeit sind dazu einige originelle Lösungsvarianten zu sehen. Die Buchstabenpaare WH, WA, WE, ME, HE und VE teilen sich jeweils in einen Strichzug, um auf diese Weise den ungleichmäßigen Flächenvorrat auf dem Kreisring auszugleichen. Die Ausgewogenheit des sich im Zentrum befindlichen Wortes und der zentralen Kreisfläche wird durch die Verzierung realisiert.

▶ GEORGIA DEAVER

Das Design einer Einladung für einen feierlichen Anlaß stellt für jeden Kalligraphen eine Herausforderung dar. Werden nur Buchstaben verwendet, kann eine derartige Lösung auch frei und locker über die Seite »tanzen«.

▶ IEUAN REES

Beim Entwerfen einer Drucksache sind viele Überlegungen notwendig, nicht zuletzt auch solche, wie der visuelle Reiz einer Arbeit gesteigert werden kann. Diese dicht nebeneinanderstehenden Buchstaben ziehen sofort die Aufmerksamkeit des Betrachters auf sich. Die dichte Buchstabenanordnung läßt sich nutzen, um neue, möglichst wirksame Linienverbindungen zwischen den Buchstaben zu bilden. Im Bild wird der Strichzug des oberen S-Bogens gleichzeitig als Querstrich des A von Cardiff verwendet. Der diagonale Strichzug des R ruht auf dem N und bildet dort den Abschluß des senkrechten Striches.

▲ GEORGIA DEAVER
Kalligraphisch geschriebene Buchstaben und Schriftzüge lassen eine größere Freizügigkeit hinsichtlich Formgebung und Anordnung zu als Druckbuchstaben. Das wird hier, bei dem locker geschriebenen und großzügig geformten Schriftzug, über den die Zeile mit der Adresse geführt wurde, deutlich.

◄ GEORGIA DEAVER
Allgemein ist ein erfrischender Trend für das ungezwungene Herangehen an das Design von Einladungen zu beobachten. Kalligraphen stehen hierbei an der Spitze. In dieser Einladung fungieren die Großbuchstaben der unteren zwei Zeilen als stützende Linie für die flüssig geschriebene obere Zeile.

Kommerzielle Arbeiten

Seit den 80er Jahren hat die Kalligraphie besonders in den USA wieder etwas an Boden zurückgewonnen und wird jetzt von den Bereichen Werbung, Zeitschriftendesign und kommerzielle Präsentation mehr akzeptiert und stärker genutzt.

Sofern nicht gerade ein Kalligraph oder eine Person mit kalligraphischen Fähigkeiten im Studio einer Designgruppe arbeitet, ist es unwahrscheinlich, daß die Idee, kalligraphische Lösungen für Designprobleme anzuwenden, überhaupt aufkommt. Im 19. und frühen 20. Jh. gab es jedoch viel Arbeit für Schriftkünstler und für die wieder in Erscheinung tretenden Kalligraphen. In jenen Tagen wurde das Beherrschen der formalen Schriften und einer guten Handschrift hochgeschätzt. Die Schriftkünstler bearbeiteten, bedingt durch die Aufträge, ein weites Betätigungsfeld. Viele Arbeiten hätten von Kalligraphen allerdings noch eleganter ausgeführt werden können. Der Bereich ihrer Aufträge umfaßte das Schreiben von Eintrittskarten, Schildern, Plakaten, Prospekten, Einladungen und eine große Vielfalt kurzlebiger Gegenstände. Ökonomische Aspekte, neue Methoden der Produktion, der Präsentation und die Änderung visueller Auffassungen hemmten jedoch die Absatzmöglichkeiten.

In den letzten Jahrzehnten hat die kalligraphische Schriftgestaltung bedingt durch Veränderungen und dem damit einhergehenden Wunsch nach Kategorisierung, ebenfalls sehr gelitten. Lange Zeit galt die Handbeschriftung für viele kommerzielle Anwendungen der Kalligraphie als zu malerisch, als selbstgemacht und dem traditionellen Brauch entsprechend. Deshalb verwendete auch die Werbebranche selten kalligraphische Elemente. Beispiele für angewandte Kalligraphie sind manchmal zu finden, wenn Nostalgie im Spiel ist oder in jahreszeitlich bedingten Botschaften, um eine bestimmte Stimmung zu erzeugen oder sentimentale Empfindungen hervorzurufen.

Wenn nicht einzelne Kalligraphen die Initiative ergreifen, wird auch zukünftig im kommerziellen Bereich von der Kalligraphie wenig zu sehen sein. Die Stile der Abreibebuchstaben (auf Schriftbögen) und der Druckschriften, die den Schriftsetzern und Designern heutzutage zur Verfügung stehen, können als eine gewisse Anlehnung an die Kalligraphie gewertet werden, und auf eine Annäherung zwischen den offensichtlich mechanisch reproduzierten und den kalligraphisch gestalteten Buchstaben hindeuten.

Natürlich ist auch hier noch nicht alles verloren. Mancher fachkundige und aufgeschlossene künstlerische Leiter erachtet es als notwendig, ein einmaliges und ganz besonders schönes Werk zu schaffen. Er zieht für die entsprechenden Arbeiten einen Kalligraphen hinzu, um die gekonnte Ausführung der schönen Schrift und der kalligraphischen Elemente zu gewährleisten. Beispiele, die aufgrund einer solchen Zusammenarbeit entstanden sind, sind auf dieser Seite zu sehen.

DONALD JACKSON
Die Nutzung der Kalligraphie für kommerzielle Zwecke ist nicht nur schlechthin möglich, sie führt auch zu »neuen Wegen«. Ein gewisses Paradoxon ergibt sich, wenn eine stilistische Anlehnung an Arbeiten vergangener Jahrhunderte erfolgt, wo im Graphik-Design die Illustration häufig eine glückliche Verbindung mit meisterhaft gestalteten Schriftlösungen einging. Das obere Bild, in unkomplizierter und feiner Art entworfen, wünschte ein Unternehmen, dessen Ruf mit gesunder Ernährung in Verbindung zu bringen ist. Zu beachten sind auch die sich auf mehrere Nahrungsmittel beziehenden Darstellungen im linken Bild sowie die Speisekarten im Bild auf der rechten Seite.

ROBERT BOYAJIAN
Der Anwendungsbereich der Kalligraphie für kommerzielle Zwecke ist sehr groß. Schallplattenhüllen dürften zu den selteneren Anwendungen gehören. Auf der hier abgebildeten Hülle wurden die Worte zentriert angeordnet. Locker geschriebene Kursivbuchstaben mit kleinen Erweiterungen am ersten und letzten Buchstaben dienen der Wiedergabe des Musikernamens.

Die Bezeichnung des Titels des Schallplattenalbums erfolgte in Großbuchstaben, deren senkrechte und diagonale Strichzüge meist in Form einer relativ kurzen Serife enden. Bild und Textgestaltung passen gut zueinander. Die Verbindung zwischen Bild und Wörtern wird über die lassoähnliche Verzierung des Buchstabens A im Wort »Migration« (= Wanderung) hergestellt.

ROBERT BOYAJIAN
Es ist manchmal schwierig, sich für ein Thema zu entscheiden. Die zwölf Monate eines Jahres, die den Gregorianischen Kalender bilden, dienen als präzise Ausgangsbasis. Das Kalenderblatt mit den schönen gotischen Buchstaben und den dazugehörigen Verzierungen verdeutlicht, wie auch dieser Gegenstand für die Kalligraphie erschlossen werden kann.

October

S	M	T	W	T	F	S
		1	2	3	4	5	6
7	8	9	10	11	12	13
14	15	16	17	18	19	20
21	22	23	24	25	26	27
28	29	30	31			

Originality is simply a pair of fresh eyes.

T.W. Higginson

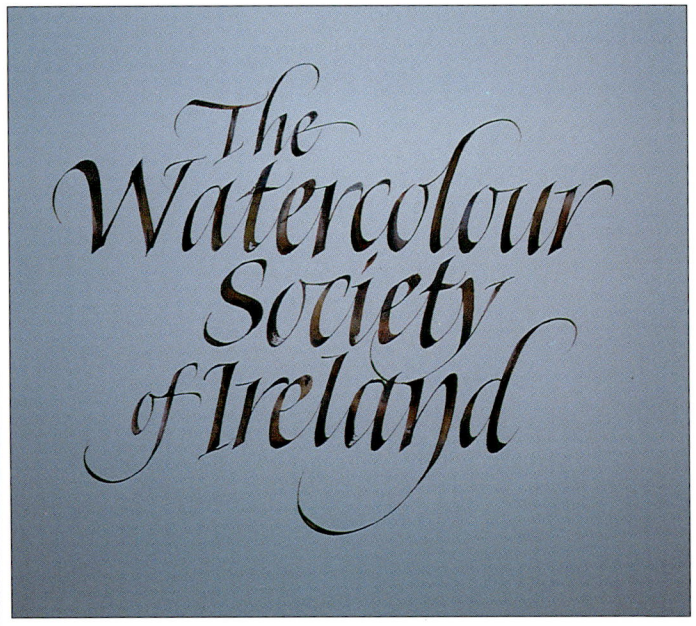

DENIS BROWN

Das Entwerfen einer Arbeit für einen spezifischen Zweck, insbesondere wenn der Auftraggeber mit der Spezifik kalligraphischer Ausdrucksmöglichkeit nicht vertraut ist, kann sehr kompliziert sein. Oft müssen Vorurteile beseitigt werden, um ein unbefangenes Herangehen an die Aufgabe nicht zu behindern. Das anfängliche Verzagen bei einer so seltenen Aufgabe ist in dem herrlich vollendeten Schild nicht mehr zu spüren. Die perfekt geformten Kursivbuchstaben mit wirklich elegant erweiterten Strichzügen setzen sich aus den raffiniertesten Farben zusammen.

PAUL SHAW

In Magazinen und Zeitschriften sind nur selten schöne, handgeschriebene Schriften zu finden. Bei ihrer Herstellung werden in der Regel klare (gut geformte), scharf und exakt endende Druckbuchstaben und eine zu dem Anlaß passende und dafür zusammengestellte Überschrift verwendet. Deshalb ist es erfreulich, diese Doppelseite zu betrachten, auf der eine sehr frei ausgeführte Schrift und strenge, mit Drucktypen erzeugte Spalten perfekt nebeneinanderstehen. Der Text umgibt die vergrößerte Schleife des I, so wird eine Verbindung zwischen Überschrift und Text hergestellt. Mit der Anordnung der Überschrift läßt sich zeigen, daß es nicht unbedingt notwendig ist, diese quer über den oberen Teil der Seite laufen zu lassen.

PAUL SHAW
Diese innovative Idee für den Umschlag der Zeitschrift *Meetings and Conventions* (= Begegnungen und Tagungen) führt zu einem komplizierten Zusammenspiel von Wörtern und Ziffern. Eine in der Typographie herrschende Lehrmeinung rät davon ab, in einer Arbeit zu viele verschiedene Schriften einzusetzen. In dem nebenstehenden kalligraphischen Bild wurde diese Empfehlung nicht beachtet, um einen ganz bestimmten Effekt zu erzielen. Die vielen unterschiedlichen Stile unterstützen das Anliegen des Themas und die zu übermittelnde Information. Die verschwenderische Fülle an Wörtern und Ziffern wurde zusammengebaut, um für das große, überlagernde »1989« einen Hintergrund zu bilden.

BARBARA BIONDO

Die Planung und der Entwurf eines außen angebrachten Schildes für ein spezielles Ereignis erfordern viele kreative Einfälle. Es wird beispielsweise in einer Straße eines Geschäftsbezirkes bereits eine große Anzahl festangebrachter Schilder geben, so daß es nicht einfach ist, zusätzlich für eine besondere Ausstellung zu werben. Die Verwendung eines Spruchbandes – ein Gegenstand mit einer langen und bewegten Geschichte – ist deshalb eine gute Lösung. Senkrecht am Bauwerk hängend, kündigt das Spruchband gekonnt die Ausstellung und den Ort an. Die angewendeten kalligraphischen Mittel ergänzen das Anliegen der Werbung sehr passend.

KENNEDY SMITH

Die auf einer Bekanntmachung, z.B. einem Plakat, enthaltene Information, muß eine bestimmte Schriftgröße besitzen, wenn sie an einer öffentlichen Stelle aushängen soll. Manchmal ist das recht schwierig, doch es muß ein Weg gefunden werden, um die Aufmerksamkeit des Betrachters zu wecken und ihn zu bewegen, auch die kleiner geschriebenen Einzelheiten zu lesen. Die Farbe, die Beschriftungsgröße, ein Bild oder ein dynamisch gestaltetes Layout – das alles sind Möglichkeiten, um die Aufmerksamkeit zu binden. Die Gestaltung dieser in einer Rotunda geschriebenen Bekanntmachung erfolgte farbig. Ein Begriff wurde stark hervorgehoben, um die Aufmerksamkeit zu wecken. Die Ausführung dieser Arbeit erfolgte mit Tinte und Wasserdeckfarbe auf koloriertem Papier.

▼ MICHAEL HARVEY
In den letzten Jahrzehnten wurden die Handbeschriftung und die Kalligraphie selten für Dokumente und Zertifikate in Verleihungsveranstaltungen, für Präsentationen oder für verkaufsförderndes Material genutzt. Der von Werbefachleuten und der Werbebranche geförderte Trend, daß viele Dinge neu, glänzend und »modern« erscheinen müssen, drängte die Anwendung der Kalligraphie auf Gebiete mit ganz spezifischer inhaltlicher Bestimmung. In den ersten Jahrzehnten unseres Jahrhunderts war die Fähigkeit zur Handbeschriftung noch sehr anerkannt und erforderte eine lange Ausbildungszeit. Vorurteile stören seitdem die Entfaltung der Kalligraphie. Die Flexibilität der Kalligraphie und Handbeschriftung gewährt jedoch ein großes Betätigungsfeld, um Assoziationen zu Vorstellungen und Erlebnissen in die Arbeit einfließen zu lassen. Die hier präsentierte, mit einer Schablone ausgeführte Beschriftung bietet ein exzellentes Beispiel für die Vielseitigkeit der Kalligraphie.

▶ DENIS BROWN
Wie könnte die Ankündigung einer Ausstellung von Kalligraphie und Buchbinderei anders präsentiert werden? Das Wort »EXHIBITION« (= Ausstellung) wurde in klassischen Proportionen mit fein gekrümmten Serifen geschrieben. Das Layout dieser Bekanntmachung bietet allen zu vermittelnden Informationen ausreichend Platz, so daß nichts gedrängt geschrieben erscheint.

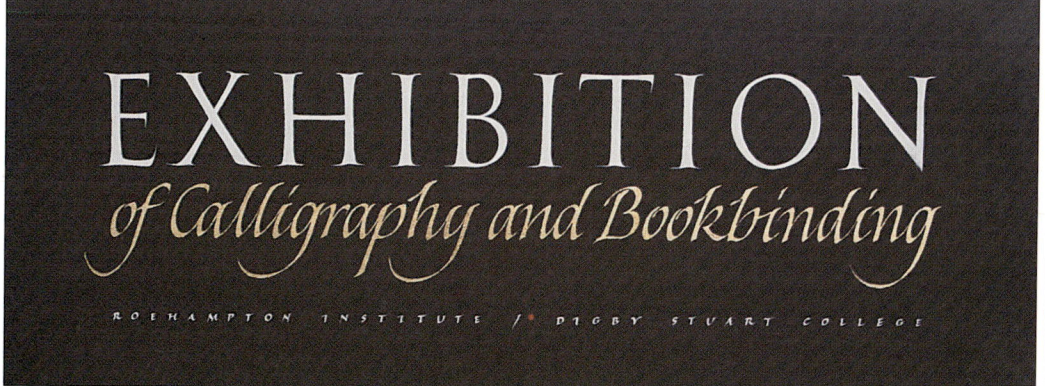

163

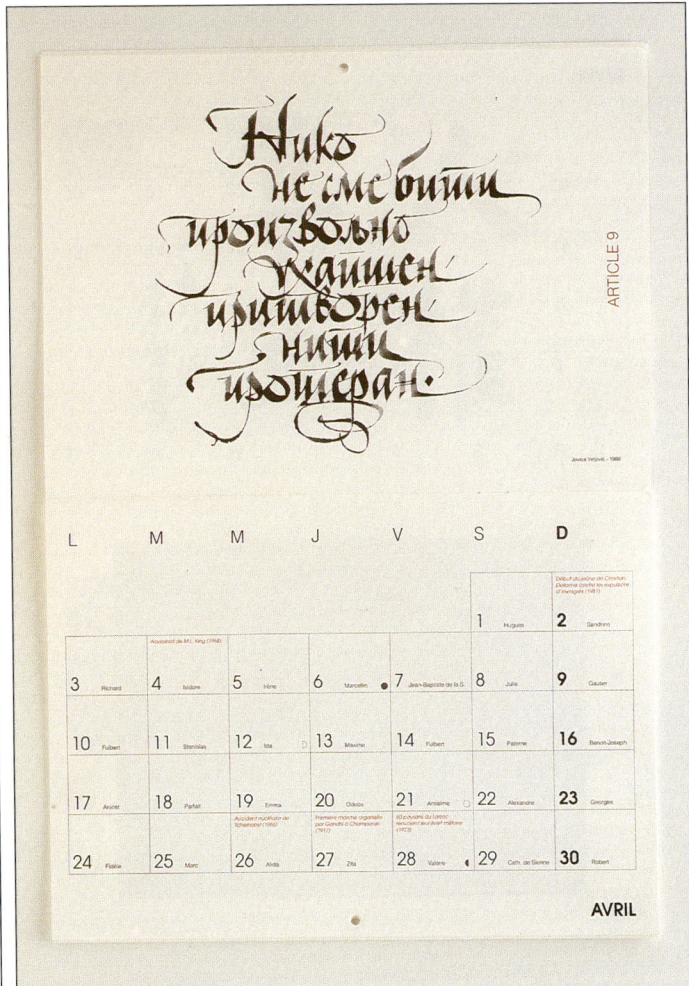

GEORGIA DEAVER
Bei der Gestaltung von Werbematerial ist es notwendig, mehr Informationen zu liefern als nur einige Einzelheiten über das Produkt. Die Zielgruppe muß bekannt sein. Das hier beworbene Sortiment der Schränkchen besitzt dieses wichtige Merkmal, es ist in hellen, attraktiven Farben erhältlich, mit denen ein junger und dynamischer Käuferkreis angesprochen werden soll. Die locker geschriebene mehrfarbige Schrift unterstreicht dieses lebhaft. Die in dieser Arbeit dominierenden Buchstaben wurden recht energisch auf den weißen Hintergrund geschrieben. Die Ausdrucksweise dieses Schriftzuges besteht auch darin, daß das Sortiment nun allein aufgrund des dynamischen Logos erkennbar wird.

JOVICA VELIJOVIC
Jeder Monat dieses Kalenders stellt einen der Artikel der Allgemeinen Erklärung der Menschenrechte in kalligraphisch ausgeführter Form vor. Der Artikel 9 wurde mit Groß- und Kleinbuchstaben geschrieben, die eine große strukturelle Qualität ausstrahlen. Diese konnte durch eckige Buchstaben mit schwungvollen Erweiterungen erreicht werden. Zur Herausbildung der bemerkenswerten strukturellen Qualität trug auch der unregelmäßige Farbton der Schreibflüssigkeit bei, der sich belebend auf die Beschriftung auswirkt.

▽ PAUL SHAW

Es ist eigentlich sehr ungewöhnlich, Kalligraphie irgendeiner Art auf den Seiten einer Tageszeitung unseres Jahrhunderts zu finden. Und doch ist es gerade in einer Zeit großer Weiterentwicklungen in der Drucktechnologie, wo so viel elektronisch bewirkt wird, besonders ermutigend, frei geschriebene Buchstaben zu finden. Deshalb bereitet es besondere Freude, derartige Buchstaben in den Spalten einer angesehenen Zeitung, wie z.B. in *The New York Times* zu finden. Die Schrift leitet einen Artikel im Abschnitt »Reisen« ein, der sich mit den angenehmen Seiten der Touren in den Fernen Osten beschäftigt. Mit den Buchstaben soll eine gedankliche Beziehung zu diesem Teil der Welt hergestellt werden. Das soll aber nicht in einer der üblicherweise angewendeten, formelhaften Weise geschehen.

▲ HASSAN MASSOUDY

Hier liegt eine sehr schöne kalligraphische Visualisierung des Artikels 26 der Allgemeinen Erklärung der Menschenrechte vor. Dieses kalligraphische Ergebnis darf jedoch nicht nur als ein Mittel zur Kommunikation wahrgenommen werden; es stellt auch eine große Kunstform dar. Die angewendete Schrift basiert auf einer alten arabischen Schrift, der kufischen Schrift. Die kräftigen senkrechten und waagerechten Strichzüge erzeugen einen Kontrast zu den dreieckigen Buchstabenformen, dabei wird gleichzeitig eine interessant strukturierte Schriftform gebildet. Die dynamische Darstellung der Strichzüge und der dazugehörigen eleganten Verzierungen der oberen Zeile sind durch große Lebhaftigkeit und Bewegtheit gekennzeichnet. Die Schrift der oberen Zeile wurde kursiver geschrieben als die übrige Schrift. Insgesamt macht die Beschriftung so einen sehr edlen Eindruck.

▼ HARRY MEADOWS

Dem 800. Jahrestag der internationnal bekannten Royal National Eisteddfod of Wales (jährliches im August stattfindendes Festival in Wales, auf dem die besten Talente der walisischen Literatur und Musik geehrt werden) wurde mit der Herstellung dieser Schatulle gedacht. Das aus Schiefer bestehende Kästchen preist das Eisteddfod-Festival mit der schönen eingravierten Beschriftung auf seiner Außenseite. Einigen Buchstaben, die sich ringsum auf den Seiten der Schatulle befinden, wurden verzierende Linienerweiterungen hinzugefügt. Das Innere der Schatulle ist mit luxuriöser roter Seide bezogen, die mit den Bändern der Schriftrollen in dem Kästchen harmoniert.

▲ HARRY MEADOWS

Die zwei Pergamentrollen – eine in Walisisch, eine in Englisch – geben Auskunft über die Geschichte des Eisteddfod-Festivals. Sie stellen schöne kalligraphische Arbeiten und Wappen dar, die mit chinesischer Tinte, Aquarellfarbe und Blattgold geschrieben bzw. angefertigt wurden. Das Rot des Futterstoffes erscheint in den durch das Pergament gezogenen Bändern wieder. Die Enden der Bänder dienen zum Zusammenschnüren der Schriftrollen.

The World Trade Center.
It's the only place to
begin sampling all of
New York's hundreds of
sights & experiences.

Get an eyeful of the city
and parts of neighboring
states from our Observa-
tion Deck, 107 stories
up on top of Tower Two.
And you won't believe our
elevator ride—1/4 mile in
58 seconds flat.

After you've seen New
York's most spectacular
view, stay for dinner (or
have breakfast, lunch, or
tea) at our 22 restaurants
and eating spots. And do
some shopping on our
Concourse, where
60 establishments offer
everything from best-
sellers to wedding bands.

The Deck: 9:30–9:30
every day: $2.95 adults,
$1.50 for kids &
senior citizens. Call
212-466-7377 for Deck
info. or 212-466-4170
for our brochure.

**NEW YORK BEGINS AT THE DECK
AT THE WORLD TRADE CENTER**

THE PORT AUTHORITY [OF NY & NJ]

PAUL SHAW
Hier ist eine recht wuchtige kalligraphische Darstellung der Doppel-
türme des World Trade Center
(= Welthandelszentrum) in New
York zu sehen. Mit dieser Arbeit wird
die Absicht verfolgt, die Menschen
zu ermutigen, die Schönheiten der
Stadt von der Aussichtsplattform
des Turms zu betrachten. Die Designlösung dieser Präsentation ähnelt den Reaktionen der meisten
Menschen, die auf den Turm hinauf-
fahren! Die Farbe der Türme auf
dem Bild ändert sich allmählich,
während die Türme bis auf eine
Höhe von 107 Stockwerken empor-
wachsen.

167

Die dritte Dimension

Es gibt eine ganze Reihe von Personen, die zwar als große Vertreter und Verfechter der Kunst des schönen Schreibens bezeichnet werden können, allerdings andere Werkzeuge und anderes Material als Breit- bzw. Bandzugfedern, Tinte und Papier für ihre Arbeiten auswählen. Diese Menschen nutzen ihr umfangreiches Wissen über Buchstabengestaltung und kalligraphische Handschriften, um mit den Werkzeugen zu arbeiten, die für das Eingravieren bzw. Einschnitzen von Schrift, beispielsweise in Stein, Schiefer, Glas und Holz, erforderlich sind.

In einigen Fällen erfolgt sogar der Übergang vom zweidimensionalen zum dreidimensionalen Arbeiten. So gibt es eine Reihe Kunsthandwerker, die ihre schönen Beschriftungen nur auf festen, harten Materialien ausführen. In diesen Arbeiten kommen viele der herrlichen, im Laufe der Jahrhunderte entstandenen Elemente der Kalligraphie zum Ausdruck: Schwungbuchstaben, Verzierungen, feine, dünne Strichzüge und kraftvolle, breite Strichzüge – und alle mit der gleichen Selbstsicherheit und Gelassenheit ausgeführt, wie es bei Verwendung von Feder und Papier üblich war.

Die Entwicklung der eingravierten und eingeschnitzten Buchstaben läßt sich am besten anhand der großartigen Anwendungen der Römer verfolgen. Die klassische römische Kapitalis Quadrata wurde beispielsweise als in Stein geschlagener Buchstabe angewendet. Viele schöne Beispiele können noch heute an den elegant proportionierten römischen Architekturdenkmälern bewundert werden, so unter anderem an Triumphbögen, Monumenten, Sturzen und in Stein gehauenen Bildern.

Die Arbeit moderner dreidimensional schaffender Schriftkünstler schließt auch Denkmäler, Gedenktafeln und -platten ein. Diese Arbeiten sind heute jedoch nur in einem kleineren Maßstab typisch als es bei den Römern der Fall war. Im häuslichen Umfeld gibt es Beschriftungen, die in Stein, Holz, Glas oder Metall eingraviert bzw. eingeschnitzt wurden; größere Arbeiten existieren auf Tafeln für Unternehmenssitze oder für Privathäuser. Zu den kalligraphisch bearbeiteten Stücken sind außerdem Gegenstände des täglichen Gebrauches zu zählen, zum Beispiel Trinkgläser oder andere Glaswaren mit handgravierten, zum Teil sogar sehr personenbezogen gestalteten Designs, die entweder als einfache Dekoration genutzt werden können oder als persönliche Gegenstände.

Das Einmeißeln oder Eingravieren von Buchstaben in Stein oder Glas ist ganz offensichtlich ein weniger flüssiger Vorgang als das Schreiben mit einer Feder auf Papier. Sie müssen lernen, vertraute Beschriftungsstile zu ändern und anzupassen, wenn Sie den Übergang von der federgeschriebenen Kalligraphie zu einem dreidimensionalen Medium realisieren wollen. Es ist natürlich eine interessante Herausforderung, auf einem vollständig dreidimensionalen Objekt zu arbeiten, dazu gehört zum Beispiel das Anpassen einer Beschriftung an eine kurvenförmig verlaufende oder facettierte Fläche. Weniger schwierig scheint im Vergleich dazu das Ausarbeiten von Buchstabenformen auf einer vollständig ebenen Fläche zu sein.

Das Vorbereiten des Arbeitsgegenstandes

Wie jede beliebige andere Fläche eines Designs auch, erfordert das Arbeiten mit dreidimensionalen Materialien eine gute Planung einschließlich der Grobskizzen, um die beste Anordnung erzielen zu können. Ein genauer Überblick über die Maße der Inschrift und den Raum, den sie beansprucht, muß hergestellt werden. Außerdem ist zu entscheiden und zu berücksichtigen, wie die Zeilen verlaufen sollen. Die Zeilen sind alle in den zur Verfügung stehenden Raum einzubauen, ohne daß sie gedrängt angeordnet erscheinen. Bei Bedarf muß die Beschriftung kleiner gestaltet werden. Berücksichtigung sollten auch die Ränder und die »Räume für das Atmen« der Buchstaben finden. Für einige Arbeiten wird eine intensivere Aufmerksamkeit im Vorbereitungsstadium erforderlich sein, besonders dann, wenn der für die Beschriftung verfügbare Raum sehr knapp bemessen ist. Von den dreidimensionalen Arbeiten erfordern insgesamt mehr Designs einen genau vorbestimmten und gesicherten Raum als jene auf Papier ausgeführten Designs – ein Pokal, eine für das Einfügen an einen bestimmten Ort beschriftete Platte oder eine Gedenktafel sind Beispiele dafür. Folglich bieten sich beim Gestalten in drei Dimensionen weniger Chancen für flexibles Reagieren.

IEUAN REES

Beim Betrachten dieses Werkes geraten die Schwierigkeiten der Arbeit mit dem harten Material in Vergessenheit. Die Buchstaben quellen wie Wasser aus dem Gestein hervor und fallen kaskadenförmig an dem Felsbrocken herunter. Es ist eine äußerst anerkennenswerte Leistung, mit Gravierwerkzeugen Buchstaben in Stein zu schlagen und dabei ein Ergebnis zu erreichen, daß mit dem aus Feder und Papier verglichen werden kann.

▶ IEUAN REES
Hier wird ein elegantes Namens-
schild mit einigen ausgefallenen
und interessanten Merkmalen präsentiert. Der Querstrich des H wurde
nach links erweitert, um ein Motiv zu
bilden. Das gleiche Motiv taucht am
Ende der Zeile wieder auf, so daß
die ganze Zeile vor und hinter dem
Wort gestreckt erscheint. Die zen-
trale Verzierung über dem b verankert den Text auf dem Schild.

▲ HARRY MEADOWS
Diese sich durch Überlappung der
Großbuchstaben ergebende Verbindung bildet ein Muster. Die
Spannung, die durch die sich fast
berührenden Serifen geschaffen
wird, wirkt sehr beeindruckend, wobei die Kleinbuchstaben besonders
schön gestaltet wurden.

▲ HARRY MEADOWS
Die eingravierte Schrift rollt leicht
wie der Ozean über diese Schiefer-
tafel. Kleine halbkreisförmige Linien
deuten sowohl den Rumpf des
Schiffes als auch die Wellen an, die
letzteren so, wie sich die Linien gerade nebeneinander befinden. Die
verzierte Erweiterung des Buchstabens b greift in die Wellenform ein.
Die Buchstabenformen besitzen gut
gewählte Proportionen. Die Oberlängen fallen durch sich wellende
Enden auf.

▶ MARTIN WENHAM
Eine schöne Holzmaserung durch-
zieht diesen Brotteller. Der Teller
wurde aus Kirschbaumholz hergestellt. Sein Durchmesser beträgt
300 mm. Das Eingravieren der dicht
aneinandergereihten Buchstaben
erfolgte mit einem V-förmigen
Schnitt. Die Serifen bilden einen
sauberen eleganten Schaftab-
schluß.

▲ MICHAEL HARVEY
Die unterschiedlichen Holzarten
bieten eine große Vielfalt an unterschiedlichen Qualitäten, Farben
und visuellen Strukturen der Holzmaserung. Holz gilt als ein sehr auf-
nahmefähiges Medium für eingravierte und eingeschnittene Buchstaben. Die Buchstaben der hier
verwendeten römischen Kapitalis
besitzen schöne Proportionen und
haben feine, konkav kurvenförmig
verlaufende Serifen an den oberen
und unteren Enden.

▲ MARTIN WENHAM
Dieses einzigartige Design mit dem
Titel Toccata 26 (Tokkata oder Toccata = Berührung) besteht aus au-
ßergewöhnlich schönem Eibenholz.
Die Arbeit erreicht eine beeindruk-
kende Höhe von 540 mm. Das Holz
ist wegen seiner feinen Maserung
bekannt und begehrt. Die eingravierten Buchstaben dieser Arbeit fügen sich in die Maserung des Hol-
zes hervorragend ein.

171

◀ IEUAN REES
Das Detailbild der Gedenktafel zeigt deutlich, wie die geringfügig bezüglich der Höhe verkleinerten Buchstaben durch exzellente Proportionen und präzise Ausführung eine elegante Form bilden.

▼ TIM O'NEILL
Dieses ist eine Originalapplikation, die sich für Kalligraphie und Handbeschriftung gut eignet. Das Bildmaterial für Seidensiebdruck läßt sich als Positivbild vorbereiten. Die Übertragung des Bildes erfolgte hier mit heller und undurchsichtiger Farbe vom Originaldesign über ein feinmaschiges Sieb aus Seide auf das T-Shirt.

Anhand dieses Bildes wird die besondere Eignung des Seidensiebdruckes für kraftvolle und frei gezeichnete Motive demonstriert. Die Kräftigkeit der Farbe auf dem T-Shirt kommt deutlich zum Ausdruck. Die Linien der Buchstaben sind in wunderbar fließender Weise verbunden.

▲ IEUAN REES
Diese Gedenktafel verfügt über eine wunderbare, das Auge täuschende Eigenschaft. In ihrer Gesamterscheinung erinnert sie an eine die Umrisse betonende Bleistiftbeschriftung auf Papier. In Wirklichkeit besteht die Tafel aus Bronze. Die Buchstaben wurden mit Hilfe des Kupferstichverfahrens ausgearbeitet. Die Buchstabenstrichzüge erweitern sich jeweils etwas an ihren Enden. Es gibt einige interessante Kombinationen, sowohl das ME als auch das ungewöhnliche OR im Wort »MEMORY« (= Gedenken), ebenso das AR und HB im Wort »ARCHBISHOP« (= Erzbischof). Dominierendes Merkmal ist die dichte Anordnung, dennoch erscheinen die Buchstaben nicht gedrängt. Eine weitere Besonderheit besteht in der faszinierenden negativen und positiven Strukturqualität dieser Arbeit.

▲ MARGARET LAYSON
Die von Kalligraphen verwendeten Materialien schließen eine große Palette an Möglichkeiten ein. So besteht diese Arbeit z.B. aus mehrlagigem Leder. Es wurde unter Zusatz von pflanzlichen Stoffen gegerbt und mit Lederfarbstoff eingefärbt. Das Einschneiden der römischen Kapitalis erfolgte mit einem Skalpell. Zum Schluß erhielten die Buchstaben einen Anstrich mit perlmuttfarbener Tinte.

▲ AUDREY LECKIE
Dieses Stück wurde mit der Absicht
angefertigt, es später als Geschenk
zu verwenden. Das Außergewöhnliche besteht darin, daß die Schrift
in das Glas graviert wurde. Die hervorragende Qualität der Gravur ver-
dient Anerkennung.

▲ AUDREY LECKIE
Auf dem schönen Kelchglas ist eine
elegante Beschriftung zu bewun-
dern. Es gilt als eine große Herausforderung, auf einem durchsichtigen, dreidimensionalen Gegenstand zu arbeiten. Das betrifft nicht
nur die Techniken und die für ihre
Ausführung erforderliche Sorgfalt,
sondern auch die Möglichkeit, die
dritte Dimension auszunutzen. Beim
Arbeiten mit Glas können die eingravierten Motive der vorgegebe-
nen Form des Gegenstandes folgen
oder gerade gegensätzlich verlaufen. Es ist deshalb zu entscheiden,
mit welcher Lösung das bessere Ergebnis erzielt werden könnte. Wird
das Glas unter bestimmten Winkeln
und Lichtbedingungen gehalten,
scheint es, als existiere nur die Beschriftung.

▶ In Stein gravierte Buchstaben mit keltischen Formen sind auf diesem Schild in der irischen Stadt Dingle zu finden. Der Vorgang des Eingravierens von Buchstaben in Stein ist endgültig und bringt eine starke Dauerhaftigkeit zum Ausdruck. Derartige Beschriftungslösungen stehen in einem deutlichen Kontrast zu den etwas zweifelhaften Schildern aus Plastik und Leuchtstoffröhren, die an Hauptstraßen zu sehen sind.

▲ Auf dem hier gezeigten Briefkasten befinden sich zwei kontrastierende kalligraphische Schriften. Sie bieten in der englischsprachigen Welt einen zwar ungewöhnlichen, aber dennoch ansprechenden Anblick. Die Buchstabenformen sind sauber ausgeführt, gut lesbar und exakt geformt.

▶ IEUAN REES
In dieser seltenen, den Eingangsbereich einer Universität kennzeichnenden Gestaltung folgen die Buchstaben der römischen Kapitalis sorgfältig den klaren Linien der Stele. Das Nebeneinanderstehen der zwei Buchstabenreihen erzeugt auf der Stele ein eigenes Strukturmuster. Die Stele selbst sorgt für eine interessante Schattenbildung. Beim Arbeiten in drei Dimensionen kann es von großer Bedeutung sein, wie das Licht auf das Objekt trifft oder hindurch fällt und wie es unterbrochen wird.

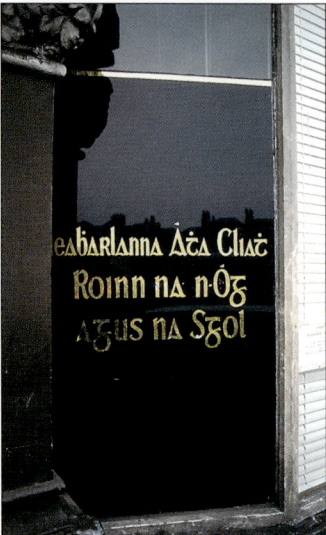

▲ Hier ist der Gebäudeabschnitt einer Kinderbibliothek in Dublin (Irland) zu sehen, wo zufällig das Bild der Stadtsilhouette im Fenster reflektiert wird und eine interessante Beziehung zur Beschriftung entsteht. Die Buchstabenformen besitzen eine unverkennbare strukturelle Qualität, was vorrangig durch die Unregelmäßigkeit der Binnenräume und Gegenformen deutlich wird.

◄ AUDREY LECKIE
Ein rechtwinklig zu einem Gebäude aufgehängtes Schild ist besser sichtbar als ein flach an der Gebäudewand befestigtes und damit auch werbewirksamer. Die Schrift auf dem Schild ist für diesen Zweck bestens geeignet. Die herrlich verzierten Erweiterungen am L von »Lion« (= Löwe) harmonieren gut mit ähnlichen Erweiterungen des n und q von »Antiques« (= Antiquitäten).

▶ Auf einem Teil des Monumentes in Dublin, welches den »Spirit of Ireland« (= Geist von Irland) preist, sind fein eingravierte Buchstabenformen zu sehen. Beachten Sie die Bögen an den drei n, die noch über den senkrechten Strich hinaus ansteigen. Das Layout und die Anordnung der Wörter auf dem Stein wurden gut ausgewählt. Hätte man die Wörter einen Block höher eingraviert, wäre die Komposition mißlungen.

▲ IEUAN REES
Hier dient ein wunderbares Schild zur Kennzeichnung einer Galerie – ein Schild mit schöner, verzierte Erweiterungen enthaltender Beschriftung und mit einem Arrangement sehr interessanter, origineller Verzierungen an einzelnen Buchstaben, beispielsweise der Unterbrechung des ersten Strichzuges des M vor der Erweiterung. Beachten Sie die ausgewogene Verteilung der Haarlinienerweiterungen und Verzierungen im gesamten Schriftbild, wodurch sich das ausgeglichene Layout ergibt, und dem ungewöhnlichen r und y in »Gallery«. Das r kann sowohl als Klein-, aber auch als Großbuchstabe gesehen werden.

▶ GEORGE THOMSON
Diese schönen eingravierten Buchstaben basieren auf den Formen der römischen Kapitalis. Der Gegenstand, auf dem die Schrift ausgeführt wurde, besteht aus versteinertem Holz.

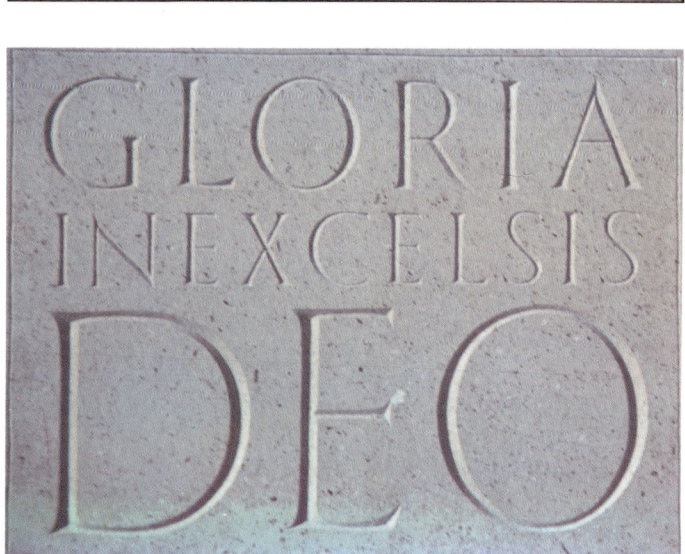

Experimentelle Kalligraphie

Zu den größten Freuden beim Umgang mit der Kalligraphie gehört es, ihre anscheinend grenzenlosen Gestaltungsmöglichkeiten zu entdecken. Die Vielfalt der Anwendungen ist möglicherweise ein Beweis dafür, daß die Kalligraphie lange Zeit ein fester Bestandteil der schriftlichen Kommunikation war. Die meisten der seit Bestehen des Römischen Reiches entwickelten kalligraphischen Anwendungen liegen entweder im Originalzustand oder als modernes Äquivalent vor und gehören zum Repertoire heutiger Kalligraphen. Wirtschaftliche Überlegungen dürften in der gegenwärtigen Zeit allerdings manchmal, wie bereits schon vor Jahrhunderten, ein Hindernis sein, denn die Schreiber waren und sind von der Verfügbarkeit bestimmter Materialien abhängig und vom Kaufwillen wohlhabender Kunden, die an der weiteren Herstellung reich illuminierter handgeschriebener Bücher interessiert sind.

Heute können für den Kalligraphen oft die Materialkosten und für die Käufer die tatsächlichen Kosten handwerklich intensiver Arbeiten begrenzende Faktoren bei der Erarbeitung großer Werke sein.

Kalligraphie kann die Stimmung eines Kalligraphen ebenso zum Ausdruck bringen wie persönliche Überzeugungen und Ideale. Es ist durchaus möglich, daß kalligraphische Arbeiten Erlebnis und Abenteuer zugleich sind und mit jeder neuen Entdeckung bzw. Erfahrung große persönliche Begeisterung hervorrufen. Die Herstellung des allerersten kalligraphischen Stückes kann bereits ein starkes Gefühl der Zufriedenheit über die erreichte Leistung bewirken. Das Wesen der Kalligraphie besteht im ständigen Entdecken und Entwickeln, woran jederzeit viel Freude gefunden werden kann, besonders natürlich beim Vollenden und Abschließen von Arbeiten. Es sind sehr viele Merkmale dieser Kunst zu entdecken und sich anzueignen – vom Vervollkommnen einer eleganten kursiven Handschrift bis zur Beherrschung der Feinheiten der Buchmalerei.

Wenn grundlegende kalligraphische Fähigkeiten vorhanden sind, gilt häufig das Streben nach originellen und ungewöhnlichen Anwendungen. Dazu dürfte das Verwenden unterschiedlicher Materialien gehören und das Anwenden entsprechender Fähigkeiten in anderen Bereichen der graphischen Künste. Kalligraphie harmoniert in vielen Fällen auch gut mit Techniken und Materialien zahlreicher anderer Gebiete. Sie bleibt nicht einzig und allein auf eine Auswahl bestimmter Materialien beschränkt; Grenzen für anzuwendende Materialien müssen nicht existieren, denn diese Grenzen werden oftmals von den Menschen selbst geschaffen. Um persönliche Horizonte zu entwickeln und zu erweitern, muß der kalligraphische Künstler lernen, seinen Intuitionen und Instinkten zu vertrauen. Er sollte auch versuchen, diese Eigenschaften zu fördern und zu bewahren. Um ein bestimmtes Ziel zu erreichen, ist es wichtig, das Machbare zu erkennen und an seine Fähigkeiten zu glauben.

Wörter und Bilder

Die in diesem Abschnitt vertretenen Kalligraphen versuchten, die Grenzen konventioneller Anwendung zu überschreiten und erkundeten die Gebiete jenseits der bisherigen Beschränkungen für neue, realistische Lösungen. Wenn dabei bisher gültige Regeln mißachtet werden mußten, so geschah dies mit dem Ziel, eine Herausforderung anzunehmen und neue, schöne Arbeitsergebnisse zu schaffen. Dabei ist natürlich ein erheblicher Aufwand des Experimentierens und Planens erforderlich, bevor aus dem Bild die fertige Arbeit ensteht.

Ein Kalligraph, der die Möglichkeiten der weniger augenfälligen Lösungen erkundet, kann zu dem Schluß gelangen, daß derartige Lösungen ein besonderes Entwicklungsmuster erzeugen. Sogar nach sorgfältiger Planung, der Vorbereitung eines fertigen Farbentwurfs im Rohzustand und dem Beginn der Arbeiten an einer Endversion dürften sich noch Gedanken zu geringen Änderungen, kleinen Variationen und Anregungen von anderen Lösungen ergeben. Unweigerlich entsteht dabei das Gefühl, daß noch Möglichkeiten für Verbesserungen und Verschönerungen bestehen. Dieses Gefühl ist mit dem Enthusiasmus gepaart, der beim Erreichen von Teilergebnissen einer Arbeit entsteht und zur Fortsetzung der kalligraphischen Betätigung ermutigt.

Während einiger Arbeitsphasen an einem Werk ergeben sich für den experimentell tätigen Kalligraphen Gelegenheiten, um etwas auszuprobieren und Freude an den Buchstaben, den Formen, den Farben und der Vielfalt visueller Planung zu haben. Es besteht immer die Möglichkeit, etwas Neues zu entdecken. Individuelle Stärken und Schwächen lassen sich im Laufe der Zeit erkennen und Methoden, sie erfolgreich anzuwenden bzw. zu überwinden, sollten gefunden werden.

DAVE WOOD

Die hier dargestellte Wiedergabe von Bill Neidjies Wörtern erinnert an die Wildnis und Schönheit der australischen Landschaft. Das Nachgestalten der Landschaftsmerkmale erfolgte durch übertrieben eckig ausgeführte Buchstabenformen, die Auswahl der Farben und die Abstände der Buchstaben, Wörter und Zeilen. So wurden Öde, Wildheit, schartige Felsen und das grelle, verbrannte Land bildlich dargestellt und präsentiert.

DAVE WOOD
In dieser originellen Arbeit sollen die auf der Seite angeordneten, ausgeschnittenen Buchstaben einen Illusionseffekt hervorrufen. Die Buchstaben wirken, noch bevor die Wörter gelesen werden, seltsam und unberechenbar. Flächen für die Texte ließen sich zwischen den ausgeschnittenen Buchstaben finden.

DIANA HARDY WILSON

Hier wird eine Visualisierung der Begriffe Luft, Feuer, Wasser, Erde versucht. Die Wörter innerhalb der Darstellungen dienen zur Formung der bildlichen Information. Durch die sich wiederholenden Wörter und die sich von Zeile zu Zeile ändernden Positionen der Buchstaben werden ein ganz bestimmter Rhythmus und eine charakteristische Struktur geschaffen. Die sich aufgrund der Buchstabenpositionen ergebenden Diagonalzeilen der Buchstabenformen verlaufen über das ganze Bild.

DIANA HARDY WILSON
Diese friedliche Meereslandschaft wurde vollständig aus den jeweiligen Wörtern der dargestellten Einzelbestandteile gestaltet. Eine sorgfältige Abstimmung der Farben und die Kombination der Buchstabenanordnung mit den Winkeln der Buchstaben untereinander erzeugen diesen spezifischen, rhythmischen und strukturellen Stil.

DIANA HARDY WILSON

Auf die hier dargestellte Trennwand wurden Wörter geschrieben und Farbbänder gemalt. Das Wort »summer« (= Sommer) wird ständig wiederholt. Die Herstellung der Arbeit erfolgte mit Gouachefarbe. Die farblichen Abstufungen sind deutlich voneinander zu unterscheiden. Die Buchstaben wurden dicht nebeneinander geschrieben und Wortabstände völlig ignoriert, um so eine strukturelle Qualität zu erzeugen, bei der das Wort selbst das Muster bildet. Der Buchstabe s ist der rundlichste und offenste Buchstabe im Wort »summer« und bildet über die ganze Arbeit sein eigenes lineares Muster. Dabei entstehen nebeneinander befindliche Linien, die nur aus den gleichen Buchstaben bestehen. Die auf der Trennwand treibenden Wolken wurden mit unterschiedlicher Farbintensität gemalt.

MICHAEL HARVEY

Diese wuchtige, innovative Arbeit spiegelt die akustischen Eindrücke des nahe gelegenen Cotton Clubs wider. In diesem Club trat Duke Ellington auf, der auf der vorliegenden Arbeit am unteren Ende namentlich genannt ist. Die auf dem Bild nach unten gleitenden Bemerkungen weisen auf die im Club zu erwartende Musik hin. Bei der Erarbeitung dieses Bildes wurden sehr viele Techniken angewendet. Es besteht kein Grund, Nutzen, Mischen oder Nebeneinanderstellen verschiedener Methoden zu fürchten, denn auch auf diesem Bild sind viele zu finden. Sie bringen zum Ausdruck, was jeder in Harlem oder einer anderen Innenstadt sehen kann – beispielsweise die schablonenhafte Beschriftung von Lagerhäusern und Graffitiaufschriften an den Wänden von Fahrstühlen und U-Bahnen.

DAVE WOOD

Läßt sich keine eigene Idee für eine kalligraphische Arbeit finden, wie und wo kann dann eine Lösung erreicht werden? Das Auswählen und Entscheiden für ein geeignetes Thema kann manchmal recht schwierig sein. Dabei ist es durchaus möglich, daß das entschlossene Suchen zu sehr guten Ergebnissen führt, doch nicht immer lassen sich dabei die notwendigen inspirativen Ideen finden. Häufig ist es einfacher und naheliegender, den Themenstoff aus der nächsten Umgebung zu nehmen. Diese Ideen können entweder durch extrem kunstvolle Kombinationen von Techniken oder durch einfache elegante, nicht übertriebene Entwürfe geformt und korrigiert werden. Im vorliegenden Beispiel wurde das Wort »Rain« (= Regen) sehr groß und in einer Art geschrieben, die die Struktur des Materials verdeutlicht. Die ungleichmäßige visuelle Fläche der Buchstaben verleiht den Formen erstaunlicherweise die notwendige Stabilität. Die wenig kolorierten Buchstaben des Wortes »Rain« erscheinen auf dem Bild wie Tropfen an einem Fenster.

KENNEDY SMITH
Das Entwickeln neuer Ideen muß nicht unbedingt mit dem Aufgeben des traditionellen Layoutentwurfs verbunden sein. In diesem hochformatigen Bild läßt sich mit Hilfe des auf den blauen Hintergrund aufgebrachten Blattgoldes sofort die Aufmerksamkeit einfangen. Das starke Blau auf dem Papier bewirkt einen soliden Gesamteindruck der Arbeit. Zur schriftlichen Fixierung des Textes dienten hier die Unzialschrift in unterschiedlichen Größen und zwei Zeilen mit Majuskeln, die für das Schriftbild und das Schriftmuster auf der Seite wichtig sind.

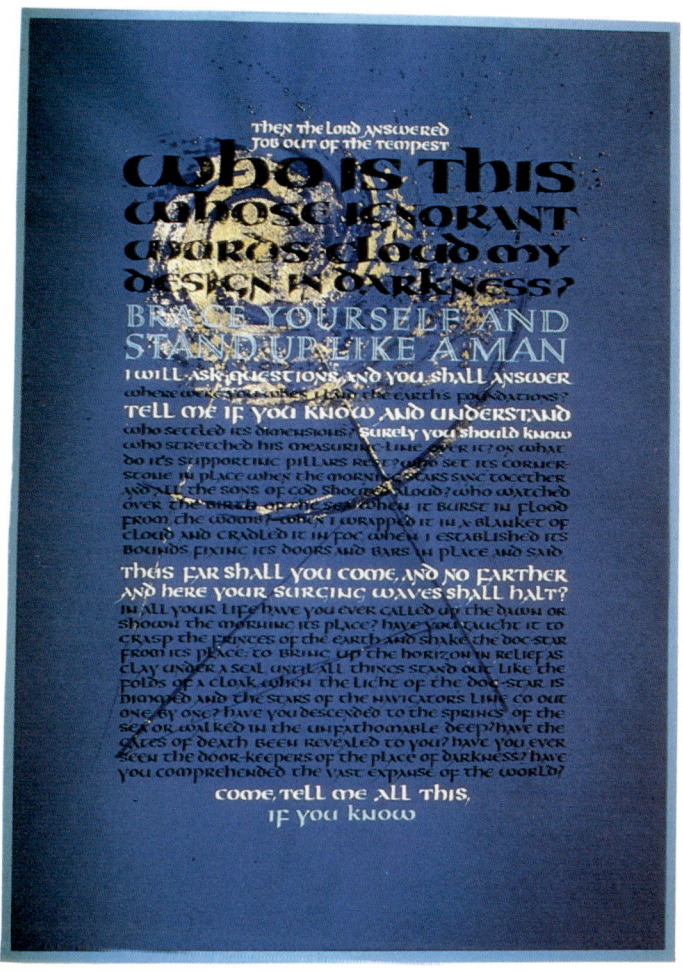

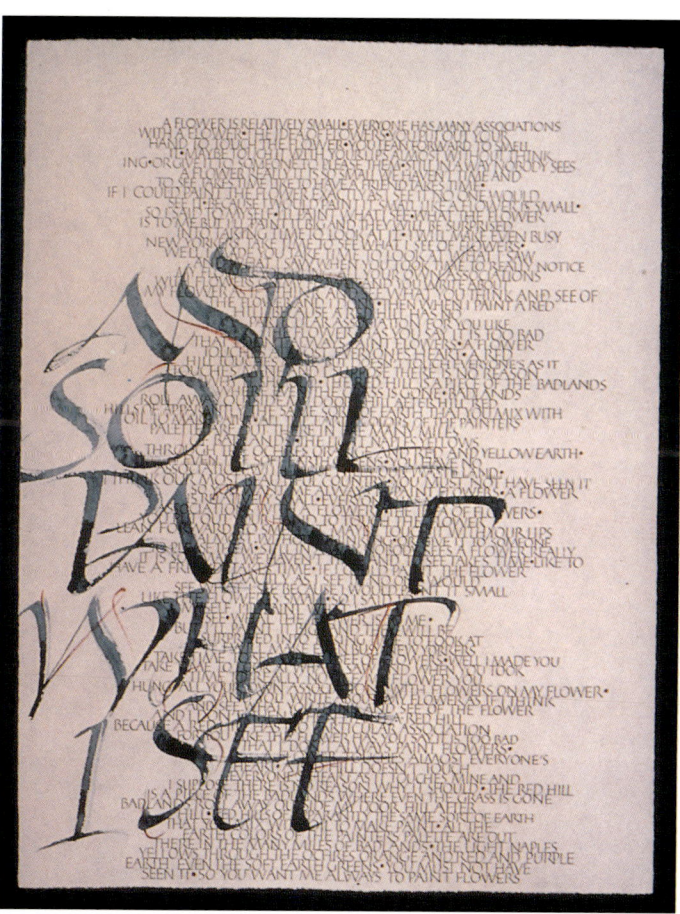

GEORGIA DEAVER
Der Text auf diesem Bild wurde mit Großbuchstaben geschrieben; in halber Buchstabenhöhe angeordnete Punkte trennen die einzelnen Gedanken im Text voneinander. Die Wörter besitzen untereinander knappe Zwischenräume. Die die Gedanken repräsentierenden Wörter erreichen ihren Höhepunkt in einer visuell herausfordernden Steigerung – den großen, frei im Bild fließenden Buchstaben. Diese befinden sich über den jetzt vergessenen und ungenutzten Gedanken; die Aufgabe ist erfüllt, »so I'll paint what I see« (= also werde ich malen, was ich sehe). Vielleicht ist es doch nicht so, denn ein Teil des Textes kann noch durch die ungleichmäßig aufgetragene Farbe in den großen Buchstaben gesehen werden.

DIANA HARDY WILSON
Die Umrißformen einer Großstadtsilhouette bringen das Thema in seiner Vielschichtigkeit zum Ausdruck. Die senkrecht angeordneten geradlinig verlaufenden Buchstabenreihen wurden mit silberfarbener Gouachefarbe geschrieben. Die Buchstabenreihen stehen in wechselweise verlaufender Schreib- und Leserichtung (d.h. von unten nach oben und daneben von oben nach unten lesbar) nebeneinander und erzeugen damit die Struktur der Arbeit. Durch diese Schreibweise der Buchstabenreihen ließ sich ein Wiederholen des Schriftmusters vermeiden. Die Buchstaben klettern bis zur Höhe des imaginären Stadtbildes und stoppen dort ihren Verlauf, wo sie auf den durch schwarze Farbe dargestellten Himmel treffen.

DAVE WOOD
Diese Arbeit wurde Zeile für Zeile zusammengesetzt, wobei mit den Schriften jeweils eine visuelle Interpretation der Wortinhalte erfolgte. Wenn der Text die Wörter »rain« (= Regen) und »slivers of light« (= Lichtsplitter) enthält, sollte lang und spitz geschrieben werden, zusätzlich füllen graue, von den Zeilen nach unten verlaufende Flecken, die Flächen in den Schriftzeilen. Die Wörter in einer anderen Zeile lauten »golden non-existent stairs« (= goldene, nichtvorhandene Stufen). Das Gold ist zu sehen, doch einige Buchstabenteile existieren nicht.
Eine bunte Mischung ergibt sich in der Zeile mit den von goldfarbenen Punkten umgebenen Wörtern »PINPRICKS OF LIGHT« (= Nadelstiche des Lichtes).

DAVE WOOD

Dies ist ein anderes visuelles Pot-
pourri. Es besteht aus mehreren Beschriftungsstilen und wurde unter
Anwendung verschiedener dekorativer Techniken gefertigt. Die Verzierungen unterstützen die Beschriftung, erzeugen gedankliche Assoziationen und widerspiegeln die
den Wörtern innewohnenden Be-
deutungen. Die Gedanken der
Buchstabenkombinationen verbrei-
ten sich auf der Gestaltungsfläche
und wachsen dabei wie die Pflanzen in einem Garten. Das ungezü-
gelte Layout bewegt sich von Idee
zu Idee wie ein Schmetterling von
Blume zu Blume. Den Rahmen für
diese Arbeit bilden geprägte Buchstaben, die sowohl Schatten werfen
als auch Licht reflektieren.

Werkzeuge und Ausrüstung

1 Reißschiene

2 Handgeschöpftes Papier (auch bekannt als Büttenpapier)

3 Handgeschöpftes Papier (auch bekannt als Büttenpapier)

4 Plakafarbe: kräftige und haltbare Plakatfarbe

5 Linierfeder

6 Winkelmesser: nützlich für das Markieren der Federwinkel

7 Schere

8 Chinesische Tusche in fester Form

9 Verreibe- und Mischpalette für chinesische Tusche

10 Plakafarbe

11 Spitzer chinesischer Pinsel

12 Spitzer chinesischer Pinsel

13 Spitzer Zobelhaarpinsel

14 Flachpinsel

15 Kurzhaariger spitzer Zobelhaarpinsel

16 Transparentes Plastiklineal

17 Fineliner

18 Fineliner

19 Unterteilte Mischpalette für Farben oder Tuschen

20 Pergament

21 Füllfederhalter mit starker breiter Feder

22 Langhaariger spitzer Zobelhaarpinsel

23 Faserspitzen-Kalligraphieschreiber

24 Aufsteckbare Tuschereservoire für Metallfedern

25 Für linkshändige Kalligraphen entsprechend schräg geschnittene Metallfedern

26 Federhalter mit Bandzug-Feder der Firma William Mitchell

27 Stechzirkel

28 Farbmischpalette

29 Tuben mit wasserlöslicher Gouachefarbe

30 Meißelförmig geschnittene breite Faserschreiber (größenmäßig nach Millimetern eingeteilt)

31 Verstellbares Winkelmaß

32 Skalpell mit Klinge

33 Radiergummi

34 Gouache

Bildquellen

Die Autorin möchte all jenen Kalligraphinnen und Kalligraphen danken, die durch großzügig zur Verfügung gestellte Beiträge zum Gelingen ihres Buches beitrugen. Herzlicher Dank gilt ebenso den vielen Freundinnen und Freunden für die aufgebrachte Geduld und die wertvollen Hinweise. Es war das Ziel, zu jeder Abbildung die urheberrechtliche Zustimmung der Bildautoren zu erhalten. Sollte das Einholen einiger Zustimmungen für das vorliegende Buch unterlassen worden sein, bitten wir dies zu entschuldigen.

Chloë Alexander 174, 175 (Fotos)
Dorothy Avery 117, 123
Arthur Baker 107
Stuart Barrie 102
John Bently 138, 139
Barbara Biondo 162
Robert Boyajian 158, 159
Frances Breen 73, 116, 132
Kenneth Breese 103
Denis Brown 102, 120, 127, 134, 160, 163
Bridgeman Art Library 28, 36, 47, 48, 71, 94, 96, 97, 137
Georgia Deaver 133, 155, 164, 183
Renate Fuhrmann 41, 119
Farah Gokal 18
Suzanne Guest 17, 99
Michael Harvey 98, 104, 125, 144, 145, 149, 163, 171, 182
Angela Hickey 121
Karlgeorg Hoefer 142, 143
Charles Hughes 99
Donald Jackson (© Cranks Ltd, London) 156, 157
Jean Larcher 32, 148, 152
Margaret Layson 172
Audrie Leckie 116, 173, 174
Hassan Massoudy 165
Harry Meadows 18, 110, 112, 114, 122, 124, 126, 127, 131, 136, 166, 170
Meic Morgan-Finch 105, 128
Annie Moring 133
Tim O'Neill 145, 172
Joan Pilsbury 52, 109, 111; mit Wendy Westover 140
Stephen Raw 95
Ieuan Rees 2, 32, 86, 90, 112, 113, 115, 144, 154, 169, 172, 174, 175, Einbanddecke
Dena Shavatsky 147 (von Barbara Biondo entworfen)
Paul Shaw 43, 103, 105, 130, 160, 161, 165, 167
John Smith 23, 85, 123, 127, 130, 131, 135
Kennedy Smith 18, 127, 130, 162, 183
Isabelle Spencer 99, 106, 107, 129, 141, 153
George Thomson 101, 111, 175
Jovica Velijovic 164
Martin Wenham 101, 118, 171
Diana Hardy Wilson 86, 140, 141, 148, 149, 151, 179, 180, 181, 184
Dave Wood 52, 54, 65, 99, 100, 116, 117, 132, 135, 150, 177, 178, 182, 185

DIANA HARDY WILSON befaßt sich mit Handbeschriftung und Kalligraphie seit ihrer Schulzeit, als sie schon ihre ersten Aufträge erhielt. Sie absolvierte ihre Ausbildung an der Tasmanischen Kunstschule und lebt jetzt in London, wo sie bereits an verschiedenen Ausstellungen teilnahm. Ihre erste bedeutende Einzelausstellung fand 1985 unter dem Titel »Colour Speaks Words/Words Speak Colour« (= Farbe widerspiegelt Wörter/Wörter widerspiegeln Farbe) statt. Die Ausstellungsstücke sind ein Beweis für ihre stark individuell ausgerichteten Arbeiten zur gemeinsamen Anwendung von Malerei und Kalligraphie auf Papier und ihre dekorativ gestalteten, handgefertigten Bücher. Sie ist ein ausstellendes Mitglied der Freien Maler und Bildhauer und lehrte am Londoner College für Drucktechnik, am Westminster-Institut für Erwachsenenbildung und am Croydon-College.